全新彩色版

中华文史大观

三十六计

金敬梅 主编

世界图书出版公司

目录

胜战计

- 第零零壹计 瞒天过海 4
  - 信陵君窃符救赵 8
- 第零零贰计 围魏救赵 18
  - 孙膑智斗庞涓 23
- 第零零叁计 借刀杀人 30
  - 姜维借刀杀人除邓艾 34
- 第零零肆计 以逸待劳 42
  - 晋楚城濮之战 47
- 第零零伍计 趁火打劫 54
  - 文种献策勾践灭吴 58
- 第零零陆计 声东击西 64
  - 班超经营西域 70

敌战计

- 第零零柒计 无中生有 78
  - 贾南风无中生有计废太子 83
- 第零零捌计 暗渡陈仓 88
  - 慈禧计除肃顺 93
- 第零零玖计 隔岸观火 104
  - 曹操翦除二袁 110

攻战计

- 第零壹零计 笑里藏刀 118
  - 123 关羽轻敌吕蒙得城
- 第零壹壹计 李代桃僵 128
  - 132 程婴舍子全义
- 第零壹贰计 顺手牵羊 140
  - 145 伯颜顺手除政敌
- 第零壹叁计 打草惊蛇 154
  - 157 宋太祖一石三鸟
- 第零壹肆计 借尸还魂 164
  - 167 田子春计索兵权
- 第零壹伍计 调虎离山 174
  - 178 诸葛调虎离山败司马懿
- 第零壹陆计 欲擒故纵 184
  - 187 韩康子、魏桓子韬光养晦
- 第零壹柒计 抛砖引玉 192
  - 196 芒卯摆计愚赵王
- 第零壹捌计 擒贼擒王 200
  - 205 刘秀昆阳显雄威

混战计

- 第零壹玖计 釜底抽薪 212
  - 216 汉军楚歌胜项羽

前言

"国学",产生于西学东渐、文化转型的历史时期,兴起于20世纪初,鼎盛于20年代,80年代又有"寻根"热,90年代"国学"热再次掀起至今,无不是对传统文化在今日中国乃至世界多元文化中的一次次定位固基。

一般来说,国学指以释道儒三家学问为主干,文学艺术、戏剧音乐、武术莱肴、民俗礼仪等为枝叶的传统中国文化体系。

国学以学科分,应分为哲学、史学、宗教学、文学、礼俗学、考据学、伦理学、版本学等,其中以儒家哲学为主流;以思想分,应分为先秦诸子、儒道释三家等,儒家贯穿并主导中国思想史,其他列从属地位;以《四库全书》分,应分为经、史、子、集四部,但以经、子部为重,尤倾向于经部。

近代学者邓实定义国学说:"国学者何?一国所自有之学也。有地而人生其上,因以成国焉。有其国者有其学。学也者,学其一国之学以为国用,而自治其一国者也。国学者,与有国以俱来,本乎地理、根之民性而不可须臾离也。君子生是国则通是学,知爱其国无不知爱其学。" 邓先生的国学概念很广泛,同时也强调了国学的经世致用性。

总的来说,国学是有别于西方学术,独具特点且自成体系的文化形态,是中国固有的文化传统、人文理念和认识方法。其博大精深之内涵,雄厚内敛之魂魄,足以令世人千百年传诵。可以说国学经典是中华文化的根基,其中蕴含着前人洞察世事的精妙哲理。学习国学可以在潜移默化中学会为人处世的方法,增强个人的文化修养,使思想在"润物细无声"中得到浸润和升华。

为让广大读者能够真正与国学亲密接触,我们去芜存菁,在卷帙浩繁的中华传统文化典籍中精心挑选出一系列国学经典。在尊重原著的基础上,通过释疑、修饰、考证、援引等,汇编成本套丛书,以飨读者。

您现在所看到的《三十六计》便是丛书之一。

《三十六计》是根据我国古代卓越的军事思想和丰富的斗争经验总结而成的兵书,是中华民族悠久文化遗产之一。"三十六计"这个词的出现,远早于《三十六计》的成书年代,语源可考自南朝宋将檀道济。是以有"金玉檀公策"这样的句子。及明末清初,引用此语的人更多。于是后人将其汇编成书,编撰成《三十六计》。但此书为何时何人所撰已难确考。

这部最新彩图版的《三十六计》,编者在忠于原著的基础上,加以组织、整理,并运用准确、流畅的白话文进行翻译,将三十六条战争中的计策一一呈现在读者眼前。更为巧妙的是,编者在每一条计策之后又补充了大量的战争实例,使本书的知识含量最大化,真正达到活学活用的目的。同时,大量切合正文内容的彩色文物、艺术图片,使本书呈现出丰富的文化内涵。

衷心地希望本系列丛书能成为广大读者的良师益友,使您在品味国学博大精深的同时,能从中汲取源源不断的智慧甘泉。

第一套 胜战计

胜战计包括：瞒天过海、围魏救赵、借刀杀人、以逸待劳、趁火打劫、声东击西六计。胜战，是在我强敌弱的条件下，科学评估对手实力的变化，分析对手是措施周全、集中强大、情况分明，还是初陷困境、危机四伏、指挥无度。权衡敌我情况后，要区别对待。此篇计策要求在战前先要有占绝对优势压倒对手的充分条件、周密方案和胜利把握。

瞒天过海

第一计

……计名由来

瞒天过海，典出《永乐大典·薛仁贵征辽事略》：唐太宗御驾亲征，领兵三十万想要攻打高丽。大军行至海边，只见大海茫茫，漫无边际。三十万大军如何才能渡过这片汪洋大海呢？唐太宗看到大海之后，心生悔意，于是召集群臣，询问对策。几天之后，太宗再次询问身边大臣有无渡海之计的时候，大将张士贵上前说道："附近有一位富豪，就住在大海旁边，现在特地前来拜见陛下。这位富豪声称三十万大军过海之时所需要的粮草，由他一家全部承担。而且他有办法使全体将士顺利渡海。"太宗听了之后精神大振，马上传令让富豪觐见。富豪见到太宗，便要太宗前去海边亲验。太宗到海边时，大海突然消失得无影无踪，只见眼前足有一万多间房子，并且都用彩幕围着。这位富豪将唐太宗请入一间屋子，室内四壁挂着华丽的帷幕，地上铺着名贵的地毯。太宗心情愉快地品尝着美酒。过了一会儿，太宗忽然听见房屋四面的帷幕被风吹得哗哗直响，外面波涛声有如雷霆，桌上的酒杯歪倒倾斜。唐太宗大吃一惊，急忙询问自己身在何处。张士贵上前答道："这是微臣的过海之计，借助这一阵大风的力量，三十万大军已经乘船渡过大海，现在已经到达大海东岸了。"唐太宗看见事情已经发展到这个地步，只好下定决心攻打高丽。

"瞒天过海"中的"瞒"，是隐瞒的意思；天，指的是皇帝唐太宗。因为皇帝贵为"天子"，所以叫作"瞒天过海"。原意是指瞒着害怕渡海的唐太宗，使之在不知不觉中渡过大海；运用到战争中，就是指利用假象掩盖真实意图。

○品画鉴宝 唐太宗评字图（清）

○ 品画鉴宝　亚址方鼎（商）

备周则意怠[1]，常见则不疑。阴在阳之内，不在阳之对。太阳，太阴[2]。

在防备周密时，防备者就会因为高枕无忧而产生轻敌麻痹的思想。对于平时司空见惯的现象，人们往往就不再对它产生任何怀疑。因此，隐秘的事情常常是以公开的形式作掩护，而不是与公开的形式相对立。这就是《易经》里面所说的"太阳"与"太阴"相反相成的道理。

【原文注释】

[1] 备周则意怠：备周，防备周密。意怠，意志松懈。全句的意思是，准备周全之后，往往容易在思想上滋长轻敌麻痹的倾向。

[2] 太阳，太阴：指非常公开的事物里往往蕴藏着非常机密的计谋。

【前人批语】

阴谋作为，不能于背时秘处行之[1]。夜半行窃，僻巷杀人，愚俗之行[2]，非谋士之所为也。昔孔融被围[3]，太史慈[4]将突围求救，乃带鞭弯弓，将两

骑自从，各作一的^[5]持之。开门出，围内外观者并骇，慈竟引马至城下堑^[6]内，植^[7]所持的射之。射毕，还。明日复然。围下人，或起或卧。如是者再，乃无复起者。慈遂严行蓐食^[8]，鞭马直突其围。比敌觉^[9]，则驰去数里矣。

　　实施密谋诡计，不能在不适当的时间和隐秘的地方偷偷进行。半夜里偷东西，在僻静的小巷里杀人，这些愚蠢低下的行为，是真正的谋士所不屑为的。东汉末年，孔融在北海被敌人包围，太史慈准备冲破包围去搬兵求援。在突围之前，他先带着鞭和弓箭，让两名骑兵跟在自己后面，每人手持一个靶子，打开城门走出去。城内的士兵和城外的敌人看见了，都大吃一惊，不知道他要干什么。太史慈若无其事地牵着马，来到城边的堑壕内，让士兵插好靶子，开始练习射箭，射完后返回城里。第二天依旧如此。围城的敌人以为他仍是在练习射箭，有的站着，有的躺着，不再留意他的举动。这样连续几天后，当他再出来时，敌人再也无人理会他了。于是太史慈做好了急行的准备，在一天早上草草地吃过早饭，突然打开城门，催马扬鞭，像箭一样冲出了敌人的包围圈。等到敌人明白过来，他已跑到数里之外了。

【批语注释】

[1] 不能于背时秘处行之：背时，趁着没人在的时候。秘处，隐秘之处。全句意为，（机密的谋略）不能在背着人的时候或者是隐蔽之处进行。

[2] 愚俗之行：愚，愚蠢。俗，庸俗、鄙俗。全句意为，这是愚蠢、鄙俗的人的行为。

[3] 孔融被围：孔融（153－208年）字文举，东汉末曲阜（今属山东）人，孔子后裔。幼时聪明，知礼让，为乡里所器重。历任中军侯、虎贲中郎将、议郎、北海相等，后被曹操杀害。黄巾军将领管亥围北海城，孔融与战不胜。后太史慈突围而出，请来刘备解围。

[4] 太史慈：字子义，东莱（今山东黄县）人。少时不慎肇祸，弃家避辽东。孔融闻其名，常周济其母。北海被围时，太史慈返里省亲，感孔融恩德，突破重围，外出求援。事见《三国志·吴志·太史慈传》。

[5] 的：这里是指箭靶。

[6] 堑：指堑壕，护城壕沟。

[7] 植：这里指将靶子树立起来。

[8] 严行蓐食：严行，急行。蓐食，在草席上急用早饭。此处意为做好了急行的准备。

[9] 比敌觉：比，等到。全句意为等到敌人发觉。

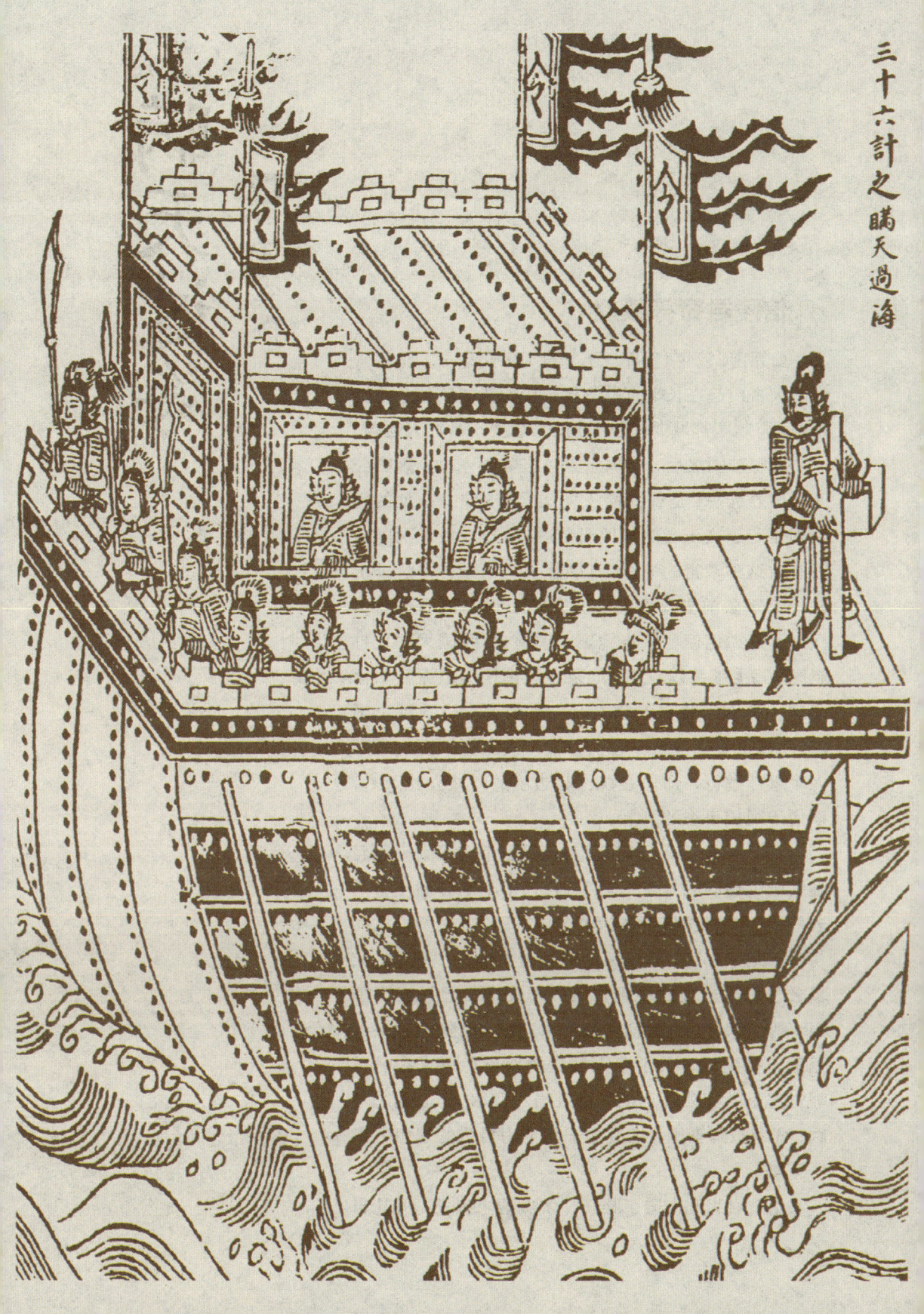

瞒天过海

□ 经典实例

信陵君窃符救赵

公元前257年（秦昭王五十年，魏安釐王二十年），秦国大将白起在长平打败赵军，接着势如破竹一路挺进，又将赵国都城邯郸包围起来，想要一举攻灭赵国。

邯郸被围之后，赵国派人前去魏国求救。魏国公子信陵君无忌，是魏安釐王同父异母的弟弟，他的姐姐则是赵惠文王之弟平原君赵胜的夫人。由于两国之间有着这种亲密的关系，所以魏王决定派将军晋鄙统领十万军队前去救援赵国。秦昭王得知魏国将要出兵，于是派遣使者警告魏王，说道："我国大军攻打赵国，马上就可以攻下，如果各国诸侯胆敢派兵救援赵国，那么当我攻下赵国后，就会率先进攻那个国家。"魏王受到威胁，恐惧不安，马上派人阻止晋鄙大军继续前行，命他在魏、赵边境的邺城驻扎下来，以便于观望事态的发展。

而在这个时候，邯郸情势已经极其危急。平原君赵胜眼见魏国的救兵迟迟不到，只得不断派遣使者前去催促，同时写信责备信陵君："我赵胜之所以主动与公子结成姻亲，就是因为仰慕公子的高风亮节，钦慕公子急人之难的侠骨仁风。现在邯郸已被秦军围困，朝不保夕，眼看就要被秦军攻破，而魏国救兵却迟迟未能到来，公子急人之难的侠骨仁风又在哪里呢？况且就算公子不把我赵胜当一回事，忍心弃之不顾，任我投降秦国，难道公子就不为自己的姐姐考虑一下吗？"

信陵君为此伤透了脑筋，多次请求魏王，并让自

○ 品画鉴宝

君之信 战国时期某国封君之玺。信玺用于发布文书命令，打印简牍封泥，以起凭信作用。

己的门客千方百计地游说魏王。但是魏王非常惧怕秦国的报复，所以终究不肯听从无忌的意见。信陵君暗自思量这样下去，最后还是不能得到魏王的帮助，然而他又不忍坐视赵国被灭，于是就召集宾客，一共有一百多辆战车，想要率领宾客冲入秦军阵地，与赵国共存亡。

信陵君率队经过城门，前去拜见看守城门的侯生，把自己要跟秦军决一死战的事情告诉了他。信陵君说完就向侯生道别，侯生却只是冷冷地说道："公子您自己努力去做吧，我已经老了，不能随您一道前往！"信陵君走了几里路，感到很不痛快，心里想道："我对待侯生的方式如此隆重，天下之人谁不知道？可是现在我就要去秦军阵前送死，而侯生竟然连一言半语都没有送给我，难道是因为我在哪一方面做得还不够吗？"于是信陵君调转马头，回到城门追问侯生。

侯生看到信陵君车队回来，就笑着说道："老臣早就知道公子您会返回来的。"接着说道:"公子喜爱结交天下之士,美名已经传遍天下。现在有了困厄之事,不好好思索相应的方法,却想要冲入秦军阵地,就像是拿着肉块去喂饥饿的老虎,这样做又有什么用呢?就这样白白送死,又何必供养这么多门客呢?公子对老臣的礼节如此隆重,现在公子要去送死而老臣没有只言片语相送,因此老臣知道公子必然心有不满,肯定会回来。"

"我也知道这种做法没有任何意义,"信陵君答道,"然而平原君是我姐夫,我们两人交情又是如此深厚,眼下他危在旦夕,我实在不能见死不救!虽然我也知道这种行为无异于羊入虎口,根本无济于事,但实在是迫不得已,只好出此下策,不知道老先生有没有其他办法?"

侯生说道:"公子请先进屋坐下,让老臣来好好考虑一下。"

信陵君进屋之后,侯生将仆人以及公子的仆人遣开,低声问公子:"老臣

○ 品画鉴宝　猎虎图·紫檀木琵琶漆画　图绘古代狩猎的场景。整个画面构图饱满,呈左右开合之势。

○ 品画鉴宝
曾侯乙尊（战国） 此器由尊体和各种附件、附饰组成。四条立体镂空的龙形装饰，龙首向上反顾，口舌长吐。

曾经听说现在如姬是最受魏王宠幸的美人，是否真是如此？"

信陵君答道："不错，正是如此。"

侯生接着又问："老臣又曾听说，如姬的父亲曾经在某一年被人杀害，如姬向魏王哭诉，想要报杀父之仇，魏国自大王以下，无不想着为她报仇，然而这样过了三年，始终没有找到那个仇人。后来如姬因为这件事向公子哭诉，公子派遣门客侦查，没过多久就追杀了那个仇人，将他的头献给如姬，这件事情是否属实？"

信陵君答道："不错，确有此事。"

侯生听了信陵君的答复，接着说道："公子替如姬报了杀父之仇，如姬感激公子的恩德，早就想着报答公子的恩情。在如姬心中，就算是为公子牺牲性命也在所不辞。现在晋鄙的兵符放在大王的卧室内，只有如姬一个人才有能力为您偷到。公子只要开口相求，请求如姬相助，如姬必然听从，肯定会为您拿到兵符。公子只要拿到兵符，前往晋鄙军中，夺取晋鄙的军权，那就可以率军援助赵国，击退秦国军队，这可是不下于春秋五霸的功业啊！"

信陵君听后如梦初醒，大有拨云见日之感，马上对着侯生恭敬地拜了两拜，以此表示自己的感激之情。然后公子就让手下宾客暂且留在郊外等待消息，自己则乘坐一驾马车打道回府，派人召来平日亲近的宫中宦官颜恩，将盗窃兵符的事情告诉他，托他进宫之后秘密请求如姬。如姬得到消息后，说道："只要无忌公子有命，就算是让妾身赴汤蹈火，那也在所不辞啊！"当天晚上，如姬留在室内陪侍，魏王开怀畅饮，最后大醉而眠，如姬趁机盗取兵符，将兵符交给颜恩，颜恩则连夜转送到信陵君手中。

　　信陵君得到兵符后，再次前去侯生那里辞行，同时请教其他事项。侯生说道："古语有云：'将在外，君命有所不受。'公子现在虽然拿到兵符，可以和晋鄙所拿的兵符对合，如果晋鄙有所怀疑，不肯当下就将兵权交给公子，或者立刻派人回宫向大王求证，那么公子的大计也就付诸东流了。我那位朋友朱亥（此前信陵君曾经因侯生之请拜会过朱亥，并且多次赠送礼品，其实也是侯生埋下的伏笔，见《史记·魏公子列传》），虽然以卖猪肉为生，但却膂力过人，是天下少有的大力士，公子可以带他随行。公子合符之后，如果晋鄙顺利交出兵权，那就皆大欢喜；如果晋鄙拒绝交出兵权，公子就只有叫朱亥将他当场击毙。"

　　信陵君听了侯生的这一番话，不由得心中一酸，当场哭泣

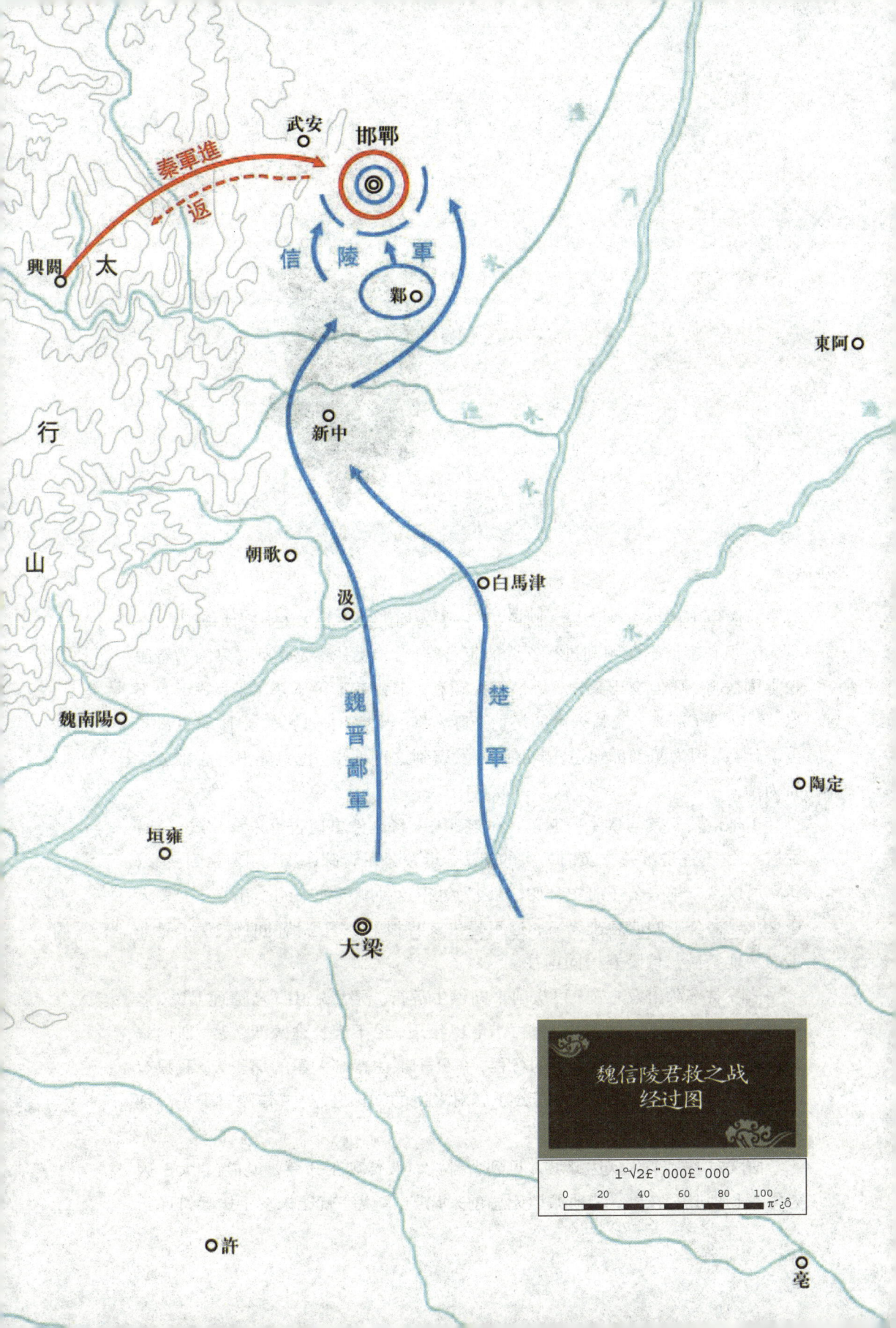

○ 品画鉴宝
武士头像（秦） 武士头戴鸟形高冠，面带淡淡微笑，圆脸，颈下有锥形榫。

起来。侯生不由得有些诧异，问道："公子为何无端哭泣？是因为怕死呢，还是因为担心事情不能顺利进行？"信陵君答道："我并不是怕死，只因为晋鄙是本国宿将，要他交出兵权，恐怕不太顺利，那我就不得不杀了他，我于心不忍，所以哭了起来，又怎么可能是怕死呢？"侯生叹了一口气，信陵君也没有再说什么，因为两人都知道，事情已经发展到这种地步，也只能狠下心来放手而为了。

于是信陵君就与侯生一起前往朱亥家中，将这件事情告诉朱亥。朱亥笑着说道："我不过是市井中卖肉为生的屠夫，承蒙公子青睐，多次屈驾来到我家，我之所以从未前去公子府中拜谢，是因为觉得这种酬酢往来的小礼节并无多大意义。现在公子遭遇急难之事，这正是朱亥我报答公子恩情的时候。"于是非常痛快地答应与信陵君一同前往。

信陵君率队出发之前，再次前来向侯生辞行。侯生说道："从情理上说，老臣也应该跟随公子一同前往，只可惜老臣年迈，经不起长途跋涉之苦，所以只好留在这边。请让我计算公子的行程，在公子抵达晋鄙大军的那一天，我只有面朝北方自刎而死，以此来报答公子您对老臣的知遇之恩！"信陵君于是辞别而去。

信陵君率领车队抵达邺城，见到晋鄙后，假传魏王命令，说道："大王因为将军长期驻军在外，特地派遣无忌前来代劳。"说完就让朱亥手捧兵符递给

○ 品画鉴宝

彩绘马车（秦）　此为古代车制中的安车，前驾四马，单辕双轮。此为秦始皇皇陵二号坑车马，其制造工艺复杂精细，由3462个部件组成，是研究古代车制最为重要的实物资料之一。

○ 品画鉴宝

驷马图（秦） 高86.7厘米，宽106厘米，1978年出土于咸阳市东15千米的窑乡秦咸阳城遗址，是秦宫三号殿遗址内的秦代代表壁画。秦咸阳作为秦国和秦王朝的首都，自秦孝公十二年（前350年）到秦完成统一和最后灭亡，达144年之久，是当时全国的政治、经济和文化中心。

晋鄙验证。晋鄙接过兵符，心中有些犹疑不定，思量道："大王将十万大军托付给我，我虽然驽钝不堪，但也没有败退之类的过失。如今大王并无任何书面命令，而无忌公子空手拿着兵符来到军营，要求我交出兵权，代替我率领十万大军，兹事体大，又怎么可以轻信呢？"晋鄙想到这里，心中有了计策，于是就对信陵君说道："公子请在营中稍微等候几天，等我将军中将士名册一一整理清楚，然后再明明白白地交付给公子，公子以为如何？"

信陵君说道："现在邯郸危在旦夕，我军应当日夜兼程前去救援，片刻都不能迟缓，又怎么可以继续耽搁几天？"晋鄙说道："无忌公子，实不相瞒，这是军国大事，不可等闲视之。下官还得再次奏请大王，然后才能交出兵权。"晋鄙话未说完，朱亥已经厉声喝道："元帅不遵大王的命令，想要造反不成！"晋鄙听到朱亥的喝骂，大吃一惊，刚问得一句："你是什么人？"只见朱亥从衣袖里面拿出一柄铁锤——这柄铁锤足有四十斤重——以迅雷不及掩耳之势朝晋鄙头上打了过去，晋鄙脑浆迸裂，顿时毙命。

信陵君手握兵符，对魏营众将说道："大王有令，叫我代替晋鄙率领大军前去救援赵国，晋鄙不肯听从命令，现在我已将他诛杀。三军将士安心听我之令，不得妄自行动！"于是营中一片肃然，信陵君顺利掌握了军中大权。

信陵君控制魏国大军后，下令犒赏三军将士，接着又下一道命令："一家之中，如果父子两人都在军中服役，那么父亲回家；如果兄弟两人都在军中服役，那么兄长回家；如果是家中独子，没有其他兄弟，那就回家奉养双亲；如果身患疾病，那就留在这里养病。"命令发布之后，离开军队回家的人约有十分之二，于是信陵君挑选精兵八万，申明军法，整顿编制，然后下令全军向邯郸开进，并且身先士卒，率领大军猛攻秦军大营。

魏国大军有如神兵天降，秦军元帅王龁完全没有料到，只有仓促应战。魏国大军感戴信陵君的恩义，全都一往无前，奋勇杀敌。而平原君也率兵杀出，里应外合，秦军损伤过半，王龁不得不率领残兵退往汾河大营，最后秦王下令全线退军。

信陵君采用侯生的"瞒天过海"之策，终于救了邯郸，保存了赵国，也因为这一战而名震天下。

围魏救赵

□ 第二计

……计名由来

围魏救赵，源于战国时期的齐魏桂陵之战。计名见于明朝罗贯中所著《三国演义》第三十回："此孙膑围魏救赵之计也。"据《史记·孙子吴起列传》记载：公元前354年，魏国进攻赵国，包围了赵国的都城邯郸，赵国向齐国求援。公元前353年，齐王派出了一支八万人的队伍，由田忌任统帅，孙膑为军师，前去救援赵国。孙膑认为："要解除重围，最好的办法就是避开敌军人多势众的地方，攻击敌人防守空虚的地方。魏国全部精锐都在攻打赵国，国内已无重兵防守。因而我们应该攻打魏国都城大梁（今河南开封）。这样，魏军就会停止对邯郸的包围，立刻返回救援本土。"田忌采纳了孙膑的建议，率军直扑大梁。攻赵的魏军得知消息，急忙从赵国退兵，全速赶回魏国。此时齐军迅速从魏国撤出，在魏军回国的必经之地桂陵布下埋伏，做好了充分的作战准备。当魏将庞涓带领疲惫不堪的魏军进至桂陵时，遭到齐军的伏击。齐军以逸待劳，以饱待饥，出其不意，攻其不备，又占据有利地形，因而轻易地击败了魏军。齐军既解了赵国之围，又击败了魏国大军。这次战役，史称"围魏救赵"。

"围魏救赵"之计是摆脱困境、绝路逢生的最佳方法。

共敌不如分敌[1]，敌阳不如敌阴[2]。

打击兵力集中的强敌，不如把它调动分散以后再进行打击。先兵出击，不如后发制人。

【原文注释】

〔1〕共敌不如分敌：共，集中。共敌，兵力集中的敌人。分敌，用计使敌人兵力分散而力量薄弱，便于歼灭。

〔2〕敌阳不如敌阴：敌，攻打。古人认为，先发制人为阳，后发制人为阴。阳，这里指公开、正面，先发制人。阴，这里指隐蔽、侧面，后发制人。

【前人批语】

治兵如治水：锐者避其锋，如导流；弱者塞其虚，如筑堰[1]。故当齐救赵时，孙子[2]谓田忌[3]曰："夫解杂乱纠纷者不控拳[4]，救斗者不搏撠[5]。批亢捣虚[6]，形格势禁[7]，则自为解耳。"

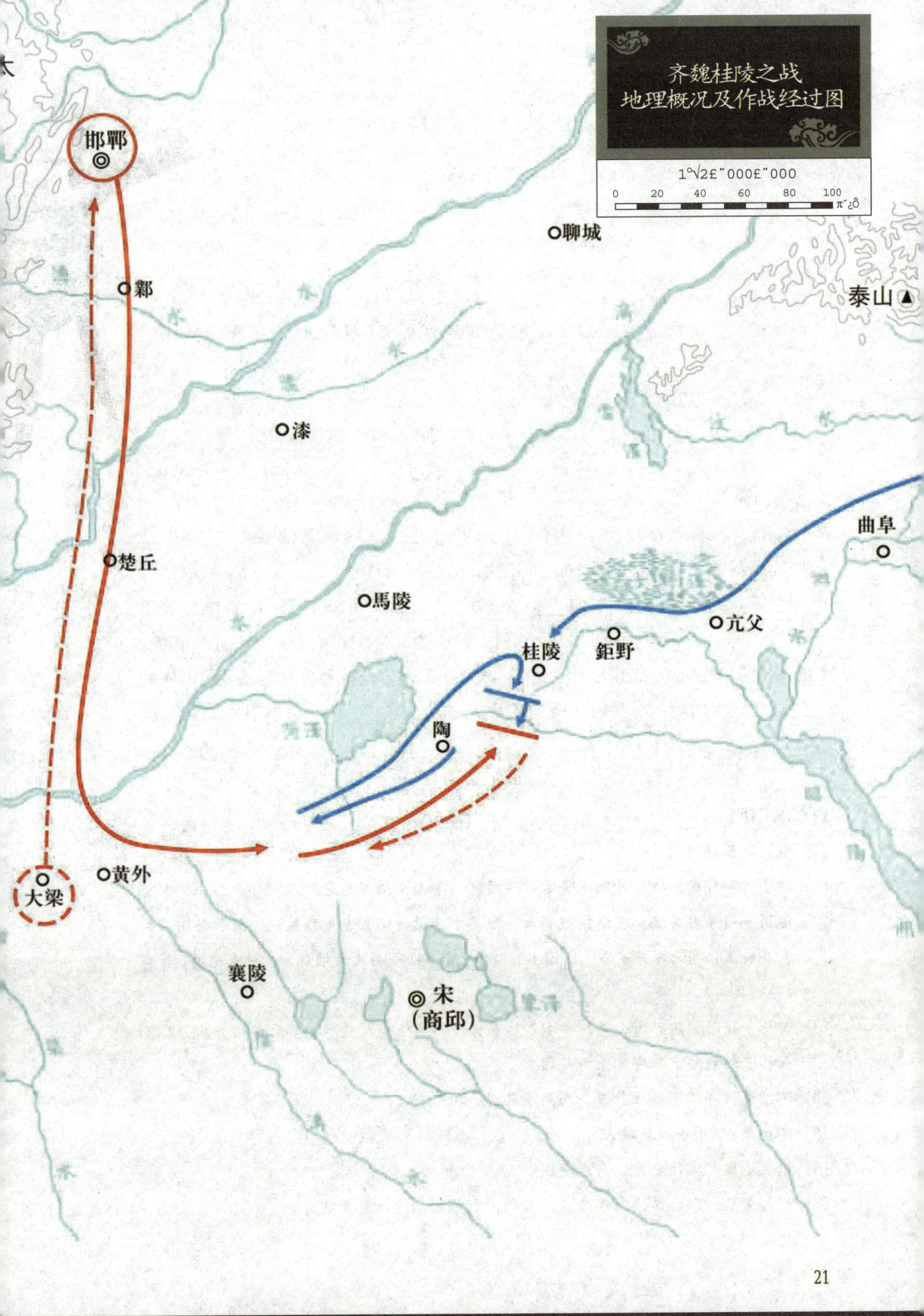

○ 品画鉴宝　息爵（商）　商时酒具，饮酒时用的酒杯。

指挥作战如同治理河水一样：对于凶猛的敌人，要避开他强盛的势头，如同挖沟疏导水流一样，减弱它的冲击力；对于势力弱小的敌人，则应采取修筑堤坝堵塞水流的方法，直接堵截敌人。所以，当年魏军攻打赵国，齐国打算出兵救援赵国，齐国军师孙膑曾对将军田忌说道："要想解开一团纷乱的麻绳，就不能握紧拳头；要想排解相互争斗的两个人，就不能拿着武器。必须抓住敌人的要害，乘虚而入，利用形势迫使敌人就范。这样，争斗自然而然就能化解开来。"

【批语注释】

〔1〕堰：较低的堤坝。

〔2〕孙子：即孙膑，战国时期军事家，齐国阿（今山东阳谷东北）人，孙武后裔。曾与庞涓一同学习兵法。庞涓任魏将后，妒其才，设计陷害，处以膑刑，故称孙膑，后被齐威王任用为军师。公元前353年和公元前341年两次大败魏军，射杀庞涓。著有《孙膑兵法》。

〔3〕田忌：战国初期齐国大将，率军先后在桂陵、马陵大败魏军。其后因与齐相邹忌不和，遭到诬陷，不得不出奔楚国。

〔4〕不控拳：即不用拳头打击，而用手解析。控：投。

〔5〕不搏㦸：不用手持㦸攻击。

〔6〕批亢捣虚：抓住要害，乘虚攻击。亢，咽喉。

〔7〕形格势禁：以形格，以势禁。意为利用形势制约迫使对手就范。

围魏救赵

□ 经典实例

孙膑智斗庞涓

魏国是战国时期最早出现的一个强国。它在西边修筑长城与秦国相隔，南边与韩国、楚国接壤，东北与齐国相邻，北边以漳河为界与赵国相接。在这些邻国之中，秦、齐、楚较强，而韩、赵较弱。因此，魏国早就有吞并赵国的企图，尤其是在赵国疏远魏国，投靠齐国，与齐国结成了联盟以后，对魏国来说更是极大的威胁。

魏将庞涓认为赵国实力单薄，只要出兵攻打，就能马到成功，从而瓦解齐、赵联盟，同时也使齐国势力削弱。于是，庞涓就向魏惠王陈说利害，劝其决心伐赵。魏惠王欣然同意，并于公元前354年正式下令，由庞涓统率全副铠甲的八万精锐部队出征赵国。

就在这一年，赵国打败卫国，赵国君臣感到十分高兴。不料这时魏将庞涓率领大军，直取赵国都城邯郸。魏国军队装备精良，战斗力很强，加上庞涓指挥得当，把赵国沿途要隘守军打得落花流水，一路斩将夺关，势如破竹。第二年就兵临邯郸城下，将其团团包围。赵国都城邯郸危在旦夕，国君赵成侯一面竭力固守，一面派人火速前往齐国求救，表示愿把中山（今河北省正定县一带）之地让给齐国，作为出兵援救的报酬。

齐威王早就知道魏国攻打赵国，无非是杀鸡儆猴而已，赵国一旦不保，唇亡齿寒，战火势必会向齐国蔓延。因此对于齐国来说，与其今后单独面对魏军，不如现在两国合力予以迎头痛击。此外，赵国又是齐国的盟国，如今赵国受到威胁，齐国出兵援救赵国，也算师出有名。齐威王这时候已经知道（见《史记·孙子吴起列传》及《东周列国志》等）孙膑精通兵法，多谋善断，而且熟悉魏国情况，同时与庞涓又有着深仇大恨；对于孙膑来说，这是一个既能报仇雪恨，又能建功立业的大好机会。于是齐威王就想任命孙膑为大将，率领大军前去救援赵国。孙膑却不愿意出任大将，说道："微臣并不适合出任大将一职，因为我曾经在魏国受过刑罚，让我出任大将，统率军队，就会显得齐国没有人才，而只能任命受过刑罚的罪人，这样一来，就会为敌人所嘲笑，从而影响我军士气。田忌将军勇猛善战，又是大王宗亲，微臣恳请大王任命田忌将军为大将，微臣在旁出谋划策即可。"于是，齐威王改任田忌为大将，而以孙膑为军师，让他们立即率兵出发，前去援救赵国。田忌打出"田"字旗号率领齐国军队，浩浩荡荡地向西挺进。孙膑随军坐在有帐篷的车子里，只在暗中策划，而不为外人所知。

　　大军来到齐国边境，田忌想要率军直扑邯郸，以便与赵国军队一起夹击庞涓，从而解除邯郸之围。孙膑阻止了田忌的行动，他对田忌说道："魏军现在围攻邯郸，攻势非常凌厉，邯郸已经朝不保夕。加上赵国各位将领都不是庞涓的对手，所以等我们赶到的时候，邯郸必然早已失守。对于我们来说，此次进军的任务已经不是要解邯郸之围，而是要解救赵国的亡国之危。"

　　田忌说道："军师言之有理。一切行动都请军师定夺，军师认为我军应当如何行动？"

　　孙膑说道："要想解开一团乱丝乱麻，就不可以握紧自己的拳头，那样只能适得其反；要想劝开两个打架的人，就不可以拿着武器进去劝架，那样只会陷身其中不可自拔。率领援军解人之围也是如此，必须避开敌人力量充实的地方，打击敌人力量空虚的部位，并且制造对敌不利的形势困住敌人，让敌人畏首畏尾，自顾不暇。那样自然而然就能达到解围的目的。"

　　田忌接着问道："若照军师所言，我们应当向何处进军呢？"

孙膑说道:"现在魏国已将精锐部队调往国境之外,用来对付赵国,却把老弱残兵留在国内担任守卫。将军如果统率大军直扑邯郸,就得直接面对魏国精锐,但我军长途跋涉,必然疲惫不堪。而魏军恐怕早已攻下邯郸,大胜之后以逸待劳,形势于我大为不利。所以将军不如直扑魏都大梁,同时控制交通,占领要塞,攻打他们防务空虚的地方。魏军得知之后,必然就会放弃对赵国邯郸的围攻,而将主力调回国内增援大梁。这样一来,对于我军来说,就可以收

到一举两得之效：一则可以解除赵国之危；二则又使魏军疲于奔命，我军则可以以逸待劳，从中获利，掌握这场战争的主动权。"

田忌听了这番分析之后，非常赞同，于是听从孙膑的计谋，立即率兵直捣魏国。

齐军攻入魏境时，果然如孙膑所预料的那样，邯郸已经被庞涓所占领。与此同时，庞涓已经乘胜攻打归附赵国的卫国，以便于扫清侧翼，一心想要就此吞并赵国。

田忌得知魏军正在攻打卫国，急忙与孙膑商量对策。孙膑说道："将军马上率领军队向南佯攻襄陵（今河南省睢县西）。襄陵城池虽小而管辖地盘很大，兵强马壮，是魏国东部地区的军事要地，一时之间自然难以攻下。我们之所以要这样行动，就是有意要让敌人迷惑不解。我们进军攻打襄陵，届时我军东有宋国，北有卫国，后面还有魏国的葵丘城（今河南省兰考县），这就意味着我们的粮草供应已经断绝。魏军必然会以为我军将领战法笨拙，因此就会麻痹轻敌。"田忌接受孙膑的计谋，立即拔寨启程，向南直扑襄陵。

再说魏军这边，庞涓最先听说齐国已经出兵进攻魏国之时，担心国内空虚，经不起齐国大军的攻击，大为吃惊，于是休整部队，准备急速回师抵御

兽形尊（战国）

○ 品画鉴宝

兽首耳角直立，似有警觉，合牙露齿，双目圆睁，身体粗壮，腹部中空，背部有椭圆形孔，配盖。兽有云纹、涡纹、蚊纹等。该尊的形、纹饰均表现出中原文化的浸淫，但装饰风格又有浓厚的百越文化特征。

齐军。正在这时,又有消息传来,说齐军正在扑向襄陵,庞涓听后不禁仰天大笑,说道:"齐军主帅简直糊涂透顶!襄陵易守难攻,短期之内,齐军休想攻下。且待我先将卫国攻下,然后回师相救也不为迟。"于是庞涓下令魏军继续猛攻卫国。

齐国大军抵达襄陵之后,田忌正要派遣大军前去攻城,孙膑将田忌请了过来,问道:"这次随军前来的将领、大夫之中,哪一位最不善于打仗?"田忌说道:"率领齐城(今山东省临淄)、高唐(今山东省高唐)部队的两位将军,在攻略方面不太擅长。"孙膑说道:"那么就请将军派遣此二人兵分两路,前去攻打襄陵。"于是从齐城、高唐两地招来的部队,在不善打仗的两个将军的率领下,分兵攻打襄陵,这样,齐军自然就被魏国守军打败。

庞涓原本倒还有些担忧,接到这个消息之后,完全放下心来,更加不把齐军放在眼里,于是放心大胆地指挥大军围攻卫国。孙膑计算时日,知道庞涓已经获知襄陵这边的消息,于是从容地对田忌说道:"现在时机已经成熟,将军马上集中各路将士,训诫全军上下,命令将士全力以赴,火速进军大梁!"

于是齐军放弃了对襄陵的围攻,集中全部兵力,直插魏国都城大梁。魏惠王听到这个消息后,大为震惊,立刻派遣使者命令庞涓火速撒兵回援。庞涓这才焦急起来,麾下部队根本未及休整,不得不传令全军火速返回本国作战。庞涓感到非常懊悔,因为自己没能及时阻击齐军,如今竟让齐军

○ 品画鉴宝 鸟钮矛(战国) 战斗时的兵器矛头,刃部较宽,饰旋纹,回纹及曲线纹,錾侧铸有一鸟形钮。

○ 品画鉴宝

人物立像（战国）人像昂首挺胸，面庞丰腴，双目凝视着左手所持铜棍上的玉鸟。发结辫，分垂于胸前。双手各拿一个筒形物品，内插短棍，短棍头如树杈，各立一只玉鸟，情趣盎然。

"瞒天过海"，深入到魏国都城。庞涓心急如焚，率领部队昼夜兼程，人不歇脚，马不停蹄，恨不得插上翅膀马上飞回魏国，消灭齐国军队。然而庞涓万万没有料到，孙膑此时已经在桂陵布下阵势，正以逸待劳等着他自投罗网。

桂陵是魏国的交通要道，也是魏军主力回援大梁的必经之地。桂陵地形险要，易守难攻。孙膑、田忌就在这里设下埋伏，等待魏军到来。庞涓一路气急败坏，心急如焚，而且素来轻视齐军，因此只顾赶路，武器、粮草都顾不得多带。魏军连续行军，没有得到合理的休息，将士都已精疲力竭，无精打采，就像打了败仗的逃兵。庞涓认定齐军战将无能，加上后援不继，只要自己回师救援，就能歼灭孤军深入的齐国军队，而且一直以为齐军正在围攻大梁，根本没有料到齐军会设下埋伏。就这样魏军一路急行，一进入桂陵，齐军伏兵四起，漫山遍野，刀枪林立，阵容齐整，士气高昂。庞涓看到这一阵势，大出意外，不由心慌意乱，然而事情既然到了这个地步，也不得不硬着头皮，指挥部队还击。要知道魏军长途跋涉，早已疲惫不堪，加上马无草料，人缺粮食，刀枪弓箭之类也得不到补充，而齐军则以逸待劳，先发制人，因此在齐军轮番攻打之下，魏军很快就被打得七零八落，尸横遍野，几乎全军覆没。

事后庞涓才打听到，齐军的实际指挥者，不是别人，正是精通韬略而且与自己有着同门之谊的孙膑。庞涓后悔之极，捶胸顿足地道："天杀的孙膑，果然逃到齐国去了，这次我算是栽在他手里了！"

天台山洞白雲封
卻俗藏修苦煉
功熟讀天
書三卷
足杏黃
旗動鬼
神通
孫臏

借刀杀人

第三计

……计名由来

借刀杀人，比喻自己并不出面，而是利用他人去害人。这样的例子，在历史上数不胜数。但是作为一个计名，"借刀杀人"出自明代戏剧《三祝记》。该剧说的是宋仁宗年间，相国吕夷简、谏议夏竦、御史韩渎等人结党营私，把主张改革的范仲淹视为生死仇敌，密谋将他除掉。韩渎说，要杀范仲淹并不难，只是恐怕朝廷的大臣们不服。夏竦向相国吕夷简献计说："下官已经仔细谋划出一个计谋。眼下赵元昊谋反，势头极其猖獗，朝廷正要选派将领，兴师出征。在明日早朝时，恩相就向皇上上表奏请范仲淹任征讨军统帅，让他带兵去平定赵元昊的叛乱。这正好借刀杀人，又显得恩相以德报怨，此计何如？"此后，借刀杀人作为一个计名，经常出现在各种文学作品中。如《红楼梦》第六十九回《弄小巧用借剑杀人，觉大限吞生金自逝》中，王熙凤对自己的丈夫贾琏喜欢二房尤二姐和小妾秋桐心中不满，怀恨在心，因此玩弄起借刀杀人之计，先借秋桐之手逼死尤二姐，然后再将秋桐杀掉。

借刀杀人之计本是封建官僚之间相互利用、尔虞我诈的一种政治权术，把它引申到军事领域，就是强调要善于借助第三者的力量，制造和利用敌人营垒内部的矛盾，分化瓦解敌人的力量，达到克敌制胜的目的。

敌已明，友未定[1]，引友杀敌，不自出力，以《损》推演[2]。

在敌人的情况已经明确，而友军的态度尚在举棋不定的时候，要引导友军去攻击敌人，不必自己出力去攻打敌人，以免消耗自己的力量。这个计策是根据《损》卦"损下益上"的原理推演而来的。

【原文注释】

[1] 友未定：是说盟友对主战的双方，尚持徘徊、观望的态度，其主意不明不定的情况。

[2] 以《损》推演：《损》，卦名。此卦讲的是损下益上的道理。

○ 品画鉴宝
龙纹觥（商）此器为盛酒用器，盛行于商和西周。

【前人批语】

敌象已露，而另一势力更张[1]，将有所为，便应借此力以毁敌人。如：郑桓公将欲袭郐[2]，先向郐之豪杰、良臣、辨智、果敢之士，尽书姓名，择郐之良田赂之，为官爵之名而书之，因为设坛场郭门之处而埋之，衅之以鸡豭，若盟状[3]。郐君以为内难也，而尽杀其良臣。桓公袭郐，遂取之。诸葛亮之和吴拒魏，及关羽围樊、襄，曹欲徙都，懿及蒋济说曹曰："刘备、孙权外亲内疏，关羽得志，权心不愿也。可遣人蹑其后，许割江南以封权，则樊围自释。"曹从之，羽遂见擒。

敌人的本象已完全暴露出来，而另外一股势力正在不断地扩展，将会有所行动。这时，应该借用这股力量去消灭敌人。例如，郑桓公将要攻打郐国，先列了郐国的豪杰、良臣、辩智、英勇果敢之士的名单，公开张贴布告，说要选择郐国的良田赠送给他们，封给他们各种官爵，并在城郊设起祭坛，把名单埋在地下，用公鸡、公猪作祭品，装作盟誓的样子。郐国国君以为国内这些豪杰、良臣要勾结郑国作乱，便按照以上公布的名单把他们一一杀掉。桓公看到郐国豪杰、良臣都已除尽，便马上攻打郐国，并占领了郐国（见《韩非子·内储说下》）。诸葛亮与吴国结盟，抗拒魏国。当关羽围攻魏地襄阳、樊城时，曹操想迁都，司马懿及蒋济劝说曹操道："刘备、孙权表面上是亲戚，内心里却隔阂很深。关羽得志，孙权内心是不甘愿的，因此，可以派人跟随孙权身后做说客，答应割让江南的土地封给孙权，这样，樊城的包围就会自然解开。"曹操听从此计，关羽终于兵败麦城，束手被擒了（见《长知经》卷九《格形》）。

○品画鉴宝 龙虎纹尊（商）酒器，盛酒用。

【批语注释】

〔1〕敌象已露，而另一势力更张：敌象，攻击的对象。张，伸展。全句意为：打击对象已经明确，而另一种势力正在扩张。

〔2〕郐（kuài）：周朝国名，在今河南密县东北。

〔3〕衅之以鸡豭(jiān)，若盟状：衅，杀牲以血涂于器皿上祭祀。豭，公猪。盟：在血祭前发誓缔约。

借刀杀人

□ 经典实例

姜维借刀杀人除邓艾

魏元帝景元四年（263年）十一月，魏国大将邓艾率军三万，偷偷翻越摩天岭，突然出现于江油城外。蜀汉军师将军诸葛瞻等率军迎击，邓艾大败蜀军，斩杀诸葛瞻，蜀汉后主刘禅不敢继续抵抗，因此向邓艾大军投降。邓艾灭蜀之后，居功自傲，目中无人，他对蜀国士大夫们说道："诸君幸亏是遇到了我，所以才能有今日。如果遇到东汉初年吴汉那样的人，恐怕早已被杀了。"邓艾写信给晋公司马昭，信中说道："用兵要先造声势然后发兵，如今趁着平定蜀国的威势前去攻打吴国，吴人必将受到震恐，这是一举攻灭吴国的大好时机。但是我们在大规模用兵之后，将士全都十分疲劳，所以不能立即用兵，应暂缓一些时日。我想留下陇右兵二万人，蜀兵二万人，在这里煮盐炼铁，以备军事、农事之用。同时制作舟船，预先为顺流东下攻打吴国作准备，然后派出使者告以利害，吴国必能归顺。如此一来，可以不用征战就能平定吴国。如今应当厚待刘禅以招致孙休，可以封刘禅为扶风王，赐给他一定的资财，供给他左右侍奉之人。扶风郡有董卓坞，可以当作他的宫府，赐给刘禅儿子公侯的爵位，以郡内之县作为他们的食邑，以此来显示归顺所受到的恩宠。再开放广陵、城阳二郡，作为封国以等待吴人归顺，这样他们畏惧我们的威严，感念我们的恩德，就会望风而从了。"司马昭让监军卫瓘前去晓谕邓艾，说道："做事应当事先上报朝廷，不宜按照一己之意而行。"邓艾严厉地说道："我受命出征，奉行指示给我

○品画鉴宝

诸葛亮读书图（明）朱有燉／绘　朱有燉字诚斋，安徽凤阳人，太祖孙，定王长子，博学，书法真行纯婉，尤擅画瓶盆中牡丹。图中孔明羽扇纶巾，凭案读书，情态细腻生动。

的计策，现在首恶已经归服，至于秉承旨意授予他们官爵，以安抚刚刚依附之人，我认为也是合乎权宜的计策。如今蜀国上下都已归顺，国土南至南海，东接吴国，应该尽早使其安定下来。如果等待国家下达命令，就会拖延时日。《春秋》大义告诉我们：'大夫出国在外，如果有可以安社稷、利国家之事，自行决断也是可以的。'如今吴国尚未归服，势必会与蜀国联合，所以不可拘于常理，而失去办好事情的机会。《兵法》上说：'进不求名，退不避罪。'我虽然没有古人的节操，也终究不会自我疑惑而损害国家利益！"

钟会内心怀有背叛魏廷之志，姜维也已有所察觉，就想促成钟会作乱，于是就去劝说钟会："听说您自淮南之战以来，计策从未有过失误，晋国（司马氏也如曹氏一样，业已封王，所以称之为晋国）运道能够昌盛，完全依赖您的力量。如今您又平定蜀国，威德震世，百姓颂扬您的功劳，主上畏惧您的谋略，您还想因此安然而归吗？为何不效法陶朱公范蠡泛舟湖上远避是非，以此保全自己的功名性命呢？"钟会说道："您说得太远了，我不能离开。而且从现在的形势来看，还没有到达这种地步呢。"姜维说道："其他事情凭借您的智慧、力量就能做到，用不着我来多说了。"从此他们两人感情融洽，关系密切，出则同车，坐则同席。钟会因为邓艾承旨专权行事，就与卫瓘一起密报邓艾有谋反的表现。钟会（钟会祖父为书法大家钟繇）善于摹仿别人的字体，就在剑阁拦截了邓艾的奏章和上报事情的书信，改动了其中一些话，让言辞显得狂悖傲慢，出现很多居功自夸之处，同时又毁掉晋公司马昭的回信，重写一封以使邓艾生出疑心。

公元264年正月，魏廷下诏令钟会用囚车押解邓艾回京。晋公司马昭担心邓艾不从命，就命令钟会进军成都，又派遣贾充率兵进入斜谷。司马昭则亲自率领大军跟着魏帝抵达长安，因为诸位王公都在邺城，于是任命山涛为行军司马镇守邺城。当初，钟会因为才能出众受到重用，司马昭的夫人工氏就对司马昭说道："钟会见利忘义，好生事端，恩宠太过必然作乱，不可让他担当大任。"钟会将要讨伐蜀汉之时，西曹属邵悌也对晋公说道："如今派遣钟会率领十万大军前去征讨蜀汉，我认为钟会单身一人，没有家人可做人质，不如派遣别人为好。"晋公笑着说道："我又怎么会不知道这种事情呢？蜀国多次进犯，军队倦怠，百姓疲惫，我们前去征讨，简直易如反掌，但是众人都说蜀汉不可征讨。如果人先心存畏惧，那么智勇都会衰竭，智勇衰竭而强使他们出兵，就会被敌人所擒获。只有钟会与我意见相同，如今派遣钟会前去征讨蜀汉，蜀汉必定可以灭亡。灭蜀之后，就按你的考虑去办，如果钟会作乱，又何愁不能处理他？蜀汉业已灭亡，遗留之人受到震恐，必定不肯与钟会共同谋乱，而中原的将士因为急于回家，也必不肯与他一起作乱。钟会如果作乱，只会招来灭族之祸。你不必担忧此事，但是却要谨慎一些，不要让人知道。"等晋公将要前往长安之时，邵悌又说："钟会所统领的兵力是邓艾的五六倍，只让钟会前去攻打邓艾就可以了，不必亲自前去啊。"晋公说道："你忘记以前说的话了，怎能说不用去呢？尽管如此，我们所说的也不可宣扬出去。我自当以信义待人，别人也不当辜负我，我岂可先于别人而生疑呢？最近护军贾充问我：'是否很怀疑钟会？'我回答说：'如果现在派你前去，难道可以再怀疑你吗？'贾充也不能不同意我的话。我到长安，自然就会了断此事。"

钟会派遣卫瓘先到成都拘捕邓艾，钟会知道因卫瓘兵力较少，所以想借邓艾之手杀掉卫瓘，再借此事定邓艾的罪。卫瓘知道他的意图，但又不能抗拒命令，于是在深夜抵达成都之后，马上传檄文给邓艾所统领的将领，声称："我奉诏来拘捕邓艾，其余将领一概不予追究。如果到官军这方来，则如先前平蜀时一样再加爵赏；如果胆敢不出，则要诛及三族！"等到鸡鸣时分，邓艾手下诸将全都跑到卫瓘这里，只有邓艾帐内之人未来。第二天早上，营门大开，卫瓘率领众人直接进入邓艾帐内，当时邓艾依然躺着未曾起来，于是卫瓘就把邓艾父子捆绑起来，把邓艾置于囚车之中。诸将想要劫走邓艾，于是整兵奔向卫瓘之营。卫瓘不带卫兵，只身出来迎接，又假装书写奏章，说自己将要申明邓艾没有反叛之心。诸将相信了他，因而并未劫走邓艾。

十五日，钟会抵达成都，派人押送邓艾奔赴京师。钟会忌惮之人只有邓艾，邓艾父子既已被擒，钟会独自统领大军，威震西部地区，于是下定决心反叛。钟会想让姜维率领五万人马出斜谷为前驱，自己则率领大军跟随其后。抵达长安之后，命令骑兵从陆路行进，步兵则从水路行进，顺流从渭水进入黄河，认

蜀先主

蜀先主（161—223年）即刘备，字玄德，涿郡（今河北涿县）人。汉景帝之子中山靖王刘胜的后代，为三国蜀汉开国君王。三顾茅庐始得诸葛亮辅佐。后与孙权联合大败曹操于赤壁，取得益州与汉中，自立为汉中王。221年，于成都即位称帝，国号汉，年号章武。伐东吴兵败，损失惨重，退回白帝城，因病崩逝，享年62岁，谥号昭烈帝。

为五日即可渡过孟津,再与骑兵会合于洛阳,一时之间就能平定天下。恰好就在这个时候,钟会收到司马昭的来信,信中说道:"恐怕邓艾不肯甘心接受惩处,现已派遣中护军贾充率领步骑兵一万人直接进入斜谷,驻扎在乐城,我则亲自率领十万人马驻扎在长安,近日即可相见。"钟会看完书信之后大惊失色,叫来亲信之人,对他们说道:"如果只取邓艾,相国知道我能独自办理。如今带来重兵,必已觉察到我有变异,我们应当迅速发难。事情如果成功,就可以得天下;如不成功,也可以退守蜀汉,依然可做一个刘备那样的人。"十六日,钟会把护军、郡守、牙门骑督以上的官吏以及蜀国的故官都请了过来,在成都的朝堂之上为郭督太后致哀,并且假造了太后的遗诏,说让钟会起兵废掉司马昭,钟会捧起遗诏向座上众人宣布,让大家议论之后,开始授官任职,又让自己亲信之人代领诸军。把邀请而来的群官,都关在益州各官署的屋中,并且关闭了城门、宫门,分别派遣重兵把守。卫瓘诈称自己病重,出来住在外面的官舍。钟会相信他,对他也无所忌惮。

姜维想让钟会杀尽从北面来的诸将,自己再借机会杀掉钟会,全部坑杀魏国兵士,重新扶立刘禅为帝。他给刘禅写了一封密信,信中说道:"希望陛下能够坚持忍受数日之辱,我要让国家危而复安,日月幽而复明。"钟会听从姜维的意见,想要诛杀北来诸将,但却有些犹豫不决。钟会帐下的丘建,原本属于胡烈手下,钟会较为喜爱,而且也很信任他。丘建怜悯胡烈一人独自被囚,就请求钟会,让他允许一名亲兵进出取饮食,各牙门将也都随此例让一人进来侍奉。胡烈欺骗亲兵,让他传递消息给儿子胡渊说:"丘建秘密地透露消息,说钟会已经挖了大坑,准备了数千根白棒杖,想叫外面的兵士全部进来,每人赐一白帽,授散将之职,依次棒杀诸

○ 品画鉴宝
提梁罐（三国）此器为盛物用，属越窑系的黑釉瓷。

将，埋入坑中。"诸牙门将的亲兵也都说了同样的话，一夜之间，辗转相告，大家都知道了这一消息。十八日中午时分，胡渊率领其父手下的兵士擂鼓而出，各军也都不约而同地呐喊着跑了出来，竟然连督促之人都没有，就争先恐后地跑向城里。

当时钟会正将铠甲兵器拿给姜维，接到报告说外面有汹汹嘈杂之声，好像是失火似的，过了一会，他又接到报告说有兵跑往城里。钟会大吃一惊，问姜维说："兵来似乎是想作乱，如今应当怎么办？"姜维说道："只能攻击他们了！"钟会派遣兵士前去砍杀那些被关押起来的牙门将、郡守，但是里面的人都拿起几案顶住大门，兵士想要破门而入，却又砍不破门。过了一会，城外之人爬着梯子登上城墙，有人开始焚烧城内的屋子，兵士们就像蚂蚁那样乱哄哄地涌了进来，一时箭如雨下，那些牙门将、郡守都从屋子上爬了出来，与他们手下的军士汇合一起。姜维带着钟会左右拼杀，亲手杀死五六人。众人格杀姜维之后，又争相向前杀死了钟会。钟会的将士死了数百人，兵士们又杀了蜀汉的太子刘璿和姜维的妻子儿女，并且到处抢掠，死伤满地、一片狼藉。卫瓘部署诸将前去平息，过了几天才算平定下来。邓艾本营的将士追上囚车把邓艾救了出来，并且迎接回来。卫瓘认为自己与钟会共同陷害邓艾，恐怕他回来会有变乱，于是派遣护军田续等人领兵前去袭击邓艾，在绵竹西边遇上邓艾，于是杀了邓艾父子。当初邓艾进入江油时，田续不往前进，邓艾想要杀他，后来又放了他。卫瓘派遣田续之时，对他说道："你可以为江油所受的耻辱报仇了。"镇西长史杜预对众人说道："卫瓘最后肯定难逃一死！他身为名士，地位、声望如此之高，但是既没有颂其美德的赞誉，又不能用正道御使自己的下属，他又怎能推托自己的责任呢？"卫瓘听到之后，不等车驾到来就跑去感谢杜预。

杜预就是杜恕的儿子。邓艾其余的儿子在洛阳都被诛杀,他的妻子、孙子也被流放到西城县。

钟会之兄钟毓曾经秘密地对司马昭说道:"钟会酷爱玩弄权术,不可过于信任。"等到钟会反叛的时候,钟毓已经过世,司马昭思念钟繇的功勋与钟毓的仁贤,特别宽宥了钟毓之子,让他们官爵如故。钟会的功曹向雄收葬钟会之尸,司马昭召他前来,责备他说:"从前王经死的时候,你哭于东市而我没有责问。钟会身为叛逆,你又特地前去收葬,如果再容忍你,还有没有王法可言?"向雄说道:"以前先王掩埋枯骨腐尸,仁德施于朽骨,当时难道是先计算其功罪而后再收葬的吗?现在王者的诛罚已经加于其身,从法度上说已经很完备了,我有感于大义而收葬他,教化也就没有了缺憾。法度立于上,而教化弘扬于下,以此来作为万物的法则不是很好吗?何必要让我背弃死者,违背生者而立于当世?您以仇怨对待枯骨,把他弃之野外,这难道是仁贤之人的气度吗?"司马昭听后非常高兴,与他一起宴饮交谈之后,才将他送了出去。

邓艾成功之后,狂妄自大,不能韬光养晦,终于为人所乘。姜维虽然被杀,但是密谋杀掉灭蜀大将邓艾的计划最后还是成功了,也算是为蜀汉报了仇,这也可以说是借刀杀人之计的巧妙运用了。

姜维(202—264年)字伯约,天水冀县(今甘肃甘谷)人,三国末期蜀国名将。少孤,好郑氏学,才兼于人。曾为魏天水郡中郎将,后降蜀官至大将军。

以逸待劳

□ 第四计

……计名由来

以逸待劳，语出《孙子·军争篇》。在历代兵书和史书之中，对于以逸待劳这一理论的阐述和实例记载非常之多。如《孙子·军争篇》："以近待远，以佚待劳，以饱待饥，此治力者也。"古代"佚"与"逸"相通，意思是部队休整充分，精力旺盛。劳则与佚相反，是部队得不到休整，精力疲惫。以逸待劳的方法有许多，《孙子·虚实篇》："凡先处战地而待敌者佚，后处战地而趋战者劳。"抢先占领有利地形，是以逸待劳的一种方法。《南北筹兵论·上》说："闻之兵法，守者常逸，而攻者常劳，以逸待劳。"先实行防御，后发制人，也是以逸待劳的一种方法。但是，以逸待劳的待，不是消极地坐等战机，而是充分发挥主观能动性去调动敌人，牵着敌人的鼻子走，让敌人疲于奔命，不断地消耗敌人，待敌人锐气尽消之时，再动手消灭它。因此，子》说："故善战者，致人而不致于人。"此计强调：使敌方处于困难局面，不一定只用进攻之法。关键在于掌握主动权，待机而动，以不变应万变，以静对动，积极调动敌人，创造战机。所以，不可把以逸待劳的"待"字理解为消极被动的等待。以逸待劳，后发制人之计，受到历代军事家的重视。在革命战争年代，以逸待劳，诱敌深入，后发制人成为人民军队常用的战法之一。

损卦

损卦为六十四卦之中第四十一卦。损卦的卦象为上艮下兑。寓意人们如何在不损害自己和他人的前提下，获取最大的利益。或是如何在损失最小的情况下，获得更大的利益。

○品画鉴宝

透雕龙纹钺（商）透雕龙纹，龙昂首卷尾，姿态腾挪多变，威武不凡。钺，古代兵器，青铜制，安装木柄，持以砍斫。玉石制的则多为礼仪或殉葬用。

困敌之势[1]，不以战；损刚益柔[2]。

要使敌人处于困难的局势之中，不一定要采取直接进攻的手段。可以根据刚柔相互转化的原理，不断疲惫削弱敌人，使它由强变弱，我方就自然由劣势转化为优势。（这是从《周易》损卦象辞中"损刚益柔有时"一语中悟出的道理。）

【原文注释】

〔1〕困敌之势：迫使敌人处于困顿的境地。

〔2〕损刚益柔：语出《易经·损》。"损"，卦名。"刚""柔"是两个相对的事物现象，在一定的条件下相对的两方可以相互转化。"损刚益柔"是根据此卦象讲述"刚柔相推，而主变化"的普遍道理和法则。此计正是根据"损"卦的道理，以"刚"喻敌，以"柔"喻己。此计中该句可理解为：进攻者攻势猛烈，锐气方刚，处于优势主动地位，表面上十分强大，但难以持久，容易疲惫，优势主动中隐伏着弱和失败的种子；防守者应付强敌进攻，处于劣势被动地位，乍一看似乎很软弱，但通过不断地消耗疲惫敌人，减杀其锐气，削弱其优势，可以改变自己不利的处境，变劣势为优势，变被动为主动。

【前人批语】

此即致敌之法[1]也。兵书云:"凡先处战地而待敌者佚[2],后处战地而趋战者劳[3]。故善战者,致人而不致于人[4]。"兵书论敌,此为论势,则其旨非择地以待敌,而在以简驭繁,以不变应变,以小变应大变,以不动应动,以小动应大动,以枢应环也[5]。如:管仲寓军令于内政,实而备之[6];孙膑于马陵道伏击庞涓;李牧守雁门,久而不战,而实备之,战而大破匈奴。

○ 品画鉴宝
军队出征图(北周)贤愚经·须阇提品,图中军容整齐,不似出征,更像阅兵。

这是调动敌人的计策。兵书上说:"凡是先进入战地等待敌人,就会显得安逸;后进入战地仓促应战,就会处于疲劳奔命的被动局面。所以,善于用兵的人,总是能调动敌人而不被敌人牵着鼻子走。"(见《孙子兵法·虚实篇》)兵书上谈论的是对敌作战时如何争取主动,而这里探讨的却是如何掌握战争的主动权的问题。其目的不是讲如何选择地形,待机破敌,而是强调如何以简易的方法驾驭纷繁复杂的战局,以不变应付变化,以小变应付大变,以静止对付运动,以小的动作应付大的动作,以掌握关键环节对付循环无穷的变化。像管仲

将军令寓于内政事务之中，以扎扎实实的态度加强战备（见《史记》卷六二《管晏列传》）；孙膑在马陵道伏击庞涓（见《史记》卷六五《孙子吴起列传》）；以及李牧坚守雁门，久不出击，只是不断充实、装备自己，最终大破了匈奴（见《史记》卷八一《廉颇蔺相如列传》）。

【批语注释】

〔1〕致敌之法：致，招引，引申为调动。致敌，即调动敌人。

〔2〕佚：同逸，安闲，指从容休整，养精蓄锐。

〔3〕劳：疲劳。

〔4〕致人而不致于人：即调动敌人而不被敌人所调动。

〔5〕以枢应环：枢，枢纽，引申为事物的关键。环，圆形之物，大意指把握事物的关键，从容应付周围事物的变化。所以，《庄子·齐物论》说："枢，始得其环中，以应无穷。"

〔6〕实而备之：实，充实、坚实。备，准备。

以逸待劳

■ 经典实例

○ 品画鉴宝

管銎钺（春秋）古代兵器，玉制器则多用于祭祀和殉葬。

晋楚城濮之战

公元前632年的晋楚城濮之战，是春秋时期晋、楚两个诸侯国争霸中原的一次战争。在这场战争之初，楚国的实力强于晋国，而且楚国有许多盟国，声势浩大。城濮之战以楚国出兵攻宋，宋成公派人来晋求救为引子展开。但晋国并不靠近宋国，远道救宋，必须经过楚国的盟国曹、卫，形势于晋不利。可是，晋军制定了正确的战略战术，运用谋略争取了齐、秦两个大国的援助，取得了"伐交""伐谋"方面的优势，最终击败了楚军，争得了中原霸主的地位。城濮之战中晋军的胜利，并非胜在实力，而是胜在谋略。

春秋时期，地处江汉之间的楚国日益强盛，它控制了西南和东面的许多小国和部落。楚文王时期，楚国开始北上向黄河流域发展，攻占了申（今河南南阳北）、息（今河南息县西南）、邓（今河南漯河东南）等地，并使蔡国屈服。楚成王时期，齐国崛起，齐桓公称霸中原，楚国难以继续向北扩张。齐桓公死后，齐国内乱，霸业衰落，这时楚国乘势向黄河流域扩张，控制了鲁、宋、郑、陈、蔡、许、曹、卫等小国。公元前638年，楚军在泓水之战中打败了宋襄公，开始向中原发展，期望成就霸业。

正当楚国图谋中原称霸之时，在今天山西西南的晋国也逐渐强盛起来。公元前636年，流亡在外十九年的晋公子重耳在秦国帮助之下回国即位，称晋文公。晋文公即位之后，实施了一系列改革措施和外交活动，逐步具备了争夺中原霸权的强大实力。

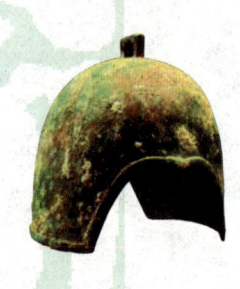

○ 品画鉴宝

盔（西周晚期至春秋早期）顶部有方形穿纽，两侧护腮底缘前后各有一长方形小穿纽，方便上下穿绳在颈部打结，固定头盔。整体的设计简便而实用。体现了中国早期军事装备设计智慧。

早在晋文公即位的那年，周襄王因为他的兄弟叔带勾结狄人前来攻击，王位被夺，文公及时把握住这个尊王攘夷的好机会，平定了周王室的内乱，护送周襄王回到洛邑。襄王以文公尊王有功，便赐以阳樊、温（今河南温县西）、原（今河南济源西北）等地。晋文公遂命赵衰为原大夫，狐溱为温大夫，经营这两块对争霸中原有战略意义的地区。由于晋文公抓住了"尊王"这块招牌，在诸侯中的地位大为提高。晋国势力的迅速发展，引起了楚国的不安。楚国急于阻止晋国进一步向南发展的势头，而晋国要想夺取中原地域的霸权，就非得同楚国较量一番不可。因此，晋、楚之间的矛盾日益尖锐起来。

公元前634年，鲁国因和莒、卫两国结盟，几次遭到齐国的进攻，便向楚国请求援助。而宋国因在泓水之战中被楚国击败，襄公受伤而死，不甘心对楚国屈服，看到晋文公即位之后，晋国实力与日俱增，也就转而投靠晋国。楚国为了保持自己在中原的优势地位，于是出兵攻打齐、宋两国，并借此制止晋国向南扩展。晋国也正好利用这一机会，以救援宋国为名出兵中原。这样，晋楚两国的军事交锋就不可避免地发生了。

公元前633年冬，楚成王率领楚、郑、陈、蔡等多国军队进攻宋国，围困宋都商丘，宋国司马公孙固到晋国告急求援。于是文公和群臣商量是否出兵及如何救宋。大夫先轸力劝晋文公出兵救宋，他认为，救宋既能够"取威定霸"，又报答了以前晋文公流亡到宋国时，宋君赠送车马的恩惠。但是宋国并不靠近晋国，劳师远征救援宋国，必须经过楚国的盟国曹、卫两国。而且楚军实力强大，正面交锋恐怕难以取胜。晋国大夫狐偃针对这一情况，建议晋文公先攻曹、卫两国，那时楚国必定移兵相

晋文公（前697—前628年）

名重耳。春秋时霸主晋国国君。因其父献公立幼子为嗣，曾流亡国外19年，在秦援助下回国继位。发展农业、手工业，加强军队，国力大增，出现"政平民阜，财用不匮"的局面。后于践土（今河南荥阳东北），会集诸侯，邀周天子参加，成为霸主。

救，那样宋国之围也可以解除了。晋文公采纳了这一建议。尽管如此，晋国感到真正的敌人是楚，要对付如此强大的敌人，必须进行较为充分的准备。晋国按照大国的标准，扩充了军队，任命了一批比较优秀的贵族官吏出任军队的将领。

经过一段时间的准备，晋文公于公元前632年1月，将军队集中在晋国和卫国的边境上，借口当年曹共公侮辱过他，要求假道卫国进攻曹国，遭到卫国拒绝。晋文公迅速把军队调回，绕道从现河南汲县南黄河渡口渡河，出其不意地直捣卫境，先后攻占了五鹿及卫都楚丘，占领了整个卫地。晋军接着又向曹军发起了攻击，3月间，攻克了曹国都城陶丘（今山东定陶），俘虏了曹国国君曹共公。

晋军攻占了曹、卫两国，但是楚军依然用全力围攻宋国都城商丘，宋国不得不派遣门尹般前往晋国告急求救。晋文公开始感到左右为难：若不出兵救援宋国，那么宋国国力不支，一定会投降楚国而与晋国绝交；如要出兵救援，自己兵力单薄，没有必胜的把握，何况直接与楚发生冲突，也会背上忘恩负义的恶名。（文公当初流亡路过楚国时，楚成王招待他非常周到，不仅留他住了几个月，最后还派人护送他到秦国。）这时，先轸分析了楚与秦、齐两

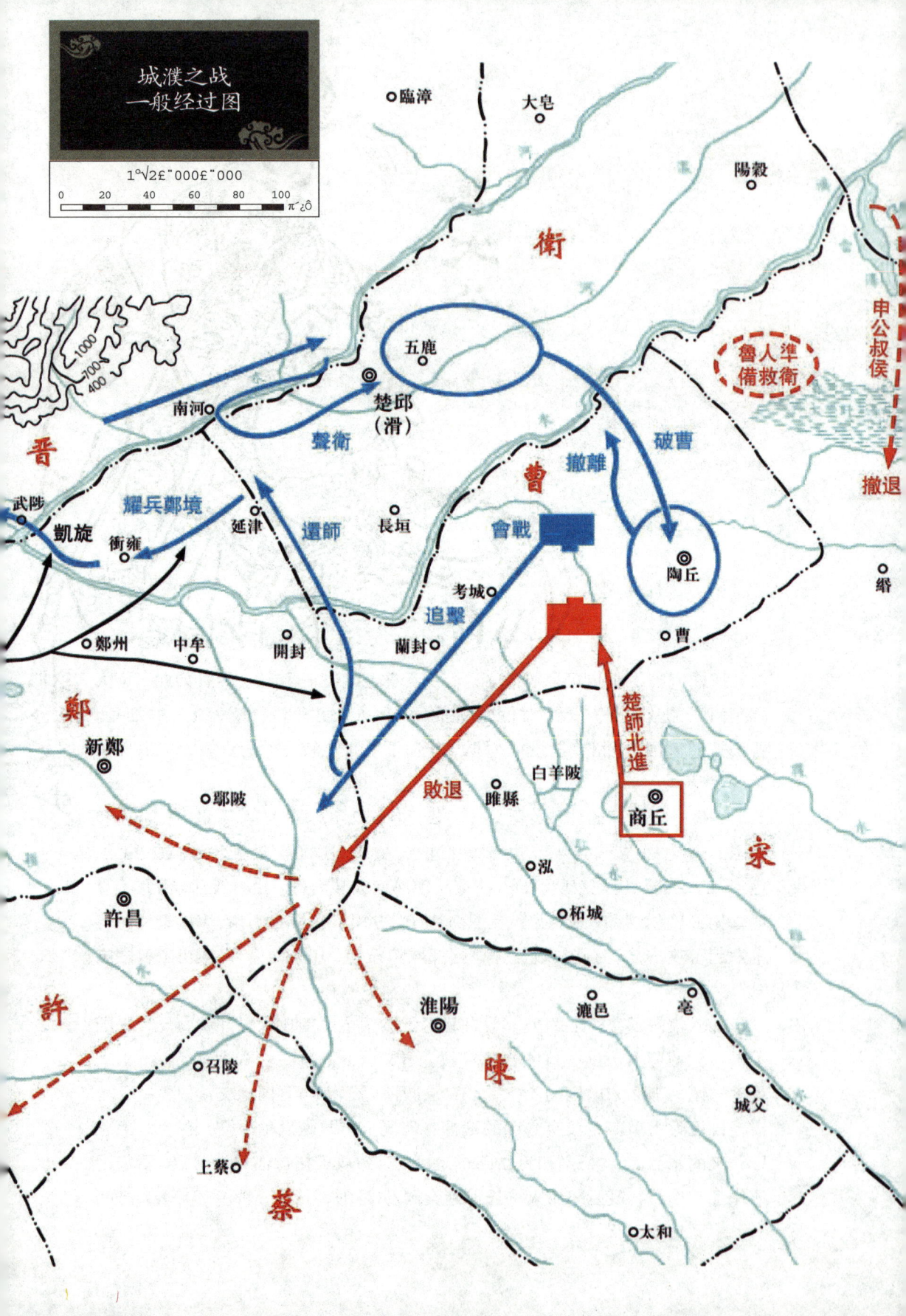

○ 品画鉴宝
绚索龙纹壶（春秋晚期）壶高体束颈鼓腹，通体纹饰繁复多变，五道纹饰又使各部分协调一致。多为盛水用。

国的矛盾，建议让宋国表面上同晋国疏远，然后由宋国出面，送一份厚礼给齐、秦两国，由他们去请求楚国撤兵，晋国则把曹共公扣押起来，把曹、卫的土地赠送给宋国一部分。楚国同曹、卫本是结盟的，看到曹、卫的土地为宋所占，必定会拒绝齐、秦的劝解。这样楚国就将触怒齐、秦，他们就会站在晋国这一边，出兵与楚作战。晋文公对此计十分赞赏，于是马上施行。楚国果然中计，拒绝了秦、齐的调停。而齐、秦见楚国不听劝解，大为恼怒，就都出兵助晋。齐、秦两国加盟，晋、楚双方的力量对比发生了根本性的变化。

楚成王看到齐、秦与晋联合，形势不利，就令楚军从前线撤退到楚地申，以防秦军出武关袭击它的后方。同时命令戍守谷邑的大夫申叔迅速撤离齐国，命令尹子玉率领楚军主力撤出宋国。子玉对楚成王回避晋军很不满意，他对成王说道："您过去对晋侯那么好，他明明知道曹、卫两国是楚国的盟国，与楚国关系非常密切，现在却故意攻打它们，这分明是不将您放在眼里啊。"楚成王说道："晋侯在外流亡十九年，遇到很多困难，最终还是回国取得君位，他尝尽艰难，充分了解民情，这是上天赐给他的机会，我们楚国是打不赢他的。"但是子玉骄傲自负，听不进楚成王的劝告，依然要求楚王允许他与晋军决战，并且请求增加兵力。楚成王勉强同意了他的请求，但却不肯给他增加兵力，只是派了少量兵力前去增援。于是，子玉以元帅身份向陈、蔡、许、郑四路诸侯发出命令，相约共同起兵。他的儿子也带了六百家兵相随。子玉自率中军，以陈、蔡二路兵将为右军，许、郑二路兵将为左军，风驰雨骤，直向晋军扑去。

子玉逼近晋军后，为了寻求决战的借口，派遣使者宛春故意向晋军提出了一个"休战"的条件：晋军必须撤出曹、卫，让曹、卫复国，楚军则解除对宋都的围困，从宋国撤军。中军元帅先轸提出一个将计就计的对策，以曹、卫与楚国绝交为前提，私下答应让曹、卫复国；同时扣押楚国使者，以此激怒子玉前来邀战。晋文公采用了他的计策。子玉得知曹、卫两国已背叛自己，使者又被扣押，于是恼羞成怒，倚仗楚国的优势兵力，贸然带兵扑向晋军，寻求决战机会。

晋文公看到楚军来势凶猛，于是命令晋军后撤，以避开楚军的锋芒。有些将领不理解文公的意图，于是就问文公："没有交手，为什么就要后退呢？"文公说道："我以前在楚国的时候曾对楚王说过，如果晋楚之间发生战争，我一定会退避三舍(shě，九十里)。我将遵守这一诺言。"实际上，晋军"退避三舍"的行为，正是晋文公战胜楚军的重要方略。晋军"退避三舍"之后，已经退到了卫国的城濮，这里距离晋国比较近，所以后勤补给、供

○品画鉴宝

金钲（春秋）军中演奏时使用的乐器。

应较为方便，而且也便于齐、秦、宋各国军队会合；此外，在客观上，"退避三舍"也能起到麻痹楚军、争取舆论同情、诱敌深入、激发晋军士气等多重作用，从而将晋军的不利因素变成有利因素，为夺取决战胜利奠定了基础。

晋军退到城濮停了下来。这时，齐、秦、宋各国的军队也陆续到达城濮和晋军会师。晋文公检阅了军队，认为可以与楚军决战。这时，楚军追了九十里也到达城濮，选择了有利的地形扎下营。随后就派使者向晋文公挑战。晋文公很有礼貌地派了晋使回复子玉说："晋侯只因不敢忘记楚王的恩惠，所以退避到这里。既然这样仍得不到大夫（指子玉）的谅解，那也只好决战一场了。"于是双方约定了开战的时间。

公元前632年4月4日，晋楚两军决战开始。晋军针对楚军中军强大，左右翼军薄弱的部署特点，以及楚军统帅子玉骄傲轻敌、不谙虚实的弱点，发起了有针对性的攻击。晋国下军佐将胥臣把驾车的马蒙上虎皮，出其不意地首先向楚军中战斗力最差的右军——陈、蔡军进攻，陈、蔡军遭到这一突然而奇异的进攻，惊惶失措，弃阵逃跑，楚右翼就这样快速崩溃了。

晋军同时也把进攻的矛头指向楚国左军。晋国上军主将狐毛在指挥车上故意竖起两面镶有彩带的大旗，非常醒目，远远就可望见，狐毛和许、郑联军一接触，就故意败下阵来。在逃跑时，在战车的后面拖了很多树枝，树枝刮起的尘土，遮天蔽日，给在高处观阵的子玉造成了错觉，以为晋军已经溃不成军，于是急令左翼部队奋勇追杀。晋国中军元帅先轸等见楚军已被诱至，马上指挥中军横击楚军，晋国上军主将狐毛也回军夹击楚国左军。楚国左军退路被切断，陷入重围之中，基本上全数被歼。子玉看见左右两翼大军都已失败，急忙下令收兵，这才保住中军，退出战场。城濮之战最终以晋胜楚败而告终。

趁火打劫

□ 第五计

……计名由来

趁火打劫的原意是：趁人家家里失火，一片混乱、无暇自顾的时候，去抢人家的财物。乘人之危捞一把，这可是不道德的行为。可这一思想，早就产生了。《孙子·计篇》"乱而取之"就体现了这种思想。作为一种计名，曾出现在明代吴承恩的《西游记》中：唐僧在取经的路上，借宿于观音院中。方丈见到唐僧的袈裟，顿生歹念，假托自己老眼昏花，看不清楚，要求借到方丈室晚上细细观看。方丈为了将袈裟据为己有，密谋于夜晚放起了大火，企图烧死唐僧等人。孙悟空识破阴谋，从广目天王那里借来避火罩罩住了唐僧和白马，然后一口气将大火吹到了那帮贪婪的和尚头上。和尚们引火烧身，自食其果。这场大火惊醒了离此不远的黑风洞中的妖怪。他与方丈素有交情，一见朋友有难，立即赶来救火。妖怪进了庙中，在方丈室中发现一个包袱，里面透出一道霞光宝气，打开一看，竟是一件佛门至宝袈裟。一见此宝，妖怪救火之意顿消，顿时生出趁火打劫的念头。他拿起袈裟驾着黑云，径直返回了自己的山洞。此计用在军事上指的是：当敌方遇到麻烦或危难的时候，就要乘此机会进兵出击，制服对手。

夬卦

夬卦为六十四卦之中第四十三卦。夬卦的卦象为上兑下乾，象征充沛的雨水浇灌大地。因为卦象由五个阳爻与一个阴爻组成，所以古人认为只要去掉唯一的阴爻，就可以形成完美的形态。故而此卦有"舍去"的含义。

敌之害大[1]，就势取利，刚决柔也[2]。

敌人遇到很大的灾难和危机，就可以乘势出兵夺取胜利。这就是《易·夬》中所说的强者乘势击败处于厄境之敌的策略。

○ 品画鉴宝　官兵征剿图（北周）壁画。

【原文注释】

[1] 敌之害大：害，指敌人所遭遇到的困难、危厄的处境。
[2] 刚决柔也：决，冲决、冲开、去掉的意思，引申为摈弃、战胜。此句语出《易·夬》："夬(guǎi)，决也，刚决柔也。"此处指强大者乘势出兵征服弱小者。

三十六計之趁火打劫

【前人批语】

敌害在内[1]，则劫其地；敌害在外[2]，则劫其民；内外交害[3]，则劫其国。如越王乘吴国内蟹稻不遗种[4]而谋攻之，后卒乘吴北会诸侯于黄池之际[5]，国内空虚，因而捣之，大获全胜。（《国语·吴语·越语下》）

敌方有内忧，就占领它的土地；敌方有外患，就掳掠它的百姓；敌方内忧外患交迫，就劫夺它的国家。例如，越王勾践乘吴国国内极端穷困之际而谋划攻打它，最后乘吴王夫差北上在黄池与诸侯会盟，国内空虚之时，乘势直捣吴国，终于大获全胜。

【批语注释】

〔1〕敌害在内：指国内的暴乱。

〔2〕敌害在外：指外敌入侵。

〔3〕内外交害：指内忧与外患交迫，即国内群众反叛，同时还有外敌入侵。

〔4〕蟹稻不遗种：语出《国语·越语下》，原文为"今吴稻不遗种"，言吴国田地荒芜，国无余粮。

〔5〕吴北会诸侯于黄池：黄池，地名，今河南封丘南。公元前482年，吴王夫差与晋定公在此会盟，决定谁是中原霸主。盟会还未开始，传来越军进攻吴国的消息。夫差害怕这一消息影响争霸的大计，遂将在场听到消息的人全部处死。然后连夜"秣马食士"，整顿队伍，向晋国挑战。晋国不知底细，十分恐慌，在盟会上答应以吴为先。

趁火打劫

□ 经典实例

文种献策勾践灭吴

公元前498年，勾践得知吴王夫差将要进攻越国，就想采取先发制人的策略。他不听从谋臣范蠡的劝告，一意孤行，在敌强我弱的情况下，贸然出兵攻打吴国，结果在夫椒（今江苏省太湖洞庭山）一带大败，几乎全军覆没。勾践不得已投降吴国，接受屈辱条件，携妻带子和范蠡前往吴国伺候吴王，从事劳役。勾践在范蠡的协助之下，委曲求全，最终赢得夫差的信任，三年之后，被夫差释放回国。

勾践回到越国，与朝中群臣相见，既高兴又伤心。勾践说道："我是国破家亡的奴才，若不是诸位爱卿尽心竭力，我哪里还有回国的一天？"范蠡说道："这都是大王的洪福，怎么能算我们的功劳呢？但愿大王从今往后，时刻不忘在吴国服劳役，在石屋看马的耻辱。只有这样，越国才有复兴的希望，我们才能报仇雪耻。这是我们做臣下的和全国百姓的唯一愿望啊！"勾践说道："我绝对不会让你们失望的！"于是勾践任命文种管理国家大事，任命范蠡整顿兵马，自己则谦虚谨慎，采纳群臣意见，对穷苦百姓广为救济。因此，全国人民皆大欢喜，上下齐心协力，都很希望自己的国家能够变弱为强。

勾践从此发愤图强，艰苦奋斗，唯恐自己贪图眼前的安逸，丧失了报仇雪耻的志气，于是给自己安排在艰苦的生活环境磨炼，撤掉舒适的床铺，晚上就在稻草之上枕着长戈睡觉。勾践又在吃饭的地方挂着苦胆，每逢吃饭时，都要先尝一尝胆汁的苦味。这就是"卧薪尝胆"故事的来源。当时越国战败亡国，人口大为减少，勾践施行了多种奖励生育的措施；为了大力发展生产，勾践又亲自带头在地里干活。他的夫人经常去看望那些织布纺线的妇女，同时自己也在宫中织布。为了让人民得到休养生息，勾践下令七年之中，国家不收捐税，而且身体力行，和全国百姓一同将节约下来的财物进贡给吴王夫差。吴王夫差看到这种情况，感到非常高兴。

在此期间，吴越两国相安无事。可是勾践始终忧心忡忡，他对文种说道："如此长久下去，怎么能报吴国之仇啊？"文种说道："我有报仇灭吴的七条计策：第一，要尽可能地贿赂吴国，使得吴国君臣上下全都喜欢；第二，收买吴国的粮食，使得吴国仓库空虚；第三，运用美人计诱惑吴王夫差，使得夫差沉湎女色之中，荒废国事；第四，送给吴国优质的砖、瓦、木料以及优秀的木工、瓦工，让吴国大兴土木，劳民伤财；第五，派遣侦探去当吴国的臣下；第六，到处散布谣言，使其忠臣避而不问国事；第七，自己多积粮草，操练兵马。如此一来，只要时机成熟，我们必定能够消灭吴国。"勾践高兴地称赞道："妙计！妙计！"

就在这个时候，夫差正打算营造姑苏台。越国趁此机会，预备数棵特别长大的木材，派遣文种送往吴国，夫差从未见过如此巨大的木材，感到非常高兴。可是大材不能小用，只得将原来设计的姑苏台加高加宽。这样一来，工

○ 品画鉴宝 吴王夫差矛（春秋）

○ 品画鉴宝 越王勾践剑（春秋）

程更为浩大，劳民伤财的程度也更为厉害，吴国百姓叫苦连天，怨声载道。

勾践看到文种的计策发挥了作用，于是再次命他和范蠡前去访寻美女。范蠡说道："这件事情我早就准备好了。托大王洪福，现在我们已经找到一位聪明美丽而且深明大义的姑娘，她的名字叫作西施。西施姑娘情愿舍身为大王报仇，她还约了一名帮手名叫郑旦。大王只要将这两位姑娘送给夫差，必定能够实现文大夫的第三条计策。"于是，勾践就派范蠡护送她们两人前往吴国。

西施和范蠡原本是一对情人，一路之上，两人自然非常悲痛伤感，但是西施却将眼泪往肚里咽，勉强装出笑脸，她对范蠡说道："少伯，你别伤心，万一真的国破家亡，那么，我们国内谁都无法自由自在地谈情说爱了。现在我们已经为了国家而献身，就很难继续享受爱恋之情。但是你要知道，送给夫差的只是我的身子，而我的心却永远属于你，谁也无法将它抢去。我对其他无所畏惧，只是担心将来计策成功之后，我已成了残花败柳，你或许就会将我遗弃。到那时候，就是我们还有见面的机会，我也没脸再次见你啊！"范蠡静静地听着西施的倾诉，听到最后这几句话时，急忙对天发誓，赌咒说道："你为了大王，为了父母之邦，为了我，不惜忍受如此巨大的委屈和耻辱，对你的高风亮节，我已经佩服得五体投地。在我心中，你始终都是天底下最纯洁最美丽的女子，如果今后我负心于你，那就让上天重重地惩罚我吧！"

范蠡一行抵达吴国，而西施从此进入吴国王宫之中。由于西施姿色无双，风华绝代，而且才艺出众，加上有为而来，所以获得了夫差的专宠和信任。西施看见夫差成天陪她一起作乐，故意皱着眉头说道："大王难道不知道当今天下的大势吗？楚国自从打了败仗之后，至今没有恢复元气；晋国早就失去了中原霸主的威风；齐国自从晏平仲大夫死后，国中再无有用之人；鲁国三家大夫则只知道拼命地扩充自己的权势。中原各国诸侯，说到才能，又有哪个能与大王相提并论？大王不趁此时干出一番惊天动地的大事业，却天天陪着我们饮酒作乐，吴国上下必定认为是我将大王的志气消磨掉了。大王即使不想替吴国增添光彩，也应该为了疼爱我去当中原的霸主，使我也在历史上留下美名啊。"夫差听了西施这一番话，感到非常快乐，而且内心也很佩服西施的气度。正在这个时候，齐国派遣使者请求吴国出兵一同攻打鲁国，原因是鲁国欺负小国邾（zhū）国，夫差正想在中原干出一番事业，于是答应了齐国会师攻打鲁国的请求。

原来邾国的国君娶了齐悼公（齐景公的儿子）的妹妹为夫人，觉得有了齐国作为靠山，于是骄傲自大，与鲁国的关系逐渐僵硬起来。鲁哀公（鲁定公的儿子）派遣季孙氏攻打邾国，俘虏了邾国的国君。齐悼公认为鲁国抓走自己的

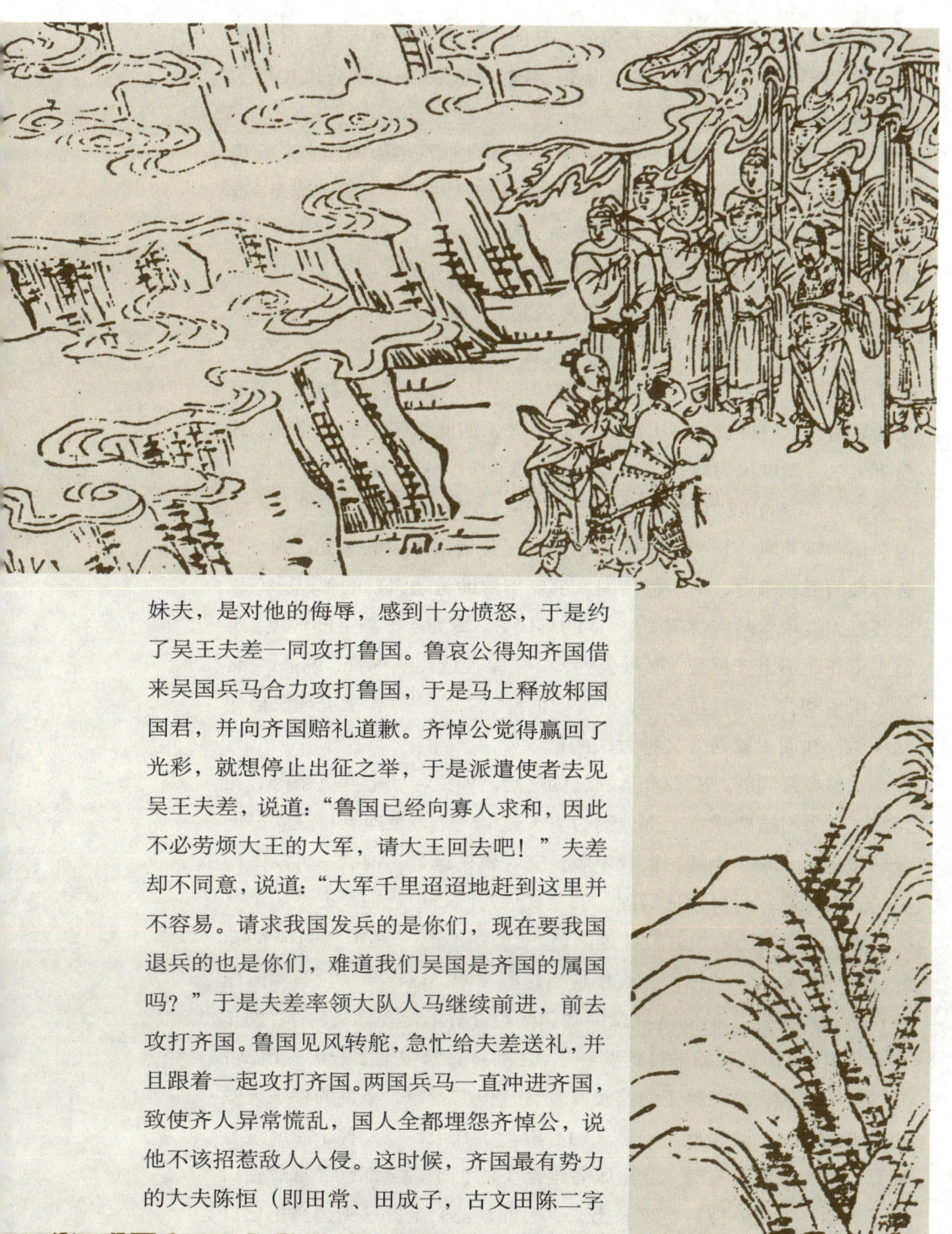

妹夫,是对他的侮辱,感到十分愤怒,于是约了吴王夫差一同攻打鲁国。鲁哀公得知齐国借来吴国兵马合力攻打鲁国,于是马上释放邾国国君,并向齐国赔礼道歉。齐悼公觉得赢回了光彩,就想停止出征之举,于是派遣使者去见吴王夫差,说道:"鲁国已经向寡人求和,因此不必劳烦大王的大军,请大王回去吧!"夫差却不同意,说道:"大军千里迢迢地赶到这里并不容易。请求我国发兵的是你们,现在要我国退兵的也是你们,难道我们吴国是齐国的属国吗?"于是夫差率领大队人马继续前进,前去攻打齐国。鲁国见风转舵,急忙给夫差送礼,并且跟着一起攻打齐国。两国兵马一直冲进齐国,致使齐人异常慌乱,国人全都埋怨齐悼公,说他不该招惹敌人入侵。这时候,齐国最有势力的大夫陈恒(即田常、田成子,古文田陈二字通用）和鲍息两家借机杀掉齐悼公，并向吴王夫差请罪求饶，甘愿年年进贡，服侍吴国。这样一来，不但鲁国，就连山东大国齐国也做了吴国的属国了。

夫差此次出师，征服了齐、鲁两国。因此他从中原回国之后，更加敬佩西施，经常与她谈论国家大事，什么疑难问题都去跟她商量。有一次，夫差对她说道："今天越国大夫文种前来朝拜，他说越国遭遇天灾，收成不好，粮食不够，想要向我们借一万石粮食，明年如数归还。你认为这事应当怎样办呢？"西施说道："朝中大臣都持什么态度啊？"夫差说道："他们也没有统一的意见。伯嚭（pǐ）等人劝我答应，伍子胥则表示坚决反对。"西施听后冷笑一声，撇着小嘴说道："芝麻大的事情，也值得费这么大的气力吗？大王如此精明能干，难道您还没听见过'国以民为本，民以食为天'这两句话吗？越国如今已经属于大王，越国的臣民自然都是大王的子民，难道说大王就能忍心看着他们活活饿死吗？想当年齐桓公在葵丘召开诸侯大会的时候，就不准各诸侯国囤积粮食，认为每个国家都应当帮助遭遇饥荒的邻国。秦穆公还以大批粮食救济敌国（晋国）的难民，不愧为西方霸主的气度。难道大王还比不上齐桓公、秦穆公吗？"夫差连连点头称赞，说道："有些大臣也劝我应该救济越国，可是他们都没有像你这样把道理说得如此深透。我明天就答应文种大夫的请求好了。"

文种将领到的万石粮食运回越国之后，勾践与朝中群臣乐得心花怒放。文种将这些粮食全部分给穷人。这样一来，全国老百姓就都十分感激越王。第二年越国粮食丰收，文种就挑选最为饱满、可以做种子的万石粮食，亲自押往吴国。夫差看到勾践守信还粮，更是非常高兴。他见越国归还的粮食粒粒饱满，就对伯嚭说道："越国种的粮食颗粒比我们的要大，就把这万石粮食当作种子吧，这样一来，我们的庄稼也能长得更好。"伯嚭就把越国归还的粮食分给民众作为种子。次年春天，吴国农民就开始播种这些种子，之后日日盼望地上长出秧苗。可是等了十几天，这些种子始终没有发芽，他们就想，精良的种子大概要比普通种子出得慢些，于是又耐心等待了几天，但是种子始终没有发芽，因为谁都没有想到，全国各地撒下的种子，全都已经霉烂在田里了，始终不见一棵种苗生长出来。为此，他们全都感到懊丧不已！不得不匆匆忙忙地再用自己的种子下种，但却已经耽误了下种的时候，因而使得吴国在这一年里极度歉收，遭遇严重的饥荒。吴国的老百姓全都埋怨吴王不顾本国土质情况，冒冒失失地引用越国的种子。其实他们并不知道，这一切都是文种的计谋，原来越国归还的那些粮食，看似饱满，其实都是事先蒸熟晒干的粮食啊！

　　这时，越王勾践看到复仇时机已经成熟，趁着吴国严重饥荒，策划反击吴国。他把发兵时机选在公元前482年，那一年夫差北上黄池与诸侯会盟，吴国精兵在外，国内兵力空虚。就这样，勾践为了报仇雪恨，亲自率领大军截断夫差归路，趁火打劫攻陷吴国都城，吴王只得向越王求和。十年之后，越国终于灭了吴国，成为春秋时期的最后一位霸主。

越灭吴之战有关地理形势图

声东击西

□ 第六计

……计名由来

声东击西是历代军事家所熟知、常用的一种计策。计名出自唐朝杜佑所著《通典·兵六》："声言击东，其实击西。"其实，古代兵书中有关这一计策的论述很多。《孙子·势篇》说："故善动敌者，形之，敌必从之。"《百战奇略·声战》："声东而击西，声彼而击此，使敌人不知其所备，则我所攻击，乃敌人所不守也。"声东击西的意思就是，表面上或口中声张着要攻打这里，实际上却攻打那里。它是以假象让敌人产生错觉从而出奇制胜的一种谋略。声东击西，是忽东忽西，即打即离，制造假象，引诱敌人作出错误判断，然后乘机歼敌的策略。为使敌方的指挥发生混乱，必须采用灵活机动的行动，本不打算进攻甲地，却佯装进攻，本来决定进攻乙地，却不显出任何进攻的迹象。似可为而不为，似不可为而为之，敌方就无法推知己方意图，从而被假象迷惑，作出错误判断。声东击西这一古老的计策，在当代中国又增添了许多新的内容，焕发出新的光彩，成为人民军队一种行之有效的战术。毛泽东曾多次提到声东击西。他在《论持久战》一文中写道："'声东击西'，是造成敌人错觉之一法。在优越的民众条件具备，足以封锁消息时，采用各种欺骗敌人的方法，常能有效地陷敌于判断错误和行动错误的苦境，因而丧失其优势和主动。'兵不厌诈'，就是指的这件事情。"

萃卦

萃卦为六十四卦之中第四十五卦。萃卦的卦象为上兑下坤，象征洪水泛滥的大地。本卦喻示人众之间危机四伏，时有争斗发生。需彼此间顺应自然，才能相得益彰。

敌志乱萃[1]，不虞[2]，坤下兑上之象[3]。利其不自主而取之[4]。

敌方主将心志混乱，缺乏应付突发事变的准备。这就是《易·萃》中所说的混乱危殆的征象。在这种情况下，要利用敌人失去控制能力的时机将其消灭。

【原文注释】

[1] 敌志乱萃：援引《易·萃》中《象》辞"乃乱乃萃，其志乱也"之意。萃，悴，即憔悴。乱萃，指乱成一团的野草，是说敌人情志混乱而且憔悴。

[2] 不虞：不加戒备，不及防备，意料不到。《诗·大雅·抑》："用戒不虞。"《孙子·九地篇》："兵之情主速，乘人之不及，由不虞之道，攻其所不戒也"。

[3] 坤下兑上之象：坤下兑上，语出《易·萃》。萃卦为异卦相叠（坤下兑上）。上卦为兑，兑为泽；下卦为坤，坤为地。有泽水淹及大地，洪水横流之象。喻指没有明确目标的乌合之众，失去正确的指挥，其失败的命运是注定了的。

[4] 利其不自主而取之：主，主见，主导，指领导、指挥、掌握。《管子·权修》："万乘之国，兵不可以无主。无所主，则无所统一也。"不自主，即因心志混乱拿不定主意，不能形成统一有力的指挥。

○品画鉴宝

马与驭手（西汉）马为雄性，由头、躯干、尾、四肢等九段装配而成，连接处为子母口，有铆钉。驭手为一老者。据马及驭手姿态来看，原应有一车相配。

【前人批语】

西汉七国反[1]，周亚夫坚壁不战[2]。吴兵奔壁之东南陬[3]，亚夫便备西北。已而，吴王精兵果攻西北，遂不得入。此敌志不乱，能自主也。汉末，朱隽围黄巾于宛[4]，起土山以临[5]城内，鸣鼓攻其西南，黄巾悉众赴之。隽自将精兵五千，掩[6]东北，遂乘城虚而入。此敌志乱萃，不虞也。然则声东击西之策，须视敌志乱否为定。乱则胜，不乱将自取败亡。险策也。

○ 品画鉴宝　彩绘陶俑方阵（汉）

西汉景帝时，吴、楚等七国联合发动叛乱，周亚夫固守堡垒，拒不出战。当吴军向城东南发动佯攻时，周亚夫下令加强西北方向的防守。不久，吴王果然派出精锐主力进攻城西北角。因汉军早有准备未能得逞。这是汉军指挥员头脑清醒，坚定沉着，不被敌人的假象所迷惑的战例。汉朝末年，朱隽将黄巾起义军围困于宛城，在城外修筑了一座小土山，用来观察城内黄巾军的动静。当他擂响战鼓，发出命令，指挥部队佯攻城西南角时，黄巾军便全部赶向西南角迎战。朱隽于是亲率五千人的精兵，突然猛攻城的东北角，乘黄巾军守备薄弱一举攻入城内。这是黄巾军指挥员

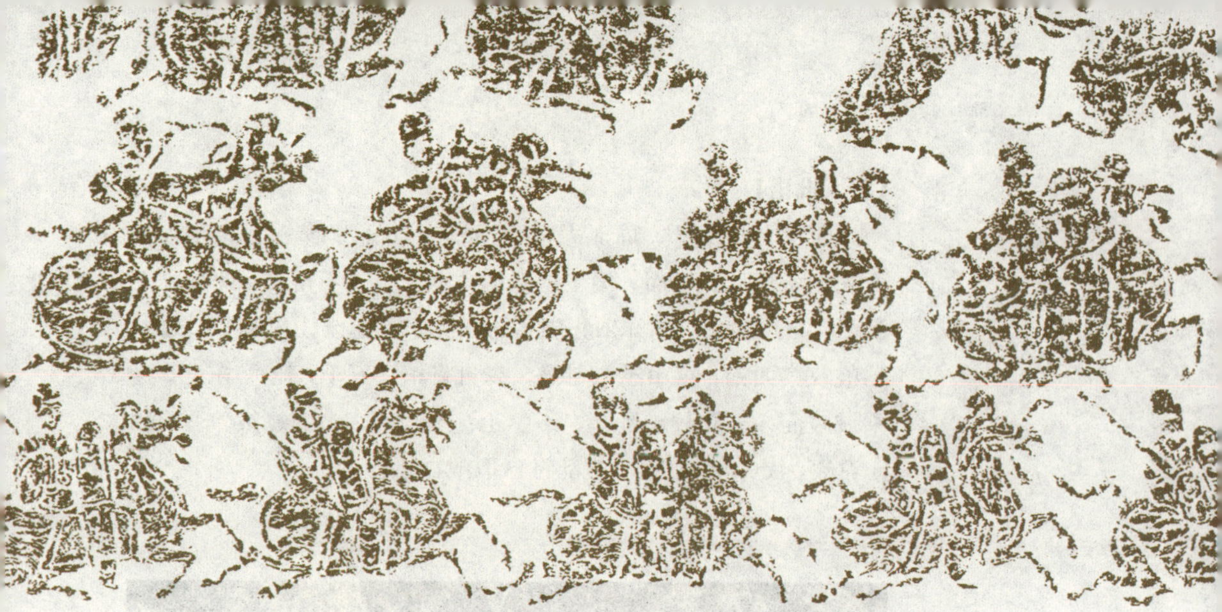

心志混乱，不能应付突然事变，被敌人声东击西所迷惑的战例。如此看来，是否实施声东击西之策，必须根据敌方将帅的意志是否混乱而定。如果敌人心志混乱，运用此计就能取得胜利；如果敌人神志清醒，运用此计将会自取灭亡。由此可见，这实在是一条冒险的计策啊。

【批语注释】

〔1〕七国反：即吴、楚等七王之乱。汉初，刘邦以为秦之速亡在于皇室孤立无援，在次第翦除韩信等异姓大臣的同时，大封同姓诸侯为王。诸王占有大片国土，朝廷直接掌握的仅有十五郡。随着诸王力量的扩大，逐渐形成了尾大不掉、骄横难制的局面。文帝时，贾谊提出"众建诸侯而少其力"的建议。景帝即位后，御史大史晁错力主"削藩"。公元前154年冬，吴王刘濞纠集楚、胶西、胶东等七个诸侯王，以"清君侧"为名联兵反叛，史称七王之乱。

〔2〕周亚夫坚壁不战：周亚夫，西汉名将，吴楚七国反后，任太尉，率三十六位将军反

周亚夫（？—前143年）

西汉时期的著名将军，沛（今属中国东南部的江苏省）人。他是名将周勃的次子，在历史上也非常有名。周亚夫一生战功卓越，深得赏识。后来因小人进谗，周亚夫乃绝食五日，最终吐血身亡。

击叛军。吴王起兵后，会合楚军，共攻梁国，破棘壁（今河南永城西北），进围梁王刘武于睢阳（今河南商丘南）。周亚夫命主力在昌邑（今山东金乡西北）坚壁不战，以逸待劳，仅遣一部轻骑直插淮泗口（泗水入淮之处，故址在今洪泽湖内），断吴、楚军粮道。后见吴、楚军多次受挫，乃将主力推进至下邑（今安徽砀山）。吴、楚军转攻周亚夫军，周亚夫仍坚壁不出。吴、楚军饥，求战益急，发起夜袭。吴、楚军鼓噪于壁垒东南，周亚夫使人戒备于西北，破其声东击西之计。吴、楚军欲进不得，欲战不能，粮运不继，被迫后退。周亚夫乘势挥军追击，大获全胜，仅用3个月就平定以吴王为首的七王之乱。

[3] 陬：角落。

[4] 朱儁围黄巾于宛：朱儁，字公伟，东汉会稽上虞（今属浙江）人。历任交趾刺史、谏议大夫、右中郎将，后为太尉、录尚书事。东汉末年，张角领导民众举行大规模的农民起义。起义者头裹黄巾，故称"黄巾起义"。宛，宛城，治所在今河南南阳。

[5] 临：居高临下。

[6] 掩：掩击，突然袭击。

声东击西

□ 经典实例

班超经营西域

西汉末年,西域(汉时指现在玉门关以西的新疆和中亚细亚等地区)有五十多个小国,经常被匈奴所征服、奴役。匈奴人非常强悍,善于骑射,以游牧为主,战国之时就已经常侵扰中原,抢掳汉人、牲畜、布帛、财物。当时北方诸国纷纷修筑城墙,以此防御匈奴入侵。秦始皇统一六国之后,将各国城墙连接起来,成为举世闻名的万里长城,而在匈奴西边的西域,因为没有类似万里长城这样的建筑,所以经常遭受匈奴的袭击和掠夺。汉武帝之时多次与匈奴作战,得知西域诸国的处境后,于是就想联络西域诸国共同袭击匈奴,以此解除匈奴之患。于是,汉武帝派遣张骞等人出使西域,终于使西域诸国增进对汉王朝的了解,并与汉王朝通好,建立了亲密联系。

公元初年,王莽称帝之后,西域与中原之间交通中断,匈奴趁机再次奴役西域诸国。等到刘秀称帝建立东汉之后,西域车师(今新疆吐鲁番、昌吉、奇台一带)、鄯善(今新疆鄯善县东南)、焉耆(今新疆焉耆回族自治县)等十个小国,都派王子前来汉王朝表示愿为藩属,以此求得汉王朝的保护;并且请求汉王朝在西域设置"西域都护"。此时武帝还没有能力兼顾西域诸国,因此没有答应他们的要求。

光武帝逝世后,太子刘庄即位,也就是东汉明帝。明帝永平十六年(73年),东汉大将窦固讨伐匈奴,命令班超为假司马,率领士卒在伊吾(今新疆哈密市一带)与匈奴大战,获胜而归。因此,窦固对班超非常

班超(32—102年)字仲升,扶风平陵(今陕西咸阳东北)人,东汉著名的军事家和外交家。班超是著名史学家班彪的幼子,其长兄班固,妹妹班昭也是著名的史学家。班超为人有大志,不修细节。但内心孝敬恭谨。他口齿辩给,博览群书,能够权衡轻重,审察事理。

○ 品画鉴宝　马踏匈奴石刻（西汉）
霍去病墓前主题石雕，石马昂首挺立，腹下仰卧一手持弓箭、垂死挣扎的匈奴首领。

赏识，令其出使西域，重新与西域各国通好。

　　当时，班超受命出使西域，仅带随从吏卒三十六人。班超一行最先到达鄯善国，与此同时，匈奴使者也刚好带领随从一百五六十人来到鄯善。由于鄯善国王平素畏惧匈奴，如今东汉使者与匈奴使者同时到达他的国都，因此有些不知所从。班超当机立断，率领士兵以迅雷不及掩耳之势，乘夜火烧匈奴使者营地。匈奴使团遭此奇袭，惊惶失措，班超亲手杀死三人，随从亲兵则杀死匈奴使者及其随从士兵三十余人，其余百余名匈奴兵则全部被火烧死。鄯善国王闻变之后，万分惊恐，班超立即加以安抚，鄯善国王看到大汉使者如此精明强干，于是决定与匈奴断绝交往，归附东汉。

　　明帝闻报后，称赞班超智勇双全，于是任命班超为军司马，继续出使西域。班超于是继续西行，首先抵达于阗（今新疆和阗县）。于阗是匈奴监护国，驻有匈奴使者。于阗国王苦于匈奴的奴役，他也听说了班超在鄯善奇袭匈奴使者的事迹，所以在班超抵达时，他毅然杀掉匈奴使者，归降东汉。次年也就是永平十七年（74年），班超又驱逐龟兹所立之疏勒（今新疆疏勒县）王，另立新王，疏勒举国上下欢呼雀跃，都将班超视为再生父母。这时东汉大将窦固、耿秉在驱逐侵扰北方的匈奴之后，也率领大军向西挺进，西域车师前国和车师后国也都先后再次归附汉朝。

　　东汉章帝建初三年（78年），班超已经联络了疏勒、康居（今中亚东部一带)、于阗、拘弥(今新疆和阗附近)等国,同时,他又率领这些国家的兵士,共有一万余人,攻打姑墨国(今新疆温宿县)的石城。石城攻下之后,西域各国都希望能够摆脱匈奴的奴役,愿意归附东汉王朝。班超于是上书章帝,说明

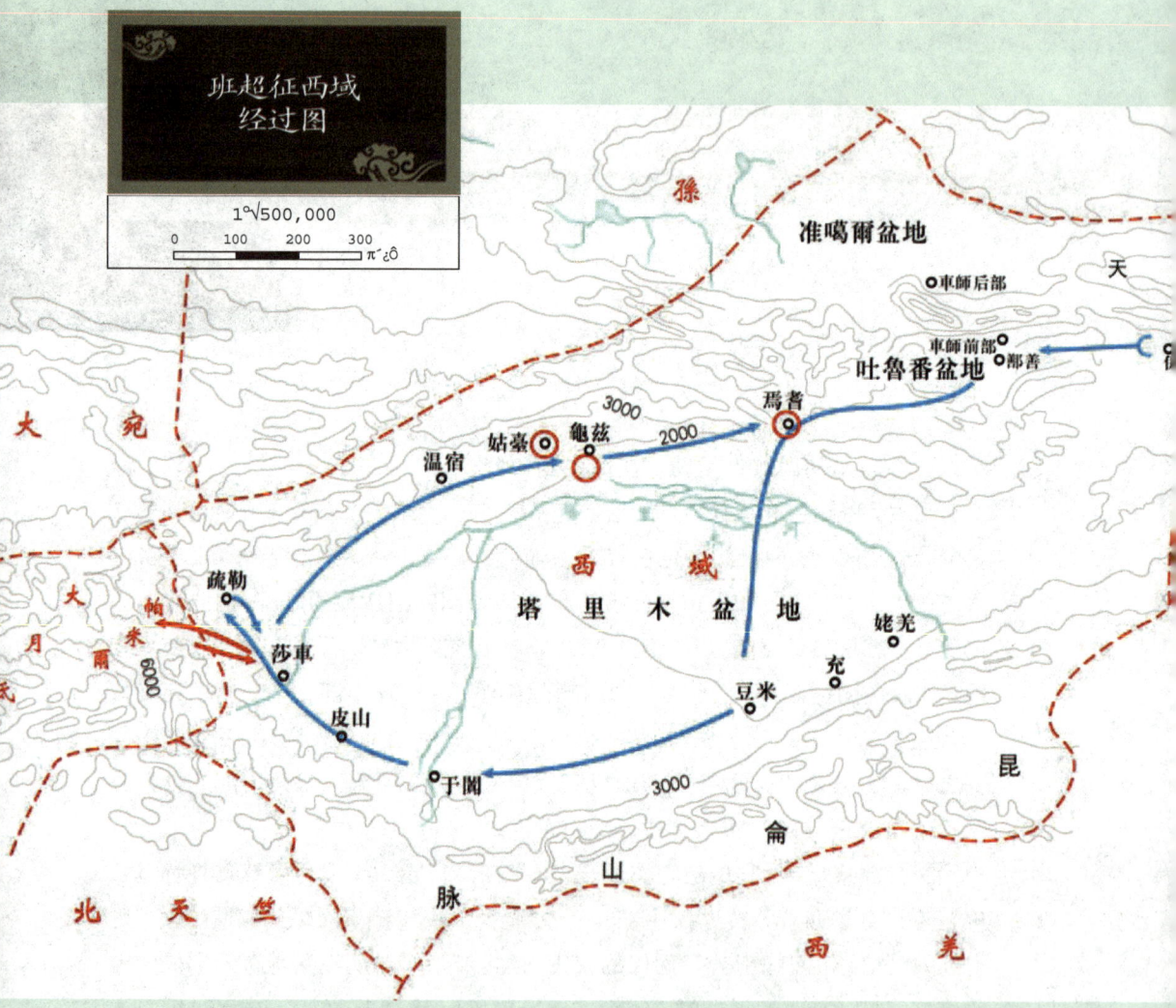

自己出使西域五年,深知匈奴在西域的统治基础不稳,可以摧毁,请求派兵援助。章帝根据班超报告的情况,于建初五年(80年)派遣徐干为假司马,率领千人前往西域。此后又任命班超为将兵长史,任命徐干为军司马。

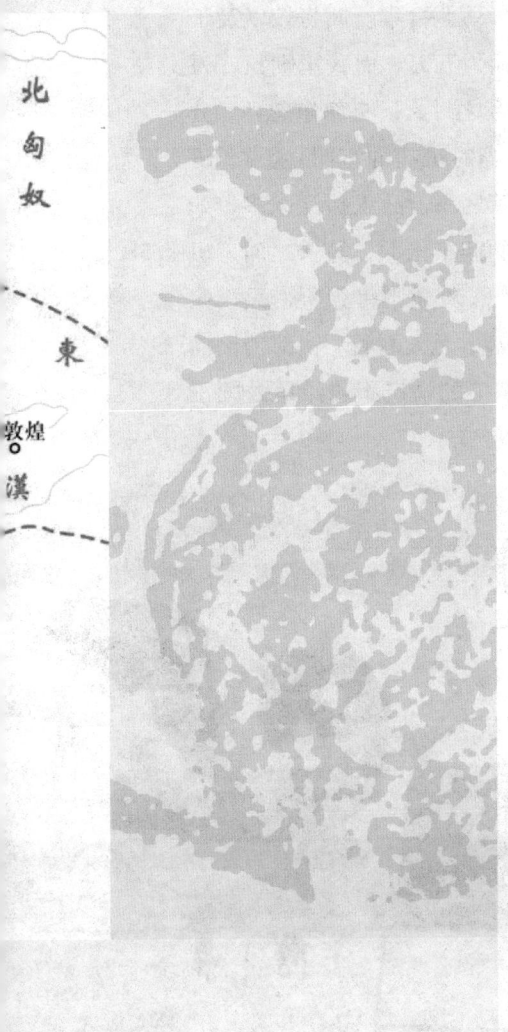

在西域诸国之中,只有龟兹国(今新疆库车、沙雅两县间)与匈奴关系最为密切,该国国王也为匈奴所立,经常倚仗匈奴势力,侵扰西域其他国家。要使西域更多国家归附东汉,必须先要降服龟兹,因此,班超决定攻打龟兹国。但是班超只有徐干率领的一千人马,而鄯善、于阗两国为塔克拉玛干大沙漠所隔断,疏勒等国则因为路途过于遥远,这些国家都不能派出士兵助战,于是班超决定联络乌孙国(在姑墨、焉耆、龟兹以北,今新疆温宿北、伊宁市南一带,当时是一大国)进攻龟兹,并且上报章帝。建初九年,也就是元和元年(84年),汉章帝又派遣假司马和恭率领八百人前往西域,援助班超。

当时西域诸国,都建立在塔克拉玛干大沙漠周围,汉军想要抵达西域,只有两条道路,一是北道,即出玉门关及阳关,经过车师前国,途经危须、尉犁、焉耆、龟兹、姑墨、温宿、尉头诸国一直到疏勒;二是南道,即出玉门关及阳关,经过鄯善,途经于阗,一直到疏勒。抵达疏勒之后,翻越葱岭,就可以前往中亚大宛、西亚安息诸国。

此时班超已经打通南道,在和恭率领的八百人抵达西域之后,班超又决定暂缓攻伐龟兹的计划,先去平定莎车。莎车位于塔克拉玛干大沙漠西部边缘,同时也与疏勒国相邻,曾经降于匈奴,企图策动疏勒王背叛汉王朝。班超以徐干与和恭率领的一千八百人,以及于阗与疏勒两国的士兵,在章帝元和二年(85年)向莎车国发动进攻。这一仗不仅打败莎车,而且平复疏勒,自此打通了西域南道。

然而,莎车虽然已遭惨败,但却并未降服。因此,南有莎车作梗,北有龟兹作乱,对于开通整个西域这一大计划,构成了一定威胁。班超为

73

了巩固已经打通的南道,于章帝元和元年(87年),再次发动于阗等国兵马二万五千人,准备再次讨伐莎车。

这时,莎车国王闻知班超再次集结兵力,计议再次攻伐莎车,于是派人兼程飞报龟兹求救。龟兹国王接到消息之后,立即纠合温宿、姑墨、尉头等国,各自派兵一万,龟兹出兵二万,共有五万人马,由龟兹国左将军统率,前来援助莎车,龟兹国王也亲身随军督阵。

班超得知龟兹已经纠集五万人马前来援助莎车,马上召集所属将校以及于阗国王商议对策,班超说道:"现在龟兹等国共有兵力五万,而我军则只二万五千人,敌众我寡,因此只能智取,不可强击。为今之计,只有忽东忽西,分散敌人兵力,然后各个击破。"大家表示愿听长史(当时班超的官职)将令。班超立即在军中扬言:"这次攻击莎车,是班超的失策之举。敌人援兵太多,如不退兵,必将全军覆灭。"同时有意放松看管所俘的莎车士兵。黄昏之时,班超命令于阗兵马向东撤去,其余各国人马也各自散开。班超则率领所带兵马向西撤退。那些被班超俘虏的莎车兵士,看见汉军撤离,无人看管,就都悄悄溜走,奔回莎车军营,将班超和于阗等国兵力西撤与东撤的情况报告给龟兹国王

○ 品画鉴宝

丝路贸易图(北周) 画分两栏:下栏商队,以桥为界,左为汉人商队上桥,右为胡商,前驼队,后马队。上栏是途中休息的情形。

以及龟兹左将军。龟兹国王果然中计，闻报之后笑逐颜开地对莎车国王说道："前次班超侥幸占领姑墨国石城，是我得报太迟，否则他早已被我擒住。上次莎车为班超所败，实在是你粗心大意。如今看来，班超不过徒有虚名，根本微不足道。"于是亲自调兵遣将，想要将班超和于阗等国兵马一齐歼灭，他令温宿国王立即率领八千骑兵向东绕道速行，堵截于阗国退兵。龟兹国王则亲自率领一万骑兵，快马加鞭，往西阻击班超。其余人马则分头扼守所有隘口，不使班超逃脱。

然而莎车国位于大沙漠的西部边缘，地势较为平坦、广阔，如果是在白昼之时，可以极目数十里，易于暴露目标，班超则选择在黄昏之时撤兵，以便于部队隐蔽待命。当班超得知龟兹国王亲自率领万骑向西拦截自己，而温突国王则率领八千骑兵前去截击于阗兵马之时，不由得大为欣喜，于是派遣特使快骑告知于阗国王，约定于鸡鸣之时，以击鼓为号，回击莎车军营。于阗国王得令之后，当即回骑奔赴莎车，与班超所率人马，将莎车军营围得水泄不通。莎车国王突然被一阵急促的鼓声以及呐喊声、马蹄声惊醒，还以为是龟兹国王得胜回营，急忙起身，整衣迎接，哪知班超与于阗国王的铁骑，已经踏平莎车所有军营，正往莎车国王的营帐奔驰而来。莎车国王看见冲来的是班超的兵马，知道大势已去，在随从的簇拥之下仓皇逃走，然而四周路口都已经被堵住，最后只好投降。与此同时，龟兹国王向西奔驰了一整夜，仍然不见班超的人马，他知道自己上了班超的当，急忙调转马头东归莎车，却得知莎车已经为班超所破，不得已收兵回国。

班超以二万五千西域之兵，打退龟兹等国五万人马，同时降服莎车国王，这是成功运用"声东击西"这一计谋的结果。经此一战，班超的名声于是"威震西域"。班超对西域的苦心经营，对于我国多民族国家的巩固与发展，做出了巨大的贡献。

第二套 敌战计

敌战计包括：无中生有、暗渡陈仓、隔岸观火、笑里藏刀、李代桃僵、顺手牵羊六计。敌战，就是自己与敌人直接对抗作战，即在大敌当前，与敌人对阵时，既有胆识，又能审时度势，善于捕捉一切有利于自己的机会，还能见机行事，这样才能稳操胜券。在战争的激烈较量中，需要善用此计谋来迷惑对手，用假象使对手产生错觉，信以为真，使之上自己的圈套，从而达到自己的真正企图和目的。

无中生有

□ 第七计

……计名由来

无中生有源出于中国古代哲学家老子《道德经》："天下万物，无生于有，有生于无。"无中生有原本是道家对事物朴素辩证的看法，揭示了万物的"有"与"无"相互依存、相互变化的规律。中国古代军事家尉缭子把老子的这一辩证法思想运用到军事上，进一步分析虚无与实有的关系。《尉缭子·战权》中主张以无的假象迷惑敌人，乘敌人对"无"习以为常之际，化无为有，化虚为实，出其不意，打击敌人。本计是对《孙子兵法》中虚实原则的另一种运用。其基本特点是：假戏真做，真戏假做，实中有虚，虚中有实，使敌人难以了解我方的实力和真实意图，从而在敌人没有防备的情况下出奇制胜。

老子（传说前600年左右－前470年左右）
中国古代思想家。姓李名耳，字伯阳，楚国苦县 厉乡曲仁里（今河南省鹿邑县东太清宫镇）人，有人说又称老聃。老子著有《道德经》，是道家学派的始祖。在道教中，老子是一个很主要的神仙，被称为太上老君，尊为道祖。

诳也，非诳也[1]，实其所诳也[2]。少阴，太阴，太阳。

用假象欺骗敌人，但并不是完全弄虚作假，而是要巧妙地由假变真，由虚变实，以各种假象掩盖真相，造成敌人的错觉，出其不意地打击敌人。这就是《易》经中所说的少阴、太阴、太阳互相转化的道理。

【原文注释】

[1] 诳也，非诳也：诳，欺诈，欺骗，诳骗。全句意为，虚假之事，又非虚假之事。

[2] 实其所诳也：实，实在，真实，此处作意动词。实其所诳，是说把真实的东西充实到假象之中。

○ 品画鉴宝

洛神赋图部分（东晋）顾恺之/绘　图中内容以曹植的名篇《洛神赋》为依据，再现了文学作品中人神相恋背后的精神实质，想象丰富，浪漫气息浓郁。

○ 品画鉴宝

持盾俑（西晋） 此俑浓眉高鼻，双目圆睁，身着铠甲，扛矛持盾，使人望而生畏。

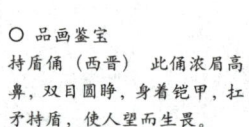

○ 品画鉴宝

青瓷骑俑（西晋） 人俑头戴高冠，左手紧握马角状饰物。马身矮小，四足直立。

【前人批语】

无而示有，诳也。诳不可久而易觉，故无不可以终无。无中生有，则由诳而真，由虚而实矣。无不可以败敌，生有则败敌矣。如：令狐潮围雍丘[1]，张巡缚藁为人千余[2]，披黑衣，夜缒[3]城下，潮兵争射之，得箭数十万。其后复夜缒人，潮兵笑，不设备，乃以死士五百斫[4]潮营，焚垒幕，追奔十余里。

无，却显示出有的样子，这是一种欺骗。这种欺骗不能长久，长久了就很容易被敌人察觉，所以，无不能始终是无。无中生有，就是由假变真，由虚变实的策略。无是不能打败敌人的，无变成了有，就可以打败敌人了。例如，唐代安史之乱时，令狐潮包围雍丘城，守将张巡命令士兵扎了一千多个草人，给它们穿上黑色的衣服，用绳子拴住，在夜里吊下城去，令狐潮的士兵以为有人出城，争先恐后地向草人射箭，张巡因此得到了几十万支箭。后来，张巡又在夜间把人吊下城去，令狐潮的士兵以为张巡又是故伎重演，一个个哈哈大笑，不做任何战斗准备。谁知这回吊下的却是五百名敢死队员，他们冲进令狐潮的军营，烧毁他的营栅帐篷，一直将令狐潮追杀出十余里地。

【批语注释】

〔1〕令狐潮围雍丘：令狐潮，唐代安禄山的部将。原是雍丘（今河南杞县）县令。安史之乱爆发时，企图举城投降安禄山，遭到民众的阻拦和反对。令狐潮捕杀群众，民众乘他外出，举行越狱暴动，接应张巡进城，击败了令狐潮。

〔2〕张巡缚藁为人千余：张巡，唐代南阳人。初为太子通事舍人，出任清河令，政绩卓著，后调任真源令。在民众的支持下，起兵誓师，入据雍丘，抵抗安禄山叛军，后移守睢阳。张巡以万人之众，前后守两座孤城达两年之久，歼叛军十余万人，为保障唐朝江淮地区的安全，平定安史之乱起了重要的作用。藁（gǎo），多年生草本植物。

〔3〕缒：用绳子拴住人或物，从上往下放。

〔4〕斫：用刀斧砍。

○ 品画鉴宝

洛神赋图部分（东晋）顾恺之／绘　此图为画家从三国才子曹植所作的《洛神赋》中取材。画中人物丰神俊朗，深得原作中"顾盼生姿""明眸善睐"之妙趣。

三十六計之無中生有

无中生有

□ 经典实例

贾南风无中生有计废太子

贾南风以奸诈凶狠闻名西晋后宫，也是引发"八王之乱"的祸首之一。晋武帝时，因为父亲贾充居开国功臣之位，又矮又黑的贾南风才得以入选宫中，成为太子司马衷的妃子。司马衷本是一个白痴，而贾南风则不仅心毒手辣而且狡诈多端，所以使司马衷十分畏惧，司马衷基本上被贾南风所控制。

太熙元年（290年），晋武帝病逝，太子司马衷继位，是为晋惠帝，立贾南风为皇后，立司马遹(yù)为太子。

太子司马遹是惠帝司马衷与宫女谢玖所生的儿子。谢玖原是晋武帝宫中才人，司马衷纳妃之前，武帝担心儿子年幼，不懂房中事，就派谢玖前去东宫侍寝，由此怀孕。等到贾南风入宫为妃时，谢玖因为遭贾妃所忌，请求返回西宫，这才平安生下司马遹。司马遹天生就很聪明。一天夜里，宫中失火，晋武帝要上楼观望，他扯住祖父衣服，拉到黑暗处。武帝问他为何如此。他答道："黑夜救火仓猝之间，秩序很乱，应防备于万一，免得火光照见祖父，被坏人窥见，乘机做出不轨之事。"乐得晋武帝啧啧称奇。又有一次，司马遹跟随祖父察看猪圈，对祖父说道："猪已经养肥，为什么不杀了猪，却让猪场浪费五谷，白白浪费掉粮食呢？"这些小事都很称晋武帝的心意。武帝常常公开对朝臣称赞这个孙子，夸他将来能使司马家族兴旺，还说司马遹的相貌酷似宣帝司马懿。晋武帝由于垂青皇太孙，爱屋及乌，因此也打消了想要废掉傻

○ 品画鉴宝

八凤佛像镜（西晋）此器圆钮，圆钮座，宽平缘。纹饰流畅秀美，布局对称平稳。

瓜儿子司马衷太子之位的主意。晋武帝也知道贾南风性忌凶狠，司马遹又非他所生，害怕日后国事有变。于是，在他晚年之时，他安排司马衷的同母弟司马柬、司马玮、司马充等人，镇守要害之地，以此钳制贾南风的势力。

贾南风生了四个女儿，一直未生男孩，所以非常嫉妒谢玖生了司马遹。对司马衷的其他妃嫔宫女，只要听说怀有身孕，贾南风就令人用戟痛打，一定要打到流产才停手。后来，贾南风又想了一个主意，把自己打扮成怀有身孕的样子，暗中把妹妹的孩子抱入宫中，取名祖慰，对外称是为武帝丧居期间所生。贾南风的目的，就是要立祖慰为太子，废掉原太子司马遹。贾南风想要废掉太子，她的意图也为晋廷中人所共知。当时洛中即有民谣传唱："南风烈烈吹黄沙，遥望鲁国郁嵯峨，前至三月灭汝家。"司马遹小名"沙门"，贾南风父亲贾充曾被封为鲁郡公。（贾）南风烈烈吹黄沙，嵯峨鲁郡要灭（司马）门，就是暗示贾南风要下毒手夺权。朝中那些佞人之中，无人不知贾后心思，贾谧就是其中之一。贾谧是贾南风妹妹的儿子，本姓韩，因过继给贾家立为贾充的孙子，所以改姓贾。他经常入宫与太子游玩，司马遹性情刚烈，对贾谧非常厌恶，也从不加掩饰，结果贾谧就经常到贾南风面前诉苦，说太子敌视贾家之人。后来贾南风礼聘王衍美貌的女儿为贾谧之妻，却把长相不及姐姐的小女儿聘为太子之妻，太子心中不平，曾在贾谧面前不慎流露出来。贾谧马上报告贾南风，夸大其辞，说"太子有废皇后之心"。贾南风哪里能够容忍太子有谋害自己之心，于是加紧了废除太子司马遹的步伐。贾南风先是四处大造舆论，诽谤太子的德行。当时洛阳城中有童谣传唱："东宫太子莫聋空，前至腊月缠汝发。"由于太子过于固执，并不为别人的提醒所打动，因此方便了弄权的贾南风。

○ 品画鉴宝　鲜卑归仪侯金印（晋）

　　元康九年（299年）十二月，贾南风果然动手了。她先诈称皇上召见太子，将太子骗入宫中。太子入宫之后，并没有见到皇上，却看到贾南风的侍女陈舞端着三升酒以及一盘太枣走了过来，陈舞说道："这是皇上赐给太子的美酒，请太子务必饮尽。"太子看见酒水太多，推辞说自己不能尽饮。贾南风在远处发话道："你平日在父皇面前喝酒非常爽快，为什么现在却不喝了？这也是皇上赏赐的美酒啊！"太子再次婉言拒绝，说皇上马上就要召见，喝酒太多可能会误正事。侍女陈舞上前强劝道："可真不孝啊，皇上赐酒竟然不喝，难道酒中还有不洁之物不成？"司马遹万般无奈，只得勉强喝了下去。喝完三升酒

○ 品画鉴宝　镇南将军金印（西晋）

后，司马遹已是神志不清，摇摇摆摆。于是贾南风拿出事先以太子口气写好的一篇祷告文字，要求太子抄写，诈称皇上所令，等着急用。太子已经被酒迷了心窍，不辨内容，于是动笔抄写，好一会才抄录完毕。

贾后见太子抄写完毕，立即拿进去给晋惠帝，惠帝拿来细看一遍，只见文中写道："陛下宜自了，不自了，吾当了之。皇后亦当自了，否则吾当亲手了之。已与谢妃约定共同举事，不要犹豫不决，招致后患。将立道文为王，美人为后。事成，吾将三牲祭祀北君，大赦天下……"惠帝阅后，怒火中烧，当即召集群臣入见，把太子所写传示群臣，同时说道："太子所写大逆不道，朕要将他赐死。"此时，侍中张华劝惠帝不能轻易下定结论。尚书右仆射裴頠（wěi）也认为需要核对笔迹，以防有诈。贾后见状，又假托长乐公主之口，说道："事宜速决，群臣若不从诏，宜以军法论处。"惠帝意在赐死，但是张华、裴頠力保太子。贾后见机会将失，于是不得不作一些妥协，最后改变主张，奏请罢太子为庶人。愚痴的惠帝立即下诏准奏，于是将太子、王妃及其三子流放到金墉城，太子之母谢玖则被拷打至死。次年三月，贾后让太医配制毒药，送至囚禁太子的许昌宫中逼迫太子服食，太子不从，结果却被来人用药杵活活打死，时年二十三岁。

　　皇后贾南风杀死太子司马遹,这是晋惠帝时期西晋宫廷之中为了争夺皇位继承权的一场复杂残酷的政治斗争。贾南风虽然贵为皇后,但却没有儿子,为了巩固自己的地位,私下抱着妹妹的儿子入宫。但是要让祖慰为嗣,就必须先要废掉原太子司马遹。司马遹少小聪慧,于朝中早有好名声,于是贾后先是造谣中伤,以诽谤法制造废掉太子的舆论。舆论虽已形成,但是太子仍在,又当如何除去太子呢?工于心计、奸诈狡猾的贾南风,实施了无中生有、构陷栽赃之计。先把太子诓入宫中大灌美酒,待其酒后神志不清之时,又让太子抄录草好的文章,终于拿到了定罪陷害的证据。至此,贾南风完成了无中生有计谋的第一步,也就是凭空生事。第二步,贾南风利用愚痴的丈夫晋惠帝,想要他赐死太子,除去眼中钉、肉中刺。虽然张华等人力保太子,打乱了她的如意算盘,但是贾南风见风使舵,以退为进,及时改变策略,从赐死太子转变为将其废为庶人。这样一来,太子虽然还在世上,但是却已贬为庶民,跟原定目标也相差不远,而且太子从此失势,性命操控在贾南风手中,杀与不杀不过是早晚之事罢了。在这一步由虚转实、由假成真的转化之中,贾南风不愧为权变老手,裴頠等人据理力争,并且提出核对太子的笔迹等等,差点揭穿贾南风的画皮。幸亏皇帝是个白痴,已经为贾南风所控制,她及时奏请"废太子为庶人",于是计谋得逞,再怎么聪明的太子也只好沦为阶下之囚,成为权力斗争之中的牺牲品了。

暗渡陈仓

□ 第八计

······计名由来

暗渡陈仓的全称应为"明修栈道，暗渡陈仓"，是古代战争史上著名的成功战例。这一典故，出自楚汉相争时期，由汉大将军韩信所创。据《史记·淮阴侯列传》记载：秦朝末年，政治腐败，群雄并起，纷纷反秦。刘邦的部队首先进入关中，攻进咸阳。势力强大的项羽进入关中后，逼迫刘邦退出关中。鸿门宴上，刘邦险些丧命。刘邦此次脱险后，只得率部退驻汉中。为了麻痹项羽，刘邦退走时，将汉中通往关中的栈道全部烧毁，表示不再返回关中。其实刘邦一天也没有忘记一定要击败项羽，争夺天下。公元前206年，已逐步强大起来的刘邦，派大将军韩信出兵东征。出征之前，韩信派了许多士兵去修复已被烧毁的栈道，摆出要从原路杀回的架势。关中守军闻讯，密切注视栈道修复的进展情况，并派主力部队在这条路线各个关口要塞加紧防范，阻拦汉军进攻。韩信"明修栈道"的行动，果然奏效，由于吸引了敌军注意力，把敌军的主力引诱到了栈道一线，韩信立即派大军绕道到陈仓（今陕西宝鸡市东）发动突然袭击，一举打败章邯，平定三秦，为刘邦统一中原迈出了决定性的一步。

此计与声东击西相类似，其特点是明与暗相结合，奇与正相对应。以明修栈道作幌子，分散敌人的注意力，掩盖暗渡这一真实目的。

益卦

益卦为六十四卦之中第四十二卦。益卦的卦象为上巽下震。象征风雷激荡，相互助益。本卦喻示时来运转，事态将向好的方面发展。

示之以动[1]，利其静而有主[2]，益动而巽[3]。

故意向敌人的某一方向进行佯攻以吸引敌人的注意力，然后利用敌人已决定在这一方面固守的时机，悄悄地迂回到另一地方进行偷袭。这就是《易·益》卦中所说的乘虚而入，出奇制胜。

【原文注释】

〔1〕示之以动：示，给人看。动，行动，动作。此指军事上的正面佯攻、佯动等迷惑敌方的军事行动。
〔2〕利其静而有主：静，平静。主，主张。全句意为，利用敌人已决定固定的时机。
〔3〕益动而巽：益，卦名。此卦为异卦相叠（震下巽上）。上卦为巽，巽为风；下卦为震，震为雷。意即风雷激荡，其势愈增，故卦名为益。与损卦之义，互相对立。巽：八卦之一，代表风。全句的意思是，增强和发挥军事行动的机动性，就能像风一样，乘虚而入，攻其不备。

【前人批语】

奇出于正[1]，无正则不能出奇。不明修栈道[2]，则不能暗渡陈仓[3]。昔邓艾屯白水之北[4]，姜维[5]遣廖化[6]屯白水之南，而结营焉。艾谓诸将曰："维今卒还，吾军少，法[7]当来渡而不作桥，此维使化持吾，令不得还。必自东袭洮城矣。"艾即夜潜军，径到洮城。维果来渡，而艾先至据城，得以不破。此则姜维不善用暗渡陈仓之计，而艾察知其声东击西之谋也。

非常规的用兵法则，是从常规的用兵法则中演变而来。如果没有常规的用兵法则，就不会出奇制胜。刘邦如果不采用韩信的建议去公开修筑栈道，也就不可能成功地暗中东出陈仓。三国时邓艾将部队驻扎在白水北岸，蜀将姜维命令廖化率部进至白水的南岸，列营扎寨。邓艾对手下将领们说："姜维的部队突然开来，我军兵力不多，按照一般的作战原则，他应该立即渡河向我发起攻击，而不应等到造好桥梁再行动。这

○品画鉴宝

人面具（商）人面细眉小眼，直鼻阔嘴，平额大耳，体现了独特的审美情趣。

○ 品画鉴宝
戈鼎（商代晚期）双耳厚大，方唇，直壁深腹，腹浮雕效果强烈的兽面纹。腹内铭文"戈"，是器主族名。戈氏作器很多，分布各地。

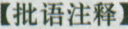

说明姜维是让廖化和我在这里相持，以牵制我的兵力，使我不能回还，而他自己必定率领大军向东袭取洮城去了。"邓艾于是连夜悄悄赶回洮城。姜维果然前来渡河，因邓艾大军已抢先赶到，占据了洮城，所以城池没有被姜维攻陷。这个战例说明姜维不善于运用暗渡陈仓之计，而邓艾却在事先察觉了姜维声东击西之谋。

【批语注释】

〔1〕奇出于正：奇、正，古代兵法的重要术语，其含义十分广泛。奇正相互对立，又相互联系；奇和正在一定条件下可以相互转化。

〔2〕栈道：悬崖绝壁间用木材架成的通道。在陕西有褒斜栈道，即汉代焚毁和修筑栈道的地方。《读史方舆纪要·陕西五》："自凤县至褒城，指大山，缘坡岭行，有缺处，以木续之成道如桥然，所谓栈道也。"

〔3〕陈仓：在今陕西宝鸡市东。

〔4〕邓艾屯白水之北：邓艾（197－264年），三国后期魏国名将。字士载，义阳棘阳（今河南南阳）人。

〔5〕姜维（202－264年）：三国时期蜀汉名将。字伯约，天水冀县（今甘肃甘谷东）人。本为魏将，后降蜀，深得诸葛亮信任，任为征西大将军。

〔6〕廖化：三国时襄阳人，字元俭。先曾参加黄巾起义军，后归蜀汉，为关羽部将。姜维北伐中原时，因蜀大将都已死亡，被任为先锋，因此有"蜀中无大将，廖化作先锋"之说。

〔7〕法：这里泛指兵法或兵书的一般原理。

暗渡陈仓

□ 经典实例

慈禧计除肃顺

公元1860年，对于清政府来说，正是一个多事之秋。在南方，太平天国起义依然没有平定；而在北方，英法联军已经打到清帝国的首都北京城附近。大清帝国的年轻统治者咸丰皇帝只好以狩猎的名义，仓皇出逃，来到河北承德的避暑山庄。不久之后，京城传来英法联军火烧圆明园的消息，咸丰帝又急又气，不久就病倒在床上。随着割地赔款的条约越来越多，他的身体也越来越衰弱。最后，咸丰帝在热河承德避暑山庄的烟波致爽殿中病逝。咸丰帝临终之时，按照清祖宗家法，建立顾命制度，以六岁的皇子载淳为皇太子，诏令怡亲王载垣、郑亲王端华、户部尚书协办大学士领侍卫内大臣肃顺以及景寿、穆荫、杜翰、匡源、焦佑瀛八人为赞襄政务大臣，辅佐幼子继位。同时为了防范顾命八大臣擅权，咸丰又把"同道堂""御赏"两枚私章，分赐皇后钮祜禄氏和载淳，规定一切谕旨下发，须以两枚私章作为符信。不久载淳继位，建元年号，定明年（1861年）为"祺祥"，尊钮祜禄氏为母后皇太后，居住在烟波致爽殿的东暖阁之中，世称东太后；而生母叶赫那拉氏，则住在烟波致爽殿的西暖阁之中，世称西太后。就在肃顺等人为咸丰皇帝举办丧礼和嗣皇帝继位的繁忙之中，一场悄悄布置的政变发生了。留居热河的西太后和留守京城的咸丰帝之弟恭亲王奕䜣用暗渡陈仓之计，斩杀肃顺，赐死载垣，端华、景寿等五人则革职被发往新疆等地效力赎罪，这就是晚清历史上有名的辛酉政变。

辛酉政变的祸根自从英法联军攻打北京，咸丰帝避难热河时就已开始埋下，其爆发则是因为肃顺等顾命八大臣与西太后叶赫那拉氏、恭亲王奕䜣之间，相互争夺执政地位这一矛盾的尖锐化。顾命八大臣中以肃顺最具才干，居于领袖地位。肃顺是咸丰帝生前宠信、器重的重臣。留守北京主持与英法议和事宜的恭亲王奕䜣以及其他大臣要求咸丰帝回銮京师，肃顺则极力阻拦这一要求，他还假借咸丰帝的名义严厉斥责奕䜣等人不得再行渎请。咸丰帝本来就是一个荒淫无度的帝王，顺水推舟地将一切政事托付肃顺等人处理，于是肃顺等人成为热河行宫发号施令的实际主人，"挟天子以令诸侯"，权势熏天。在肃顺眼中，奕䜣在所有王公之中，因与皇帝血缘关系最近，地位最为显赫，而且非常精明果断，在朝廷内外具有较高威信，所以是最大的劲敌，必将成为自己擅权道路上的拦路石。所以在咸丰帝面前，肃顺极力挑拨离间，煽动咸丰帝对奕䜣的不满，甚至散布谣言声称恭亲王将要借助洋人势力谋夺帝位，结果使得咸丰帝与奕䜣兄弟之间感情日渐疏远。当奕䜣得知咸丰帝病重，奏请前往热河问安觐见时，咸丰帝以相见徒增伤悲为由予以拒绝，致使咸丰帝至死，兄弟两人也未能见上一面。奕䜣知道这一切都是肃顺从中作梗，由此对肃顺怨恨不已。

西太后虽然身为旗人，但是出身并不高贵，她的父亲只不过是一个安徽宁池太广道的道员。西太后入宫后，为咸丰帝生了皇子载淳，于是母凭子贵，身份立即显贵起来，被咸丰帝封为懿贵妃，地位仅在皇后之下。而皇后钮祜禄氏，生性忠厚随和，对政治并无兴趣。西太后则是一个工于心计的女人，她知道咸丰帝身体虚弱，随时都有可能驾崩，因此不可过于倚仗。鉴于载淳目前年纪尚小，她有心将来帮助儿子操持国政，于是不惜以娇媚为手段，哄骗咸丰皇帝，换取自己代替皇上批答奏折的机会，开始"时时披览各省奏章"。西太后

○ 影像回放

庚子之役后，慈禧太后回，接见各国公使和夫人，希望通过此举示中外亲近友睦。

○ 品画鉴宝

咸丰帝朝服像（清）宫廷画家／绘 此图绢本，设色。咸丰帝（1831—1861年），名奕詝，道光帝第四子。道光三十年（1850年）即位，次年改元咸丰。

干预政务，使得肃顺、载垣、端华等人的权力受到侵犯，在肃顺看来，当时还是懿贵妃的那拉氏，绝对不是一个安分守己的女流之辈，一旦咸丰驾崩，她必然会以太后名义，挟持年幼的皇帝操纵政权，自己独揽大权的美梦就会破灭。所以肃顺等人一直以声色娱乐咸丰皇帝，从而使懿贵妃失去了在后宫的专宠地位，而这一切也早已使西太后怨恨不已。尤其是在逃难到热河的路上，自己的饮食供应就曾屡次遭到肃顺等人的克扣。肃顺又在咸丰皇帝面前，大讲汉武帝赐死钩弋夫人的故事，要求咸丰帝诛杀懿贵妃，以此避免那拉氏日后母以子贵，干预朝中大政。咸丰帝虽然没有采纳肃顺的建议，但对懿贵妃倒是日渐疏远，甚至死前还给皇后钮祜禄氏下了一份密诏，告诫皇后如果那拉氏日后不能安分守己，可以出示这一遗诏命令廷臣加以铲除。这一切被西太后得知后，她对肃顺等人更是恨入骨髓。

咸丰皇帝病死以后，围绕着谕旨拟定，恭亲王被排除在顾命大臣之外这两件事，西太后、奕䜣与肃顺等人之间的矛盾逐渐趋于表面化，这就促使两人联合起来，共同对付肃顺等人。肃顺等人本意是想趁着咸丰帝病危之时，立怡亲王载垣为帝，彻底杜绝那拉氏专权的可能性，皇后钮钴禄氏对此不肯表态，那拉氏则抱着儿子载淳立于咸丰帝病床之前整日哀哭，咸丰帝担心他们母子日后流离失所，因而对肃顺的建议并未同意。咸丰皇帝一死，肃顺等人又想不封太后，从而将那拉氏排除在政治权力场之外，但是此计也未得逞。于是他们公开在殿中宣布：一切谕旨，应由顾命八大臣拟定，太后只能钤印，不得改变谕旨内容，各地章疏也不进呈宫内览阅。面对肃顺等人的骄横跋扈，西太后又如何能够容忍，所以就拉上东太后，两人当面廷争，并以不在谕旨上钤印为威胁。结果双方妥协，各地所奏章疏，均要上呈两宫太后御览；至于谕旨诏令，则由赞襄八大臣拟进，而两太后也答应在谕旨上钤上"御赏""同道堂"两印。这样一来，在热河方面，西太后与肃顺等人以"垂帘""辅政"两种体制并行，并且得以暂时维持局面。但是西太后不甘心就这样被肃顺等人限制在热河，处处被动。大清入主中原以来，如果嗣位皇帝年幼，则由先帝临终之时指定亲信老臣为顾命大臣，辅佐小皇帝执政，直到皇帝长大亲政为止，这类顾命制度从顺治开始就已有了先例。另外一种办法，就是汉族王朝历史上所发生的，由母后辅助年幼皇帝，母后垂帘听政。太后想要摆脱肃顺等人的掣肘，就必须要以垂帘制度代替目前的顾命制度，但是身在热河行宫，肃顺等人完全控制了内外形势，要想达到垂帘听政的目的，必须借用外力相助。正在此时，西太后的妹夫，也就是恭亲王奕䜣的七弟醇亲王提出，与肃顺等人争斗，必须联络在北京主持

○影像回放 奕訢像（右）道光皇帝之子。1860年签署了《北京条约》的附加协议。奕劻像（左）清末大臣，满族。1901年曾代表中国签署了《辛丑条约》。

政局的恭亲王。西太后采纳了这一提议，秘密写了一封书札，要奕訢前来热河商讨大计。

奕訢身为恭亲王，这一王爵并非世袭，而是其父道光皇帝遗命咸丰所封，在满清现有诸位亲王之中，本来是最为显荣尊贵。但是咸丰皇帝死后，怡、郑各位亲王居然忝居顾命大臣之列，而自己却被排斥在外，肃顺甚至不让他亲赴热河行宫经理丧事。奕訢心中已是大为不满，早就有心除去肃顺。他暗中安排自己的亲信，如热河行宫之中担任领班军机章京的曹毓英等人，随时向京城秘密报告肃顺等人在热河的行踪举动，这不仅是避祸的需要，而且也是在为日后上台执政作预备。但要除去肃顺等人达到自己执政的目的，奕訢也清楚，只有推翻现行的顾命制度，改换政体，代之以女后垂帘，自己才能较快地爬上辅政之位。虽然奕訢精明能干，但是一切由自己单独动手，毕竟孤掌难鸣。奕訢别无良策，只有与两宫太后联合一途了。西太后与奕訢为了扳倒肃顺等人，都必须依靠对方的力量，于是正式联合起来。奕訢收到两太后秘密召其赶赴热河

○ 品画鉴宝
正蓝旗护军统领印（清） 银质，虎纽。长10.6厘米，高9.1厘米。正蓝旗护军统领掌正蓝旗护军营之政令。

○ 品画鉴宝
镶蓝旗护军统领印（清） 银质，虎纽。长10.6厘米，高9.1厘米。镶蓝旗护军统领掌镶蓝旗护军营之政令。

○ 品画鉴宝
御用嵌米珠珊瑚秋辔马鞍（清） 视骑射为满洲根本的顺治帝曾用过的马鞍。曾承载年轻的皇帝跃马扬鞭，纵横天下。

的消息后,随即以叩谒大行皇帝梓宫的名义,前往热河,肃顺面对奕䜣前来哭丧的要求,也不能加以阻拦。9月5日,奕䜣赶到热河,先到咸丰梓宫前伏地大哭,哀声响彻殿陛,两旁之人全都为之感动,无人不信他是专为叩谒梓宫、感念手足情深而来。一番哭奠之后,奕䜣进宫觐见两宫太后,皇太后单独召见,密商之中,奕䜣提出要想除掉肃顺,必须赶回京城,否则不易下手,并以京城一切由其负责,作出"万无一失"的保证。至此,两宫太后与奕䜣共同作出发动政变的决定,奕䜣离开热河,兼程赶到北京预先布置。

两宫太后、奕䜣等人政变的第一步是投放垂帘听政的试探气球,从舆论上为政变作准备,同时借机迷惑政敌。9月中旬,大学士周祖培(奕䜣同党)的一个门生最先上奏,要求朝廷以两宫太后垂帘听政,并从亲王之中选出一二人,用心辅弼一切政务。两宫太后见到奏折后,旋即召见顾命大臣,要求肃顺等人按照所奏拟旨实行。顾命八大臣勃然抗论,认为听命太后绝对不可,大清历史上更是无此先例。八大臣之一的杜翰狂言无忌,照直顶撞。西太后气得两手颤抖不已,年幼的皇帝被肃顺等人的大声抗言所惊吓,啼泣不停,竟然尿湿了西太后的衣服。肃顺等人以不理政务、停止办公威胁两宫太后,最后还是东太后从中劝说,肃顺等人这才照常办事。西太后被迫放弃了垂帘一说。

西太后、奕䜣发动政变的第二步,是利用护送咸丰皇帝梓宫以及新皇帝回京之机,施用暗渡陈仓之计,进行突然袭击,一举擒拿肃顺等人。上一个回合的较量,不过是西太后、奕䜣等人施行佯攻的

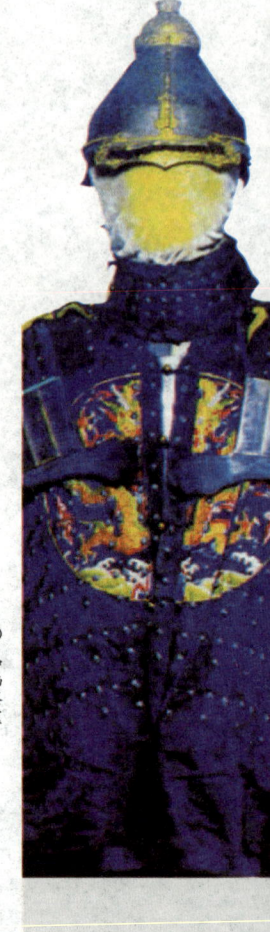

○品画鉴宝

甲胄(清) 康熙三十六年(1697年)康熙征噶尔丹凯旋,恰逢归化崇福寺建成,故将自己的甲胄、腰刀等赐给该寺以作纪念。

试探气球,借以吸引肃顺等人的注意力。果然,肃顺等人看到奏折被驳之后,两太后被迫发出"我朝圣圣相随,向无皇太后垂帘之礼"的上谕,一时无人再敢上言垂帘听政,因此他们认为胜利在握,政治危机已经过去,自己的权力地位已经得到稳固,于是盲目自信,开始对西太后、奕䜣等人疏于防范。西太后、奕䜣则加紧布置,先是乘八大臣忙于大行皇帝梓宫以及新帝回京登位诸事之时,解除了端华的步兵统领,载垣的銮仪卫、上虞备用处事务,以及肃顺的管理理藩院并向导处事务等兼差。西太后在外示以优礼相待,实际上肃顺等人的兼差事关皇宫禁军以及扈从护卫等多项兵权。随后西太后安排奕䜣等人的亲信接任步兵统领职位,把管理禁卫兵之权基本掌握在自己手中,搬开了发动政变的重要障碍。另外,执掌热河到北京一带兵权的胜保、僧格林沁,又被西太后、奕䜣争取过来。胜保倒向西太后,在承德至北京沿线驻兵严密部署,以防

○ 品画鉴宝

腰刀(清) 此腰刀刀把上刻有"遏必隆玲珑刀"等字样,表明其是遏必隆的佩刀。遏必隆(?—1674年),钮祜禄人,满洲镶黄旗人,屡有战功。

不测。西太后见布置停当,10月中旬反复催促肃顺等人,要求早日回銮返京。最后明定两宫太后、嗣皇帝载淳与载垣、端华等七大臣在行过奠礼后,为了避免圣躬劳累,先行启驾回京。沿途一切事务则由业已倒向西太后的仁寿负责,而后肃顺则负责护送灵柩一路缓行回京。西太后等人如此安排,真是妙不可言。肃顺是顾命八大臣之首,景寿等人则都是忠厚有余,才智不足,八大臣实际上就是肃顺控制的势力集团。肃顺与七大臣隔开,七大臣失去了首脑,变成群龙无首,而肃顺单独行动,又失去了羽翼相助,变得孤掌难鸣。西太后这一招,削弱了顾命八大臣的整体优势,为自己放手动刀创造了条件。

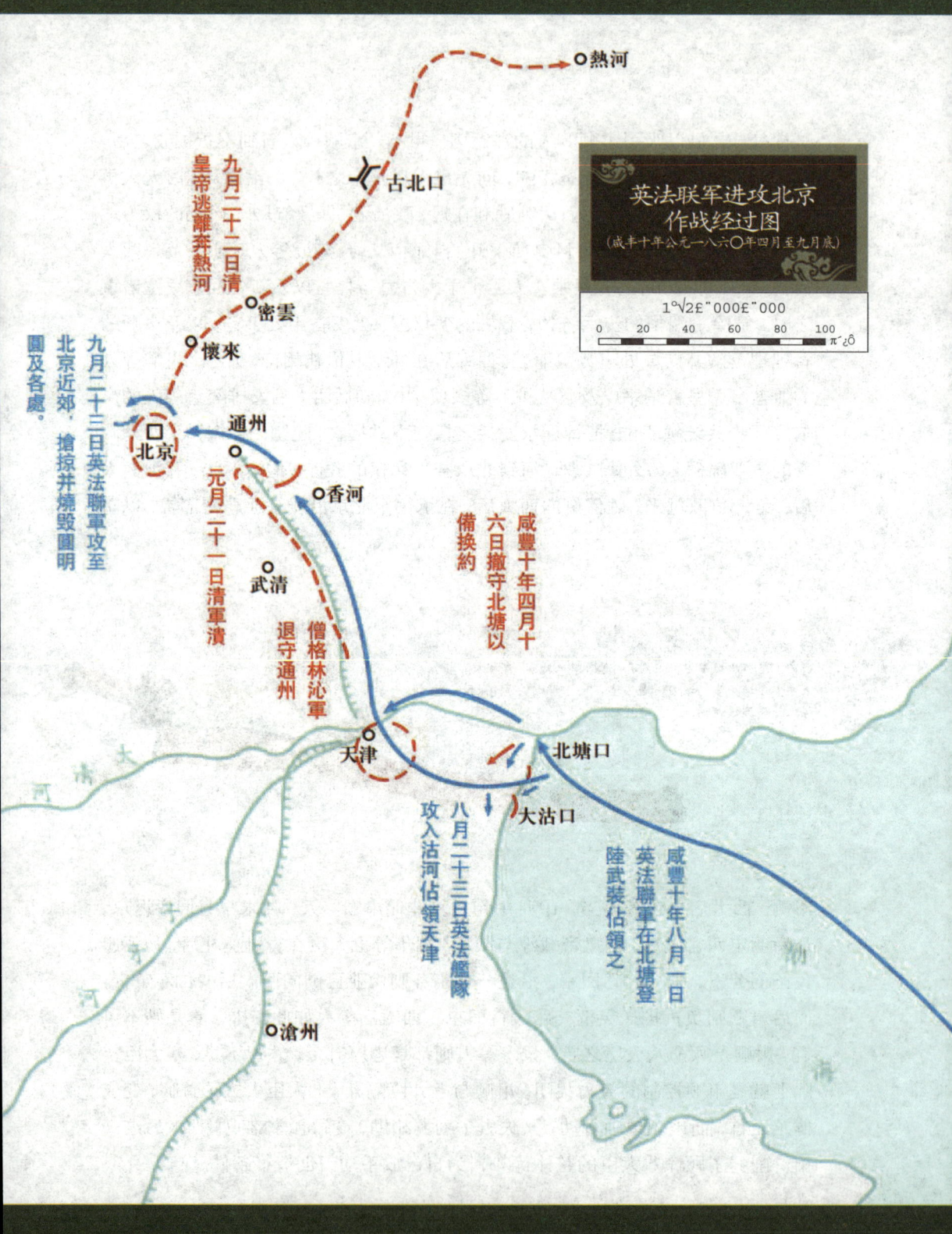

11月1日，两宫太后、载淳等人，以快班轿夫由间道急驰入京，抢先肃顺三天。恭亲王奕訢早已恭候城外接驾，再次落实北京政变的措施。此前一天，胜保已经上奏朝廷，首先对顾命八大臣赞襄政务的合法性提出怀疑，指责八大臣有负重托，必须要让皇太后亲理万机，召对群臣，通下情，正国体。他又提出"亲亲尊贤为断"，尽心匡弼，否则不足以振纲纪、顺人心。11月2日，大学士兼管兵部事务贾桢，大学士兼户部尚书周祖培，以及刑部尚书赵光等人在奕訢的暗示之下，联名上奏，要求皇太后"敷宫中之德化，操出治之威权，使臣下有所禀承，命令有所咨决，不居重帝之虚名，而收听政之实效"。贾桢、周祖培等人都是清廷元老重臣，他们提出两宫太后垂帘听政的要求，影响极其巨大。就在同一天，西太后在召见奕訢、桂良、周祖培、贾桢等人之时，又施以女人眼泪的战术，向众人哭诉肃顺等人如何在热河欺侮他们孤儿寡母的事情。周祖培等人既感动又生愤，随即要求皇太后将肃顺等人治罪，西太后接着又用激将法说道："他们都是赞襄大臣，怎么可以治罪呢？"周祖培答道："可以先降旨解除他们的职位，然后再治他们的罪。"西太后顺乎其意，拿出在热河就已写好的谕旨，宣布解除肃顺、端华、载垣三人赞襄大臣的职务，交宗人府会同大学士、九卿、翰林院等严行议罪。京城缇骑四出，载垣、端华马上被捕。11月3日晚，肃顺护送灵柩抵达京郊密云，尚不知道朝中已经发生政变，结果还在被窝之中就被拿获，捆绑着送到宗人府的监狱中。同日，奕訢被授予议政王大臣、宗人府宗令诸职，在军机处行走。11月8日，肃顺被斩杀于京城菜市口，载垣、端华被赐自尽，景寿、杜翰等人则被革职，穆荫革职之将被发往军台效力。

12月12日，两宫太后等在紫禁城中举行垂帘大典，奕訢以议政王身份总揽全局，新上台的皇帝载淳接受百官朝贺，改年号为"同治"。西太后的计划取得了最后胜利。

隔岸观火

第九计

……计名由来

"隔岸观火"一词，可能来源于唐代僧人乾康的一首诗《投谒齐己》："隔岸红尘忙似火，当轩青嶂冷如冰。"意思是说，对岸正热火朝天地忙碌着，而一河相隔，另一边却看破红尘，心冷如冰。也有人认为典出于三国时期的赤壁大战，诸葛亮对刘备说："主公可于樊口屯兵，凭高而望，坐看周郎今夜成大功也。"隔岸观火中的火，譬喻危难状况。隔岸，是指远离危险之地的安全地带。观，是指旁观，但不是纯粹的旁观，而是在旁观时从他人的危难中寻机谋利。这一计策，与趁火打劫之意相反，与坐山观虎斗以及鹬蚌相争渔翁得利之意相近。隔岸观火只是一种比喻，并非是说对隔岸之火只观不动。实施这一计策的目的，不在于观火，而在于等待谋利的最佳时机。因此，首先应煽阴风，点鬼火，想办法让隔岸的火烧起来。其次，观火不是消极等待。在隔岸之火烧起来后，要冷静观察，把握好火候，一旦时机成熟，应由坐观转为主动出击。

豫卦

豫卦为六十四卦之中第十六卦。豫卦的卦象为上震下坤。象征平地生雷。本卦喻示春回大地，万物专复生机。

阳乖序乱[1],阴以待逆[2]。暴戾恣睢[3],其势自毙。顺以动豫,豫顺以动[4]。

敌人内部矛盾公开化,秩序混乱,我便可以静待其发生变乱。敌人穷凶极恶,反目成仇,势必自取灭亡。这就是《易·豫》卦所说的以柔顺的手段,坐等愉快结果的策略。

【原文注释】

〔1〕阳乖序乱:阳,公开。乖,不和。《骈字分笺·卷下》:"反和为乖。"

〔2〕阴以待逆:逆,叛逆。《吴子·图国》:"国乱人疲,举事动众,曰逆。"

〔3〕暴戾恣睢:意为穷凶极恶,反目仇杀。暴戾,残酷暴虐。恣睢,怒目相视。《史记·伯夷列传》:"肝人之肉,暴戾恣睢。"

○ 品画鉴宝
铜内玉援戈(商) 1976年河南安阳殷墟妇好墓出土,制作极为精致,为贵族举行典礼时所用。

○ 品画鉴宝
双羊尊（商） 双羊背负尊筒。尊筒饰弦纹以及平面凸出的兽面纹。尊腹饰鳞纹，羊腿饰龙纹。尊，古代酒器，用以盛酒，盛行于商代和西周初期。

[4] 顺以动豫，豫顺以动：《易·豫》："豫，刚应而志行。顺以动豫，豫顺以动。故天地为之。"《周易集解·豫》："郑元曰：坤，顺也。震，动也。顺其性而动者，莫不得；得其所，故谓之豫。"《易豫卦疏》："谓之豫者，取逸豫之义。以和顺而动，动不违众，众皆悦豫也。"意思是：采取和顺的态度，不必去紧逼敌人，让他们内部自行火并，我们可以坐等愉快的结果。

【前人批语】

乖气浮张，逼则受击[1]，退而远之，则乱自起。昔袁尚、袁熙奔辽东[2]，尚有数千骑。初，辽东太守公孙康[3]恃远不服，及曹操破乌丸[4]，或说操遂征之，尚兄弟可擒也。操曰："吾方使康斩尚、熙首来，不烦兵矣。"九月，操引兵自柳城[5]还，康即斩尚、熙，传其首。诸将问其故，操曰："彼素畏尚等，吾急之，则并力；缓之，则相图[6]。其势然也。"或曰：此兵书火攻之道也。按兵书《火攻篇》[7]，前段言火攻之法，后段言慎动之理，与隔岸观火之意，亦相吻合。

○ 品画鉴宝

兽面纹鼓（商）　此器为横置的两面铜鼓，鼓面圆形，上端较下端略长，两端缘上饰有摹仿皮鼓鼓钉的三周乳钉纹。

　　敌人内部出现明显的自相倾轧争斗的迹象时，不要逼迫它。一旦逼迫，敌人就会一致对外联合起来反击。远远地避开他们，他们内部就自然会发生变乱。三国时袁绍的儿子袁熙、袁尚被曹操击败后，率领数千残兵败将逃到辽东。当初，辽东太守公孙康依仗自己统治的地区偏处一隅，不肯臣服曹操的统治。等到曹操打败乌桓后，有人劝说曹操乘胜远征公孙康，便可以一举活捉袁氏兄弟了。曹操说："我正要让公孙康自己斩杀袁熙、袁尚，把他们的头颅送来，用不着我劳师远征了。"九月，曹操率兵从柳城回师，公孙康果然杀死袁尚、袁熙，把他们的头送到曹操手中。诸位将领向曹操请教其中的缘故，曹操回答说："公孙康一向害怕袁氏兄弟吞并他。今二袁前去投奔，他必然会猜疑。如果我用兵急攻，他们就会联合起来抗击我。我缓而不攻，他们就会自相火并。这是形势促使他们这样的。"有人说，这是《孙子》论述火攻时所讲的道理。考虑《孙子·火攻篇》前一部分谈论的是火攻的方法，后一部分谈论的是审慎用兵的道理，它与隔岸观火也有相吻合的地方。

【批语注释】

〔1〕乖气浮张，逼则受击：乖气，即敌方分崩离析的情势、氛围。全句意为：敌人内讧的情势出现时，如果去逼迫它，就会遭到它的还击。

〔2〕袁尚、袁熙：东汉末袁绍的儿子。

〔3〕公孙康：东汉末辽东太守，公孙度之子。先割据辽东，后因斩袁尚、袁熙有功，被曹操封为左将军。

〔4〕曹操破乌丸：乌丸，即乌桓，东胡族的一支，因居乌桓山（今内蒙古阿鲁科尔沁旗以北，大兴安岭山脉南端）而得名。汉末被曹操消灭。汉献帝建安九年（2004年），曹操统军攻取袁绍势力重镇邺城（今河北临漳西南），次年击杀袁绍长子袁谭，其弟袁熙、袁尚逃奔辽西乌桓。建安十二年，曹操统军自邺城出征乌桓，以消灭袁氏残余势力。因连日大雨，道路泥泞，加之乌桓扼守海滨，曹军受阻。乃回师，诈称待秋冬之际再进军，使乌桓放松戒备。然后抄小道直逼乌桓腹地柳城，一举斩杀乌桓王蹋顿等，收降众二十余万。袁熙、袁尚等率数千骑逃奔辽东太守公孙康。9月，曹操引军自柳城还，途中收到公孙康斩送的袁氏兄弟首级。

〔5〕柳城：今辽宁朝阳西南。

〔6〕吾急之，则并力；缓之，则相图：并力，联合起来对外。相图，相互图谋，相互倾轧。全句意为：逼得太急，敌人就会联合起来一致对外；慢慢耐心等待，敌人以为没有外敌，就会内部相互倾轧。

〔7〕兵书《火攻篇》：即《孙子兵法·火攻篇》。

○ 品画鉴宝

踞坐人像（商）宽脸，方颐，云雷纹竖直方耳，耳垂穿孔，圆眼正视前方，两腕各戴二镯，双手扶膝踞坐。

隔岸观火

□ 经典实例

曹操翦除二袁

三国时，乌桓混居在辽西、辽东、右北平三个郡，称为三郡乌桓。三郡乌桓趁中原混乱的时候，侵入幽州，汉人被俘虏受其统治的就有十多万户。袁绍占领冀州的时候，为了利用他们巩固自己的地盘，把乌桓的三个首领都立为单于，还把本家的女子当作自己的女儿嫁给他们。三郡乌桓之中，要数辽西单于蹋顿最为强大，袁绍待他也最为优厚，所以袁熙、袁尚兄弟俩一起向他投奔。他就联合了辽东单于和右北平单于，一步步地侵入内地。幽州六郡的都督鲜于辅只好来向曹操求救。曹操虽不害怕袁熙和袁尚，可是他们借乌桓兵来攻打幽州，就不能掉以轻心了。

曹操立即发兵去救鲜于辅。三郡乌桓得知中原大军前来进攻，只是稍作抵抗，就退兵塞外，以便于保存实力。并州刺史高干得知曹操发兵攻打乌桓，于是再次叛变。他捉住上党太守之后，派兵把守壶关口（上党郡上党县有壶山口，山口险要，设置关口，叫壶关口），俨然做起土皇帝来。曹操只得暂时不与乌桓交战，派遣乐进、李典带领一支精兵攻打并州，迅速夺下壶关口。高干退到壶关城，全力死守，乐进、李典始终未能攻下。

建安十一年（206年）春天，曹操亲自率领大军征伐高干，围攻壶关城两个多月，仍然未能攻下。高干命令将士死守，自己急速向匈奴单于求救。高干到了边界，正好遇到匈奴左贤王，立即下马，伏地叩首不已，声泪俱下地哀求左贤王发兵帮助攻打曹操。左贤

○品画鉴宝　神兽镜（三国·魏）圆钮，卷草纹钮座。主纹饰分为三段，纹饰繁复美观，极具观赏价值。

魏太祖（155—220年）即曹操，字孟德，小名阿瞒、吉利，沛国谯县（今安徽亳州）人。东汉末年杰出的政治家、文学家、军事家和诗人。

王说："匈奴跟汉朝已经和好了，我与曹操又无冤无仇，你要把野火烧到我的帐篷里来吗？"话音刚落，就策马而去。

高干虽然还想再请求，可是左贤王却已经走远了。他只好垂头丧气地返回，谁知还在途中的时候，就听说并州守将已经投降了曹操。他决定前往南方投奔刘表。到了上洛（汉县名，在洛水之上，在饶关东南）地界，却被上洛都尉捉住杀掉了。因此，以前袁绍所占据的青州、冀州、幽州、并州，全部丢失。可是袁尚弟兄投奔乌桓，辽西乌桓蹋顿帮着他们屡次侵犯边塞，打算夺取更多的土地。曹操意识到抵抗乌桓是件大事。他深知"兵马未动，粮草先行"的道理，要与乌桓打仗，实在非同小可，必须要有一条畅通无阻的运粮道路。于是他就动用大批民工，挖通从呼沱河到呱水的平虏渠和从呱河口到清河的泉州渠，作为运粮的要道。然后召集臣僚商议出兵乌桓之事。然而，将士们大多数不同意与乌桓交战。他们认为袁熙、袁尚已经势穷力尽，逃到塞外，还担心什么？乌桓原来是小部族，他们最多在边界上抢些财物而已，何须小题大做。

魏太祖

况且，如果率领大军跟他们作战，万一刘备、刘表趁着许都空虚，前来偷袭，我们来不及救应，又该如何是好？谋士郭嘉却说："诸公所言合乎情理。可是你们对袁尚和刘表的估计都是错误的，要知道袁氏一向厚待乌桓，乌桓正可以借口替袁氏报仇，同时可以扩张自己的势力。要是袁尚兄弟号召乌桓人和边界上的汉人大举进攻，这个祸患非同小可。而且，四个州里忠于袁绍的人必定尚未死心，必然乘机起来反抗，这也是不可轻估的力量。所以袁尚弟兄非除灭不可。刘表坐镇江汉，空谈文教，自己知道没有能力利用刘备，若要重用刘备，又怕自己管制不住；如若不用刘备，又怕会对自己不利。刘表也绝不敢进攻许都。因此，明公可以放心出兵攻打乌桓。"

曹操完全同意郭嘉的见解，当即发兵，浩浩荡荡往北挺进。到了

○ 品画鉴宝
青瓷谷仓罐（三国）贮物用器，制作精致，纹饰美观繁复。

易城（今河北涞水县西），打算下令休息。郭嘉建议先派轻骑前往，辎重随后跟上。曹操认为没有领路的人，为了有把握起见，还是要稳扎稳打。郭嘉说："当初幽州牧刘虞的助手田畴反对公孙瓒，隐居在无终（古县名，在今河北蓟县），后来袁绍灭了公孙瓒，请他做大官，他却未去，田畴是右北平人，熟悉北方情况，把他请来，就有带路的人了。"

曹操派遣使者去请田畴，田畴爽快地答应了，当即准备动身。他的门生挺纳闷地问他："以前袁公很隆重地派人来请老师，连请五次，您都回绝了。而这次曹操的使者一到，您好像来不及动身似的，这是怎么回事啊？"田畴微笑地说道："这个你们并不知道，以后再说吧。"他随着使者去见曹操，彼此谈得非常投机，大有相见恨晚之感。曹操就请他做官，以便随时商议大事。田畴说道："我的志愿不是做官，我之所以急于来见明公，是因为乌桓太过残暴。我们郡里连知名人士都被他们杀掉了，老百姓被他们杀害的更不知有多少。我有心起兵抵抗，自己却没有力量。现在明公为民除害，我怎能不赶来略尽绵薄之力？"曹操非常高兴，就请他跟着大军到了无终。时值夏天，连降大雨，路途泥泞，进军困难。加之沿路关口和要道上还有敌人，想尽各种办法阻挠大军前进。为此，曹操直皱眉头，他问田畴有何良策。田畴详细地告诉曹操，说道："我们走的这条路，的确是条大路，可是，美中不足，在夏秋季节经常有水。我们北方的河与南方的河不同,有了水,车马都不能趟过,水再深,也不能通船,多年来都是这样的。从前北平郡的长官驻在平冈,从右北平到平冈是通过卢龙(属河北省,在抚宁县东)去的,这条道路一直可以通到柳城(古县名,在辽宁兴城县西南)。可是,卢龙的这条路,在光武帝时代就已毁坏,到今天已有一百八十多年无人行走。好在路的痕迹还可以寻找。乌桓人只知道大军由无终大路向北前进,认为只要守住关口,就能阻止我军前进。如果大军绕道由卢龙口通过,暗暗地翻山越岭一直通到乌桓的心脏地区,乌桓的头领就是再厉害,也一定会被明公擒获。"

○ 品画鉴宝

"甘露元年"铭熊灯(三国) 灯是古今照明的重要用具之一,种类繁多,形制各异。此灯分上中下三段,上段灯盏是一件鼓腹敛口小碗,灯柱是一只熊,灯盘直口平唇。

曹操仔细察看了地图,就依照田畴的计策,立刻退兵,还在河边路旁立几根木头,作为路标,并在上面刻字:"今年夏天天气太热,路又难行,到秋冬再进军。"蹋顿听到探子的报告,认为曹操的大军已经退回,因而就放松了沿路的防备。曹操请田畴为向导,由卢龙口进兵,翻山越岭,偷偷地走了五百多里,经过白檀、平冈和鲜卑庭(鲜卑族人管辖地区),再往东到柳城只差二百里地。直到这个时候,才被乌桓发现,蹋顿慌忙布置抵抗,带着袁尚、袁熙,联合辽东单于、右北平单于等几万骑兵仓促应战。

曹军到达白狼山(在辽宁凌源县东南),远远地就见乌桓兵气势汹汹地杀过来,骑兵之多,数不胜数,就感到有些害怕。

曹操上山观望之后,对张辽说道:"乌桓士兵人数虽多,但是队伍很不整齐,大可不必害怕。你先下山打一阵!"张辽立刻下山,许褚、徐晃、于禁紧跟着打头阵。他们旋风似的冲到敌人阵营之中,很快就把敌阵捣破。蹋顿正在惊惶失措的时候,没提防张辽已经杀到跟前,还没来得及定神,张辽一枪刺过去,他便倒落马下,一命呜呼。乌桓军更加慌乱,纷纷投降。当时投降的胡人和汉人合在一起就有二十多万。袁熙和袁尚带着几千人马急忙逃到辽东。

将士们都主张紧追不舍,曹操反而下令退兵。他还说:"辽东太守自然会把他们的人头送来,你们等着吧!"真是奇怪得很!辽东太守素来害怕袁氏,怎么会杀他们?曹操又怎么会知道?曹操回到柳城,要封田畴为柳亭侯,并命他镇守柳城。可是,田畴坚决推辞,并说官职爵位都不想要,但愿回乡,一方面教书,一方面种地,以了有生之年。还说打退了乌桓,可算是了结了我郁郁不安的心思。曹操不便勉强,就把他表扬一番,拜为议郎。另外指定一部分兵马驻扎柳城,自己带领大军到了易城。

这次出征,将士死伤不多,可惜谋士郭嘉因为水土不服,带病从军,回到易城医治无效,三十八岁就与世长辞了。曹操亲自祭奠,哭得很伤心。荀攸等人竭力劝慰。曹操对他们说:"诸君年龄与我差不多,只有奉孝(郭嘉字奉孝)最年轻。我正想以后多依靠他,没想到他的命如此短促,真使我太痛心啦!"这时,他闷闷不乐地把军队驻扎在易城。

夏侯惇和张辽对曹操说:"既不打辽东,又不回许都,驻扎在这里按兵不动,这是什么道理?"曹操说道:"等袁熙、袁尚的人头一到,我们就可以回去了。"大家听到之后,不禁暗暗发笑。谁知没过几天,辽东果然派遣使者将袁熙、袁尚兄弟的人头送了过来。大家不由得非常惊奇,都不知道其中究竟有何奥妙。

三国时代一般形势图

辽东太守公孙康是公孙度的儿子。公孙度原是辽东襄平人，由董卓推荐为辽东太守。他趁着中原混乱的机会，自称为辽东侯，向东向西扩张了一些地盘，又由海道到青州，占领东莱和邻近的几个县，势力越来越大，于是独霸一方。曹操因为辽东太远，有意笼络公孙度，拜为武威将军，封永宁乡侯。公孙度不但不接受这些封号，还说："实际上我已经在辽东自立为'王'了，还要什么'侯'？"就把许都送来的印绶藏在武库里面。公孙度死后，儿子公孙康继承了父亲的地位，把藏在武库里的印绶取出，转送给公孙恭。袁绍占领冀州的时候，一直想吞并辽东，未能得手，此刻袁熙、袁尚被曹操打得走投无路，在万不得已的情况下逃到了辽东。

袁尚、袁熙兄弟俩在路上商议，袁尚自称力气大，说道："我们到了辽东，公孙康必会出来迎接。我们乘其没有提防，当场将他杀死。得到辽东之后，再想办法收复四州。"袁熙表示完全同意，但却没有想到，公孙康比他们想得更为周到，一探听到袁尚、袁熙兄弟前来投靠，就料到他们的来意是要夺取地盘。公孙恭说道："袁绍活着的时候，有哪一天不想吞并辽东？现在，袁尚、袁熙无路可走，不是来夺取我们的辽东才怪！"公孙康说道："如果曹操发兵打过来，我们就收留袁家的儿子作为帮手；如果曹军不来，就把他们杀了，可以作为结交曹操的一件礼物。"没过几日，探子回来报告说："曹军已经退到易城去了。"袁熙、袁尚带着几千骑兵顺利到达辽东。他们先安排军队驻扎，然后派遣使者求见公孙康。公孙康当时就允许他们进去相见，袁熙、袁尚随身携带宝剑，准备乘见面时杀死公孙康，哪知他们刚到中门，暗藏的武士就突然跳了出来将他两人捉住，他们连刀都来不及拔出，就已经被人捆上，拉了出去搁在外面。

那时正是初冬季节，塞外天冷，袁尚坐在地下，屁股冻得毫无感觉。他要求监视他的武士给他一个坐的垫子。袁熙愁眉苦脸地说道："脑袋都保不住了，还管什么屁股！"

公孙康吩咐武士将他兄弟二人的头砍下，派人送到易城。曹操封公孙康为襄平侯，拜为左将军。众将向曹操请教其中的奥妙。曹操回答说："公孙康素来害怕袁熙、袁尚吞并他，今日兄弟俩上门，他必然猜疑。如果我们用兵急攻，他们必然会合力抗拒，所以我们要故意放松，让他们自相火并。公孙康杀了二袁，向朝廷送个人情，这是情理上应有的事，只是诸君没仔细想想罢了。"众将一听才明白这是"隔岸观火"之计，无不心悦诚服。

笑里藏刀

□ 第十计

……计名由来

笑里藏刀，源出于《旧唐书·李义府传》："义府貌状温恭，与人语必嬉怡微笑，而褊忌阴贼，既处权要，欲人附己，微忤意者，辄加倾陷。故时人言：义府笑中有刀。"意思是说，唐朝宰相李林甫外表看来显得很温和，同别人说话时总是面带微笑，实际上气量很小，喜欢猜忌，阴险狠毒。李林甫作为一个掌握大权的人，总想希望别人服从自己，稍微违反了他的意愿的人，就会遭受他的陷害。所以当时的人们说他笑里有刀。唐代诗人白居易有一首诗叫《天可度》，描写李林甫"笑中有刀潜杀人"。

笑里藏刀，原指表面和善而内心狠毒阴险，也就是口蜜腹剑，两面三刀，"口里喊哥哥，手里摸家伙"的做法；是一种明里一套，暗中一套，外示柔和，内藏杀机的计谋。将笑里藏刀运用到军事上，一般是指在政治外交上向对手示好，以麻痹敌人，来掩盖己方的军事行动，然后给敌人以出其不意的打击。运用此计的关键在于"笑"字。笑必须自然真实，掌握好分寸，使敌人深信不疑。如果"笑"得过分，或显得有些做作，反而会引起对方的警觉。"笑"的目的是为了"藏刀"。无论何时何地，"刀"一定要藏在"笑"里，千万不要暴露出来，以防此计被人识破。"刀"可以明出，也可以暗出。"刀"一旦出鞘，要迅速果断，使敌人来不及应变。

兑卦

兑卦为六十四卦之中第五十八卦。兑卦的卦象为上兑下兑，象征了人民的喜悦。这也是六十四个卦象中唯一谈论喜悦的卦象。

○ 品画鉴宝
错银双翼神兽（战国） 神兽昂首侧扭，圆颈直竖，前胸宽阔，两肋生翼，上饰羽纹。金身错银，勾勒出卷云纹为主题的装饰。翼兽集威武勇猛、矫健敏捷于一身，极具魅力。

信而安之，阴以图之[1]，备而后动，勿使有变[2]。刚中柔外也。

表面上要做得使敌人深信我方与其友好的诚意，因而使其安下心来，麻痹松懈；暗地里我方却谋划袭击它。在做好充分准备后再采取行动，切不要让敌人有所觉察而使形势发生变化。这就是《易·兑》中所讲的外示和好、暗藏杀机的谋略。

【原文注释】

[1] 信而安之，阴以图之：信，使信。安，使安，安然，此指不生疑心。阴，暗地里。图，图谋。全句意为：表面上使对方深信不疑，从而安下心来，暗地里却另有图谋。

[2] 备而后动，勿使有变：备，指有充分准备。变，指发生意外的变化。

【前人批语】

兵书云："辞卑而益备者，进也[1]……无约而请和者，谋也[2]。"故凡敌人之巧言令色，皆杀机之外露也。宋曹武穆玮知渭州，号令明肃，西夏人惮之。一日，玮方召诸将饮，会有叛卒数千，亡奔夏境。堠骑[3]报至，诸将相顾失色，公言笑如平时。徐谓骑曰："吾命也，汝勿显言。"西人闻之，以为袭己，尽杀之。此临机应变之用也，若勾践之事夫差[7]则竟使其久而安之矣。

三十六計之笑里藏刀

○ 品画鉴宝

人面具（商）长脸型，个体较小。浓眉杏脸三角鼻，鼻梁高直。双耳平直，耳际上下各有一个方孔，作组装榫眼用。

　　《孙子》说："敌人言辞谦卑，同时又加紧战备，这是准备发动进攻的迹象……没有事先约定而突然前来请求媾和，一定是别有用心。"所以，凡是敌人花言巧语，假装笑脸，都是暗藏杀机要消灭我方的表现。宋代曹玮担任渭州知州时，军纪严明，西夏人都很害怕他。有一天，曹玮正设宴招待部将，正碰上有几千名士兵叛变，逃往西夏。哨兵飞马前来报告，各位将领听到这一消息，都面面相觑，大惊失色，而曹玮却谈笑自若，就像没有发生过这件事一样。过了一会儿，才慢慢对报信的哨兵说："那是我命令他们那样做的，你不要再到处声张这件事了。"这些话传到西夏人耳朵里，他们以为逃亡来的宋兵是前来袭击自己的，就将他们全部杀掉了。这说明曹玮非常善于随机应变，运用谋略。至于像勾践那样侍奉夫差，竟然使夫差长期麻痹、毫无察觉而安然不动，也是勾践成功运用笑里藏刀之计的结果。

【批语注释】

[1] 辞卑而益备者，进也：辞卑：言词谦卑。益备：更加紧战备。进：进攻，或以退为进。

[2] 无约而请和者，谋也：约：预先邀请，相约。谋：计谋。

[3] 堠（hòu）骑：骑兵侦察员。堠：古代观察敌情的土堡。

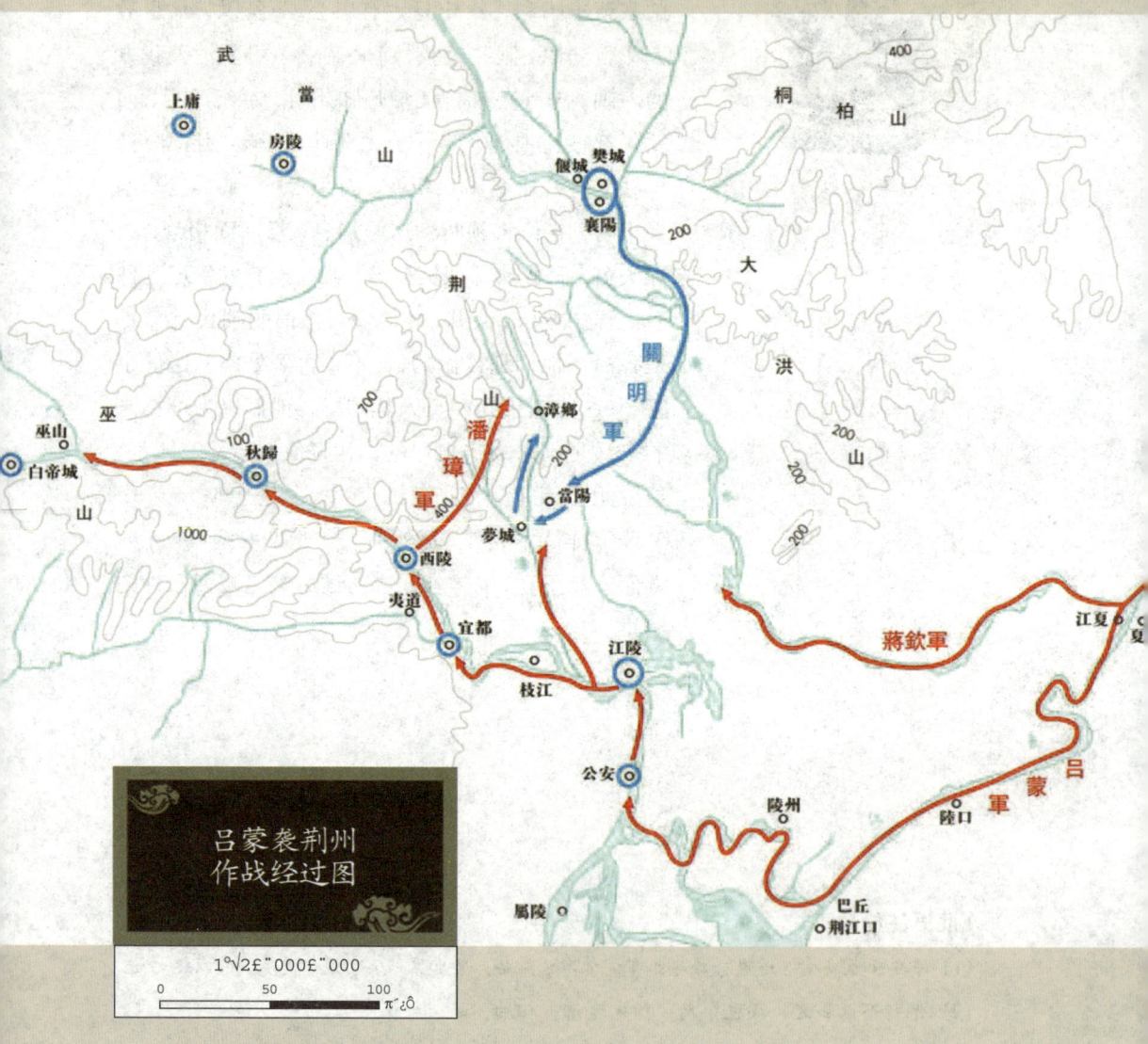

笑里藏刀

□ 经典实例

关羽轻敌吕蒙得城

汉献帝建安二十四年（219年）冬，孙权给曹操写信，表示要为朝廷效劳，征伐关羽。同时要吕蒙返回建业，当面商讨夺取南郡（郡名，治所在今湖北省公安县）的计划。孙权想要得到的是荆州，并不是诚心帮助曹操。而曹操的目的则是解除樊城之围，也不是真心帮助孙权。双方都想"坐山观虎斗"，各自希望对方与关羽大战一场，死伤的人马越多越好，自己就可以坐享其成。这时，关羽既要夺取樊城，又得防备孙权偷袭荆州。论当时形势，对关羽似乎很有利：郏（jiā）下（今河南郏县）已经派人把守；陆浑（今河南嵩县东北）的孙狼已经归附自己，并已接受印绶，表示情愿听从指挥；许都以南反对曹操的人全都纷纷响应关羽。关羽打算绕过樊城，进攻郏下，再由郏下打宛城，然后直捣许都。如果把后方的军队多调一些来增强战斗力，是有把握取胜的。可是他担心自己的供应线拉得太长，一旦南郡被东吴夺去，那就不堪设想了。因此，他再三叮嘱糜芳和傅士仁小心镇守荆州。又因吕蒙屯兵陆口（今湖北嘉鱼西南），只好把大部分军队留在南郡。同时，为了防备沿江遭受袭击，在江边距离二三十里设置岗楼，并安好烽火台，派兵把守。关羽知道吕蒙非常厉害，而且把矛头对着自己，因此，对于吕蒙的防备一点都不敢松懈。

吕蒙回到自己屯兵的陆口，得知关羽对他防备森严，不仅重兵留在南郡，而且江边设置了一个又一个的岗哨，感到无法对付，万分着急，以致心脏病复发，

关羽（公元160－220年）字云长，本字长生，河东解良人（今山西运城市）。三国时期蜀汉著名将领，前将军，汉寿亭侯，军事家。死后受民间推崇，又经历代朝廷褒封，被人奉为关圣帝君。

○品画鉴宝 关羽擒将图（明）

而且日趋严重。他趁机向孙权上书，说他病重，不能继续留军。孙权遂令吕蒙返回治疗、休养，还将此通知屯兵陆口的所有将士，并吩咐他们安心等候新委派的统帅。

陆口的士兵因为统帅病重，议论纷纷，安不下心来。等了几天，新来的统帅却是一个白面小书生，看样子，似乎让他抓只小鸡都费劲。说起话来像一个小姑娘，这样的人接替吕蒙，正像小鸽子接替鹞鹰，这怎么成呢？"赛姑娘挂帅"的消息一传到襄阳，关羽派去探听的人回来说道："屯兵陆口的新统帅是江东大族的公子哥儿，名叫陆逊，原是屯田都尉，做过县官。"关羽并不知道陆逊其人，于是询问将士和当地的向导："陆逊究竟是谁？他是何方人氏？多大年纪？"大伙都说："我们从来没听说过。"看来此人是个无名之辈了，关羽听后却不免半信半疑。不过无论如何，吕蒙因病离开陆口，调来少年将军接替却是事实，关羽想就算陆逊再怎么厉害，也不可能强过吕蒙，于是悄悄调动一部分军队前往襄阳。

过了几天，陆逊派遣使者携带礼物来见关羽，并且奉上一信，信中大意如下："水淹七军，于禁被捉。听到这个消息后，世人无不赞叹将军的神威，从前晋文公城濮之战，淮阴侯（韩信）背水破赵，也比不上这次将军的功劳。敌国打了败仗，我们做同盟的也感到高兴。听说徐晃到了樊城，一定想寻机会挽救败局。曹操极为狡猾，必然暗地增加兵力。古人说，取得胜利之后，容易小看敌人。但愿将军劝谕部下多多留神，希望将军发挥威力，消灭敌人，将胜仗打到底。我是一介书生，才疏学浅，这次被派到西边来，很担心不能称职，好在将军就在近旁，随时可以讨教。奉上薄礼一份，请收下我这份拜见礼吧。"

陆逊（183—245年）字伯言，本名陆议，吴郡吴人也。世江东大族，孙策之婿，三国时期吴国大臣，著名的军事家。曾以『火烧连营』而大败蜀国军队。

关羽接到这一封信，这才知曾经做过屯田都尉的陆逊，不仅是一位晚辈，而且对他十分恭敬、诚恳。因此，他就放下心来，将留守荆州的大部分军队陆续调到襄樊。关羽又听说曹操的大将徐晃已经率军撤离宛城，开赴樊城，如果真是如此，那么樊城就很难攻破了。于是关羽打算趁着徐晃的兵马未到，大水还没完全退去的时候，先去攻下樊城。因此，关羽亲自督战，加紧攻城，没防到城上放冷箭，一箭射中了关羽的左胳膊。关平等人赶紧送他回营，随军医官拔出箭头，敷上药膏。关羽原以为过几天伤口就会痊愈，不料箭头有毒，过了几天胳膊依然肿胀，每逢阴天下雨之时，整个胳膊又酸又疼，如此下去，又怎能挥刀杀敌呢？倘若这一情况被曹仁等人得知，他们势必更加用心守城，绝对不会退兵。这时有个民间医生来到营中，表示愿为关羽将军治好箭伤，其目的则是要替自己的师父报仇。关平出去接待这位老人，看见老人须发全白，但是眼睛却又炯炯有神，红光满面，就像年轻人一样。关平请他进入房内，问道："先生尊姓大名，令师又是何人？不知您要向谁报仇？"老人说道："我叫吴普，广陵人氏。"接着老人说了一段故事：原来老人的师父就是大名鼎鼎的民间神医华佗。华佗一生替人治病，快到一百岁时，身体依然强健得如同青壮年。华佗曾经为曹操治过病，曹操知道华佗医术高明，就想将他留在身边，为自己治疗经常发作的头痛病。华佗不愿只为曹操一人治病，推说回家去取药方，回到家中后，又推说妻子有病不能离开。曹操派人前去探听，得知华佗只是不愿伺候自己而已，而且他的妻子也并没有害病。因此一气之下，就将华佗关进监牢，并要处以死刑。当时，荀彧(yù)劝曹操说："华佗精通医术，还是免了他的罪吧。"曹操说道："不怕天下没有像他这样的医生。"曹操最终还是杀了华佗。华佗的高明医术早已传给弟子，其中最出名的弟子则有两个，一个是这次求见关羽的广陵人吴普，另一个则是彭城人樊阿。他们从华佗那里学到了一般治病的医药，还有截肢、剖腹等外科手术，其中樊阿尤其擅长针灸之术。

关平将吴普说的事情转告父亲，关羽听后同意让吴普为自己诊治。吴普察看伤口之后说道："毒已经侵入骨头里面，必须刮骨才能去毒。"关羽就请他动手医治。关羽请进帐探望的将士一同喝酒，同时自己右手举着杯子，左手让大夫开刀，还有人端着盘子蹲在底下接血。吴普将伤口开大、挖深，露出骨头的部分，这时骨头都已经有点发黑了。吴普拿着尖刀在骨头上细细地刮，发出"瑟瑟瑟"的声音，左右听见的人无不脊梁发冷，心头难受。关羽则若无其事，谈笑自如。帐中诸人对关羽的忍痛能力无不叹为观止，惊为神人！他们并不知道，华佗发明了一种麻药"麻沸散"，喝到肚子里面，醉得就像死人一样，全身不知痛痒。若是敷在肌肉上面，肌肉就会局部麻木，开刀的口子只要不是太大，就不会感觉到疼。为了使开刀的地方很快收口，吴普又用一种特别的针线将伤口缝合。手术结束之后，吴普说道，只要再过几天伤势就会愈合，线脚自然就会褪去，用不着拆，不过在此期间，最重要的是静心休养，不能着急发怒。吴普又说，打仗也不在乎一天两天，只要能够消灭曹操，那就是替他师父报仇了。关羽表示非常感激，并想请他留在营里。吴普推辞说："患病的老百姓比军营里的将士要多，我只好失陪了。"

关羽依照吴普医生的嘱咐，休养了几天，发觉箭伤果然愈合得很快，这时关羽觉得身体已经基本上恢复原状，又可以举起青龙偃月刀自由地挥动了，于是他又开始操心粮草供应的问题。关羽在襄阳的人马已经大大增加，光是于禁军中的降兵就有几万人，因此需要的粮草也大幅增加，供应越来越困难。同时，糜芳和傅士仁的后勤工作做得不是很好。关羽因此责备糜芳、傅士仁，说道："要是不用心将粮草按时运上来，我回去就要治你们的罪。"尽管如此，粮草还是供给不上。当初东吴和蜀汉划分荆州，以湘水为界。孙权在湘水东边设立关口，就称之为湘关。湘关里面储蓄着很多粮食，关羽的军队乘机抢夺。孙权得知湘关的粮食被劫，万分生气，正好陆逊派人前来报告，要求吕将军急速发兵袭击关羽的后方。原来此前吕蒙病重，无名之辈陆逊接替吕蒙，以及陆逊年轻无能，陆逊派遣使者给关羽送礼物并且写信夸耀关羽的才能等等，都不过是在施展"笑里藏刀"之计，使得关羽麻痹松懈，不再防备陆口方面的进攻。关羽果然中计，竟把屯在陆口的大部分军队也调走了。

吕蒙在发兵进攻陆口的时候，把战船扮作商船，摇橹的士兵扮作商人，穿上那时候一般商人所穿的白衣服，所有将士都躲在船舱里。一批一批的商船由白衣人摇橹过江，到达北岸。北岸岗楼上的士兵见大批商船都泊在北岸，因而出来盘问，白衣人说道："我们都是客商，只因江上刮起了大风，所以前来这里避风。"同时取出货物送给查问的士兵，恳求他们行个方便，好让他们在这边躲避风浪。

士兵以为真是白衣商人而已，于是就让他们停在江边。谁知到了晚上，船舱里的将士一齐出来，将岗楼上的士兵全都捉住，无一幸免。烽火台没有放出一点星火，江边的岗楼就被吕蒙轻而易举地夺到。吕蒙的大军就这样神不知鬼不觉地到了公安城下。

镇守公安的将军傅士仁突然发现东吴大军已经兵临城下，惊惶失措，匆匆忙忙地地关上城门，准备抵抗。吕蒙派人劝他投降。一来岗楼不举烽火就已有罪，假使将来人们说他是东吴的内应，他也没法辩解；二来关羽平日待他态度傲慢，加上近来又说要将他治罪。傅士仁为自己的身家性命考虑，于是投降了吕蒙。吕蒙待他着实很好，还带着他过江前往江陵，劝说南郡太守糜芳一同投降。糜芳大开城门，还携带牛肉和酒出城迎接吕蒙的军队。

吕蒙进城之后，就将于禁从监狱里放出来，收在营中，接着安慰荆州将士的家属，并且嘱咐士兵严守纪律，不得损坏百姓的一草一木。吕蒙手下有一士兵，和他是同郡人，因为下起大雨，于是拿了老百姓的一顶斗笠遮盖官家的铠甲，吕蒙认为这是触犯军令，流着眼泪把他杀掉了。从这以后，全体将士小心翼翼，就连人们遗落在道路上的东西都没有人敢捡。吕蒙有意收买人心，随时派遣手下亲信抚慰老人和穷人，有病的给他们医治，受冻挨饿的就给他们衣服和粮食。他又把关羽的库房都加上封条，等候孙权处理。公安、江陵全都落在吕蒙手里，这样，蜀汉的后方丢失了，陷入腹背受敌的困难境地。

李代桃僵

□ 第十一计

……计名由来

　　李代桃僵，源出于《乐府诗集·相和歌辞·鸡鸣篇》："兄弟四五人，皆为侍中郎。五日一时来，观者满路旁。黄金络马头，颎颎何煌煌。桃生露井上，李树生桃旁。虫来啮桃根，李树代桃僵。树木身相代，兄弟还相忘？"大意是：一家四五个兄弟，都是高官。每隔五天，便回家相聚，路旁挤满了看热闹的人群。他们的服饰十分华丽，连马辔头和缰绳都是黄金做成的，金光灿灿，放射出耀眼的光芒。井边生长着一棵桃树，桃树旁边有一株李树。害虫来咬桃树的根，李树虽没有遭到虫害，却替桃树着急难受，以至于僵死了。桃李虽然是没有人性的树木，却能相亲相爱，在危难之时以身相代，而有些同胞兄弟，竟把手足之情忘得一干二净。在封建社会里，因争权夺利而钩心斗角的事层出不穷，甚至连兄弟之间也会自相残杀。这首诗就是讽刺这类"兄弟"，竟连树木都不如。

　　李代桃僵，本来是以桃李共患难比喻兄弟相互友爱，相互帮助，后来用来指互相顶替或代人受过。此计引申到军事领域，可从两个方面理解。一方面是从战略上，牺牲局部的、眼前的利益，来换取全局的、长远的胜利；另一方面是从战术上，以小的代价换取大的胜利。作为一种舍小保大的计谋，李代桃僵类似于象棋对弈中的"丢卒保车"。

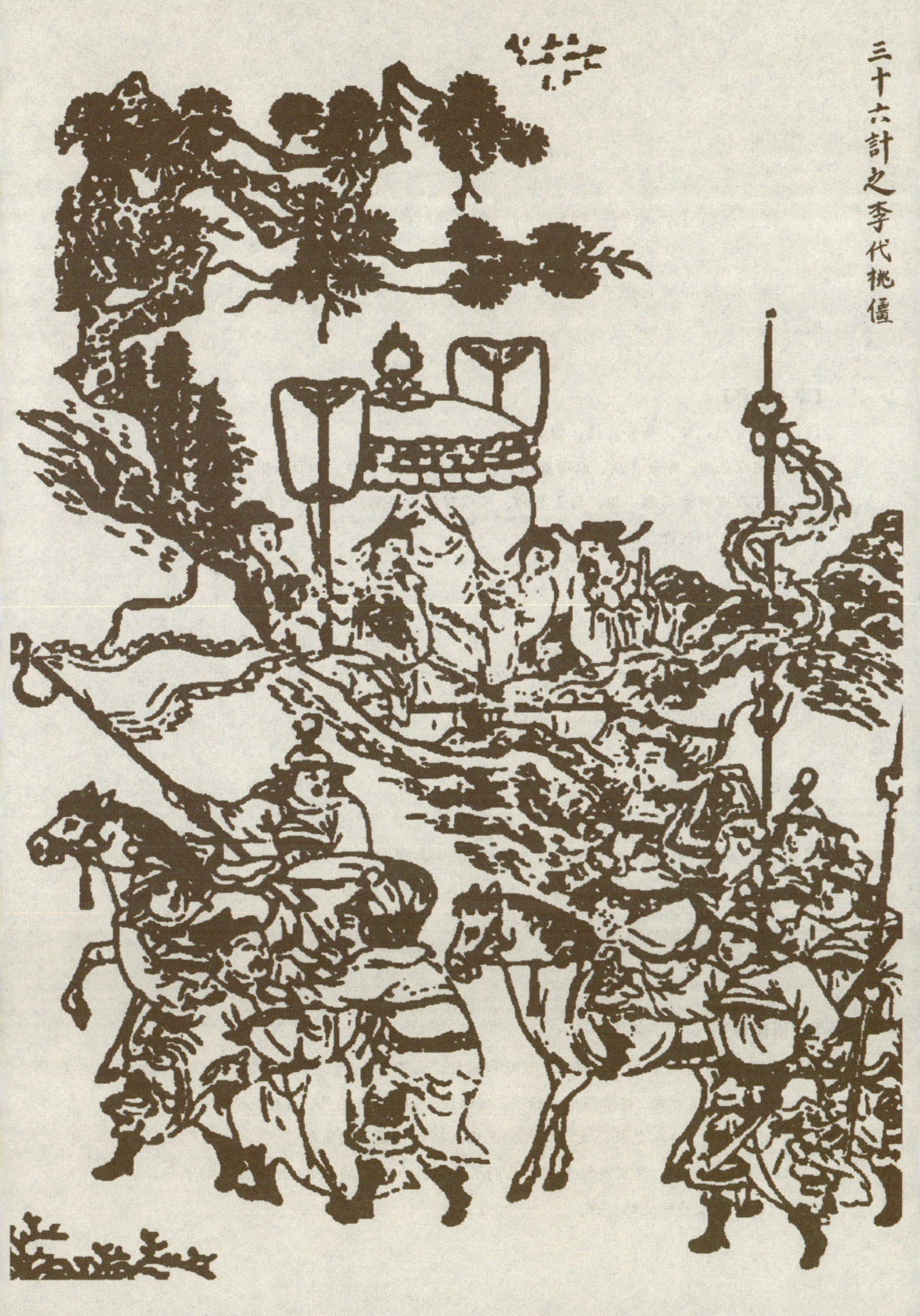

势必有损[1],损阴以益阳[2]。

当局势发展到必然有所损失的时候,要舍得以局部的损失,来换取全局的胜利。

【原文注释】

[1] 势必有损:势,局势。损,损失。
[2] 损阴以益阳:即舍弃阴,以增益阳。损,减损。益,增益,加强。阴,指次要的,这里可以理解为局部。阳,指主要的,可以理解为全局。本句意为损失一部,保全大部;以小的代价,换取大的胜利。

【前人批语】

我敌之情,各有长短[1]。战争之事,难得全胜。而胜负之决,即在长短之相较;而长短之相较,乃有以短胜长之秘诀[2]。如以下驷敌上驷,以上驷敌中驷,以中驷敌下驷之类,则诚兵家独具之诡谋,非常理之可推测也。

敌我双方的情况,各有长处和短处。在战争中,是很难取得完全胜利的。战争胜负的结局,取决于双方长处和短处的较量。但是,在双方的这种相互较量中,也有以自己之短处对敌人之长处而最终取胜的秘诀。比如孙膑在帮助田忌赛马时,让田忌用下等马对上等马,用上等马对中等马,用中等马对下等马。像这样的事例,确实是兵家所独有的诡诈谋略,不是用平常的道理可以推测到的。

【批语注释】

[1] 我敌之情,各有长短:长短,即长处和短处,优势和劣势。《十一家注孙子·计篇》:"校量彼我之计谋,搜索两军之情实,则长短可知,胜负易见。"《兵镜·吴子·用说》:"制人之术,避人之长,攻人之短;见己之所长,蔽己之所短。"
[2] 以短胜长之秘诀:这里是指发挥自己的长处以弥补自己的短处;限制敌人的长处,专门攻击敌人的短处的秘诀。

李代桃僵

□ 经典实例

程婴舍子全义

春秋时代，晋国有个谀臣屠岸贾，他本是晋灵公的宠臣，灵公被执政赵盾的弟弟赵穿刺杀之后，成公继位，依然信任赵盾，也没有追究赵穿的责任。成公死后，景公（成公之弟）继位，升屠岸贾为大司寇。屠岸贾忌妒赵家受宠，于是就以为灵公报仇为借口，阴谋发动一次政变，夺取赵氏之权，进而灭掉赵氏一族。

这时赵盾已经病逝，其子赵朔在位。赵朔的妻子是晋国公主，也就是景公的姐姐。大夫韩厥原本是赵盾的部将，他知道屠岸贾的意图，于是就将阴谋告诉赵朔，催他赶紧设法躲避，赵朔不肯答应，说道："事已至此，想要逃跑也不可能，我妻子现在已经怀孕，如果你能为我赵家保存一点血脉，我就是死了也没什么遗憾的了！"

韩厥说道："那么赶紧将她送入宫中躲避吧，迟了就怕来不及了！"

赵朔秘密派遣门客程婴，叫他们护送公主进宫，并且嘱咐他们："倘若公主生的是女孩，就叫赵文；生的是男孩就叫赵武。生了女孩并无用处，只有男孩才能为我赵家报仇！"

第二天清早，屠岸贾亲自率领甲兵将赵府团团围住，不问情由，将赵朔、赵同、赵括、赵婴齐以及一家男女老少统统杀掉，检查尸体后，发觉唯独少了赵朔的妻子庄姬公主一人。

有人向屠岸贾告密，说公主已经入宫，屠岸贾于是入宫奏知景公,要将公主拉出来杀掉,景公却说公主不能杀,因为那样会让太后伤心。屠岸贾又说公主已经怀孕,万一生下男孩,留下逆种,他日必会报仇雪恨,重演桃园弑君(指赵穿刺杀灵公)之事。景公却说要等孩子生下之后,如果确定是男孩,再将他杀掉也不为迟。

于是屠岸贾派人探问公主生产的消息。过不多久,公主果然生下一个男孩。屠岸贾得知这一消息,马上带人闯进王宫搜索,公主焦急之中,只得将孩子藏在裤子里面,心中默默祷告:"如果赵氏注定绝种,你就哭出声来;如果注定不该绝种,你就不要出声!"结果搜查的时候,孩子竟然真的一声不吭。屠岸贾见搜不出孩子,认为公主已经将孩子运出宫去,于是在城门口张贴告示悬赏缉拿赵氏孤儿,告示上写道:"如果有谁告知赵氏孤儿的藏身之所,就可以获得千金赏赐;如果知情不报,就与窝藏孤儿的反贼一样,全家处斩!"

赵盾生前还有一位忠心耿耿的门客叫作公孙杵臼,当日赵府被围时,公孙

○ 品画鉴宝

牺尊(春秋) 水牛形,牛腹中空,可盛水。按其构造推测为温酒器具。该尊纹饰繁缛华丽,造型新颖别致,在牛颈及锅形器的口边还饰有虎、犀等动物的浮雕,形态生动。目前所见,此类构造的兽形尊,仅此一例。

○品画鉴宝

龙耳尊（春秋）此器敞口折肩，斜腹高足，肩两侧有龙形双耳，使该器气势雄伟。

杵臼约同程婴一齐殉难，程婴答道："夫人已经怀孕，如果生下男孩，我们还得将他抚养成人，报仇雪恨；如果生的是女孩，那时再死不迟。"公孙杵臼同意程婴的见解，因此与程婴一起守候消息。等到听说公主生的是个女孩，公孙杵臼痛哭不已，叹道："苍天啊！难道你真的要让赵氏灭绝吗？"程婴却说："这个消息不可相信，待我前去打探一下！"程婴设法与公主取得联络，公主托人传出一张纸条，上面只写了一个"武"字，程婴这才知道生的果真是个男孩，两人非常欢喜。等到屠岸贾搜宫一无所获，四处悬赏缉拿之后，两人开始商议对策。

程婴对公孙杵臼说："这次他们虽然未能搜出，以后必然还会再搜，到时恐怕就难以保全了。所以必须想个办法将孩子偷偷带出宫来，藏到偏远之地才能保证孩子的安全。"

公孙杵臼想了好久，问道："保全孤儿并且将他抚养成人，与以死相报赵氏先人之恩，这两件事情哪一件更加困难？"

程婴说道："当然是以死报恩容易，保全孤儿困难了。"

公孙杵臼说道："那好，请你承担困难之事，让我来承担容易的事情吧，赵氏先人待你很好，那么你也应该勉为其难，担当起保全孤儿的责任，怎么样？"

程婴听后大喜，说道："此话怎讲？难道你有什么妙计不成？"

公孙杵臼说道："只要我们找到一个最近出世的男婴，冒称他是赵氏孤儿，由我抱着跑到首阳山中躲避起来，而你则去告密，说出孤儿的藏身之所。屠贼搜到假的男婴，那么真的孤儿也就不会再受威胁了。"

程婴说道："婴儿容易找到，不过必须要将孤儿带到宫外，才能保证安全。"

公孙杵臼问道："各位将领之中，只有韩厥深受赵氏之恩，可以将偷运孤儿出宫的事情托付给他。"

"那就最好不过了，"程婴说道，"我妻子刚好生下一个男孩，和赵氏遗孤的生日相近，可以代替。可是，你犯了藏孤之罪，必然会被处斩，在我之前惨死，我又于心何忍……"说到这里，程婴伤感不已，不禁涕泗横流。

公孙杵臼见状大怒，说道："这是保存赵氏血脉的大事，也是一件美事，又何必效仿妇人所为？"程婴这才收泪而去，回到家中，等到夜半之时，抱着儿子交给公孙杵臼，公孙杵臼连夜赶往首阳山。

程婴则马上去见韩厥，给他看公主纸条上的"武"字，再把公孙杵臼的计划告诉他。韩厥大喜，他对程婴说道："刚巧赵夫人身体不适，叫我去请一个诚信的医生。只要你们能将屠贼骗往首阳山，我就可以设法将孤儿弄出宫来。"

计策安排好后，程婴就开始扬言，说道："屠司寇想要得到赵氏孤儿，又何必在王宫之中大肆搜寻呢？"屠岸贾的门客听到之后，就问程婴："莫非你知道赵氏孤儿的藏身之所？"程婴说道："如果真能给我千金赏赐，我就可以告诉你们。"

于是门客带着程婴去见屠岸贾，屠岸贾叩问他的姓名。程婴说道："我姓程

○品画鉴宝
节符图《春秋》 春秋时期的"节"现在还未发现实物，此图是东晋时的书中描绘的春秋时期使者手持节符的景象，是非常珍贵的资料。

名婴,与公孙杵臼都是赵氏先人的门客。公主生下赵氏孤儿之后,派遣妇人带出王宫,托付我们两人藏匿起来。我担心日后事情泄露出去,全家都被斩首,因此先行检举,希望可以保全家人生命,而且也可得到千金赏赐。"

屠岸贾问道:"赵氏孤儿现在什么地方?"

程婴说道:"请司寇屏退左右之人,我才可以告诉司寇。"

屠岸贾于是屏退左右之人。程婴说道:"赵氏孤儿现在匿居首阳山深处,司寇迅速前往就可获得,否则不久之后,他们就将逃往秦国。此外,司寇大人务必亲自领兵前往,其他将领多与赵氏颇有交情,司寇不能轻易托付他人!"

屠岸贾说道:"你也要随我一同前往,如果情况属实,那就重重有赏;若是假报情况,那就定斩不饶!"

程婴说道:"我也是刚从山上回来,现在腹空如也,还请司寇赏我一些饭菜,吃完之后就可动身。"于是屠岸贾命人拿

○ 品画鉴宝
云纹簋（春秋） 卷唇，腹鼓而浅，圈足较高，肩上有四个兽首形系环。此器多用云纹装饰，形制独特，制作精妙，颇具地方色彩。簋是古代食器，盛食物用。

来一些酒水饭菜给程婴，程婴饱食一顿后，再次催促屠岸贾速速发兵启程。

屠岸贾亲自统率三千甲兵，让程婴在前带路，直奔首阳山而去。在山中绕行了好几里，来到一个阴暗幽僻的处所，看到接近山溪的地方有几间茅房。程婴指着茅屋说道："这就是公孙杵臼与赵氏孤儿的藏身之所。"说罢程婴先去敲门，公孙杵臼开门出迎，一见外面甲兵众多，马上回身而跑，作出一副仓皇躲避的样子。程婴高声喝道："不要再跑了，司寇大人已经知道孤儿藏身于此，亲自率兵来取，你将孤儿快点献出就可以了！"

程婴话未说完，甲士已经将公孙杵臼捆绑起来，押着来见屠岸贾。屠岸贾问道："赵氏孤儿藏在哪里？"

公孙杵臼愤愤地说："此处并无什么赵氏孤儿！"

屠岸贾下令搜查茅屋，甲兵搜到壁室外面，看到有一把锁非常牢固。甲兵砸开大锁，冲了进去，里面非常阴暗。甲兵只见里面仿佛摆着一张竹床，又听见有婴儿受惊啼哭的声音。甲兵将婴儿抱到外面，见用婴儿浑身都用锦绣裹住，俨然就是权贵之家的婴儿。

公孙杵臼一见婴儿被人抱出，就想抢夺回来，却因被缚而无法上前，于是他就大声喝骂程婴："程婴，你这个忘恩负义的无耻小人！当日下宫被屠贼围攻，赵氏遭遇灭门之祸，我想约你一起死难，以报赵氏之恩，你却说道：'公主已经怀孕，如果现在死了，还有谁能来承担保全孤儿的大事？'如今公主将孤儿托付你我两人，让我们藏在深山之中。你本与我共同参与此事，现在却贪图千金赏赐，私自逃回城中，将我和孤儿卖给屠贼。哼，我公孙杵臼死不足惜，但却断绝了赵氏血脉。程婴，你这个丧尽天良的贼子，如何对得起赵氏先人的大恩大德！"公孙杵臼左一句小人，右一句贼子，一直骂个不停。

但见程婴羞惭满面，不敢直面公孙杵臼，转头对屠岸贾说道："还不将他杀掉？"

屠岸贾高声喝道："快将公孙杵臼斩首！"甲兵手起刀落，公孙杵臼已经倒在地下，身首异处。

屠岸贾亲手接过孤儿，用力往下一摔，只听得一声啼哭，婴儿已经化为肉饼。

屠岸贾如此兴师动众地前往首阳山搜捕赵氏孤儿，城中自是无人不知、无人不晓，有人替屠家感到高兴，也有人为赵家感到悲哀，而王宫的门禁自然而然就松懈下来了。韩厥乘机让自己的心腹扮成医生，入宫去为赵夫人看病，将程婴所给的"武"字纸条粘在药囊之上。赵夫人看见纸条，已经知道来意。诊脉完毕，医生讲了几句胎前产后的调养事项。赵夫人看见左右宫女都是自己的心腹，于是就将婴儿裹在药囊之内。婴儿啼哭起来，赵夫人抚摸着药囊，说道："赵武！赵武！我赵氏一门百口的冤仇，就都在你这一点血脉身上，一会儿出宫时，可千万不要啼哭啊！"赵夫人话音刚落，婴儿的啼哭声马上停了下来。医生走出宫门的时候，也没有人过来盘问。韩厥接到赵氏孤儿后，如获至宝，将他藏在密室之内，雇了心腹乳母哺养孤儿，就连韩氏家人也不知道这个秘密。

十五年之后，赵武已经长大成人。而这时景公也已早死，晋国已经换了两位国君，当时在位的是晋悼公。悼公非常英明，赏善罚恶，严厉公正。韩厥趁机将赵氏冤情诉说出来，悼公决意恢复赵氏声誉，特令韩厥抄斩屠岸贾全家，以雪赵氏之仇。悼公又令赵武出任司寇一职，赵氏一族自此获得重生。到了战国初年，赵、韩、魏三家分晋，赵国成为战国七雄之一，这一切不能不说是公孙杵臼与程婴两人的功劳。

"赵氏孤儿"的故事流传久远，程婴和公孙杵臼的义胆忠心同样令人钦佩。他们为了保存赵家血脉，一个献出了生命，一个献出了儿子，尽管代价非常巨大，但是他们终于使得赵武长大成人，为赵氏一族报仇雪耻，这也可以称为"李代桃僵"之计的运用典范了。

顺手牵羊

□ 第十二计

……计名由来

本计出自《草庐经略·游兵》："伺敌之隙，乘间取利。"后人以顺手牵羊形象化地比喻看准敌方在移动中出现的漏洞，抓住薄弱点，创造和捕捉战机，乘虚而入获取胜利的一种谋略。元代戏剧大师关汉卿所著的《尉迟恭单鞭夺槊》一剧中，就出现过本计计名。《水浒传》第九十九回中也用过这一成语："前面马灵正在飞行，却撞着一个胖大和尚，劈面抢来，把马灵一禅杖打翻，顺手牵羊，早把马灵擒住。"所谓顺手牵羊，原意是指乘人家没注意，顺手把别人的东西拿走的偷窃行为；引申到军事上，就是在完成主要作战任务的进程中，瞅空子顺手"捞一把"。这里的"羊"，一般指的是突然暴露出来的，是原作战方案中没有具体考虑到的，既来去顺路，又夺之顺手，赢之顺时，既不妨碍主要作战任务的完成，又出敌所料，能一举两得。

○ 品画鉴宝　人形足攀龙盒（西周）

○ 品画鉴宝
男女相人像（西周）　男相立态，衣下缘有方孔，似原有木座。女相半身，作舞蹈状，背有钉孔，似原插木座之上。男女相人像出土时置于棺椁间头向处，或与祭祀、巫术活动有关。

微隙[1]在所必乘，微利在所必得。少阴，少阳[2]。

敌方出现的再微小的漏洞，也必须加以利用。对于己方来说，再小的利益，也必须尽量争得。这就是《易经》所讲的变敌方小的疏忽为我方小的胜利的道理。

【原文注释】

[1] 微隙：小的漏洞，小的疏忽，指敌方的某些漏洞、疏忽。《鬼谷子·谋篇》："故墙坏于其隙，木毁于其节"。
[2] 少阴，少阳：各为四象之一。少阴，阴之初生。少阳，阳之初生。可理解为利用敌人小的错误，变为我方小的胜利。

【前人批语】

大军动处，其隙甚多。乘间取利[1]，不必以战。胜固可用，败亦可用。

大部队在行动过程中，一般都容易出现很多漏洞。利用敌人的漏洞，夺取胜利，不一定要采取作战的方式。这种计策，在胜利的形势下可以运用，即使在失败的情况下也可以运用。

【批语注释】

[1] 乘间取利：抓住敌人的漏洞，夺取胜利。《草庐经略·游兵》："伺敌之隙，乘间取利。"

○ 品画鉴宝

狩猎图（西魏） 描绘了崇山峻岭间的一场人兽博斗。画面上人比山大，这是魏晋时期的绘画特点之一。

顺手牵羊

□ 经典实例

伯颜顺手除政敌

公元1333年,元顺帝即位,伯颜任中书右丞相,一时权倾朝野。唐其势被封为御史大夫,他的姐姐达那失里则为顺帝皇后。但是朝中实权却掌握在伯颜手中,因此唐其势与伯颜之间矛盾重重。

唐其势看到伯颜家族在朝中的势力凌驾于自己家族之上,非常愤愤不平。他曾公开对人说道:"天下,本来就是我家的天下。我和父亲、叔叔,曾为皇帝立下多少汗马功劳,我们唐家功勋卓著。伯颜是个什么东西,官位竟然还在我家之上。"

伯颜对唐其势的狂妄和不满早已一一了解,只因畏惧燕帖木儿家族在朝中的强大势力,只好隐而不发。所以伯颜甚至还曾专折上疏顺帝,请求顺帝将自己的右丞相之位让与唐其势,只是顺帝以为不妥,这才打消了让位之举。为了提防唐其势发动突然攻势,伯颜私下里也早已做好了应敌准备。

唐其势既然不甘心居于伯颜之下,当然也在暗地里加紧了夺权的准备。他先是联络被封为句容郡王的叔叔答里,对他说道:"只有我们家里的人才能执掌朝政大权,现在皇帝却让伯颜身居高位,真是太亏待我们家了。"答里早就有了谋反叛逆的意图,一直想立诸王之中与自己关系密切的晃火帖木儿为帝,而且双方已经有了多次秘密联络。所以唐其势的话非常合乎答里的心思,他对唐其势说道:"我也正在考虑这个问题,皇帝凭什么将重权交给伯颜,而轻视我们家呢?"唐其势于是乘机鼓动答里,说道:"咱家手中不是也掌

○ 品画鉴宝

伯丰爵(西周)饮酒用器,即现在酒席上的酒杯。

○ 品画鉴宝

景德镇窑青白釉浮雕螭龙纹省油灯（元）省油灯是唐代邛窑创烧的新品种，以后历代继续。据测验，陶瓷省油灯平均能省油百分之八至百分之十四，是件不可多得的实用器和艺术品。

有一部分权力吗？何况先父手下亲信在朝中的也为数不少，不如乘机把伯颜的权力彻底夺过来吧。"答里深以为然，当即决定先与晃火帖木儿暗中约定，然后再以突袭方式率兵攻打皇宫，成功之后以晃火帖木儿为帝。不久晃火贴木儿来信，约定与唐其势叔侄里应外合，乘机夺权。

唐其势等人的谋叛计划并不严密，郯（tán）王彻彻秃对左丞相异乎寻常的行动早就产生了怀疑，并且立即报告了元顺帝。顺帝听到郯王的报告后非常惊诧，但又担心郯王的报告与事实不符，于是想了一条计谋，下旨邀请答里来京觐见，如果叛乱属实，答里必定不敢入朝。果然，诏书下达之后过了很长一段时间，始终没有看到答里有入京的迹象。于是，顺帝召右丞相伯颜入宫筹谋，委托伯颜做好防范准备。伯颜接到元顺帝的命令，真如喜从天降一样，庆幸上天终于送来一个清除政敌的大好机会，他很快布置亲信将兵，加强皇宫守卫，同时派人监视唐其势的行动，只等唐其势自投罗网。

唐其势与答里和晃火帖木儿谋定之后，马上命令他的弟弟塔喇海设伏兵于宫城东郊，准备截杀皇帝以及逃亡的大臣，自己则率领手下精兵，进攻皇宫，不料刚刚攻入禁城，就遭到伯颜手下众多兵士的迎头痛击。只见伯颜站在城楼之上，指挥禁军和其他兵士，由四面向中央紧紧合围。唐其势原本指望能以少数精兵出其不意地攻打皇宫，希冀一举就能拿下，哪知一切早在对手伯颜算计之中，伯颜不过是等待鱼儿主动上钩罢了。唐其势心中一急，急忙命令手下亲兵向前杀开一条血路。正在厮杀酣战之时，伯颜突然大声宣告："如果能够生擒唐其势，可以获得万金赏赐！"禁兵、武士在重赏之下，人人奋勇向前，混战之下，唐其势体力不支，被禁兵从马上一矛击中，倒在地上，兵士一拥而上，将其紧紧缚住。

唐其势的弟弟率兵埋伏在东郊，久久不见宫阙方面的消息，正在疑惑之时，却见伯颜率领大军迎面而来。他急忙命令兵士跃起进攻，然而双方兵力悬殊太大，手下勇士很快就被斩杀干净，自己也落得个被生擒的下场。

伯颜看见唐其势叛军已散，两凶也已被擒，于是马上进宫，请求皇帝登殿审讯。元顺帝亲眼看见唐其势进攻皇宫，叛逆之情完全属实，又怎可轻饶，于是立即下诏："两人罪行已经昭明，不必审讯，按照律例处置即可。"

伯颜看见皇帝已经下旨，立即命令禁兵将两人拖出门外斩首。唐其势砍头在即，慌忙高声叫道："陛下曾经下诏答应我父免去子孙死罪，今日为何自食其言？"唐其势指望可以凭借其父燕帖木儿的功劳，免除一死，不料话音未落，伯颜已令禁兵砍下了他的头颅。

唐其势的弟弟塔喇海反应机敏，一入宫室就逃到顺帝皇后的座位下，皇后

○ 品画鉴宝

职贡图（元）任伯温（传）/绘 《职贡图》首创于萧绎，记录了一千多年前各国以及各族之间的友好往来，具有重要的历史意义。本图描绘了游牧民族入元朝贡宝马良驹的情景。

○ 品画鉴宝
狩猎人物图（元）赵雍／绘　此图以高句丽（朝鲜）国诞生的神话为画题。画家集工笔人物、鞍马、青绿山水于一图，功力不逊于其父赵孟頫。

看见弟弟一副可怜之相，想要极力袒护，就用自己的外衣罩住塔喇海。伯颜见状，不容皇后开口，就令禁兵过去搜身，果然看到塔喇海正在皇后座位之下抖索不停，士兵强行将其拽出，伯颜立即拔剑出手，一剑刺向塔喇海，顿时鲜血四溅，皇后的衣服也被染成红色。伯颜心知肚明自己亲手杀死皇后的两个兄弟，政敌虽已铲除，然而皇后依然在位，对于自己来说终究都是一大隐患，若是日后皇帝听信其言，自己的性命也就岌岌可危了。于是一不做二不休，伯颜立即上奏顺帝："皇后兄弟大逆不轨，皇后罪在不赦。况且又想公开庇护逆贼，显然也为同党，就请陛下割舍私情，依法处置，以戒后人。"

  说完也不等皇帝表态,就令士兵将皇后捆绑起来。左右士兵不见皇帝亲口下令,不敢上前。伯颜毫不手软,伸手将皇后从座位之上拉了下来,皇后见状大惊失色,赶紧向元顺帝求救,要求皇帝看在多年夫妻的情分上,饶她一命。
  顺帝见此情景,虽然不无怜惜之心,但是想起燕帖木儿在世之时对自己的示威和欺压,她的兄弟居然又想谋叛夺位,于是咬紧牙关,恨恨地道:"你家兄弟大逆不道,岂能相救。"于是伯颜就让士兵将皇后拉到宫外,先安排在开平民舍居住,不久又派人送去毒酒,鸩杀了皇后。
  唐其势兄弟刚刚被杀,元顺帝就在伯颜的鼓动下,命令大军乘胜出击,很快答里就被俘送京斩杀。那图谋皇位的晃火帖木儿,自知罪行深重,朝廷既不会轻饶,而坚持反抗也是以卵击石,力量不济,思前虑后,别无逃生之路,只好挥剑自杀。伯颜奏请顺帝,凡是燕帖木儿和唐其势的亲信势力,以及他们荐举的一切官员,均应罢免去职,朝廷应将唐家财产没收充公。自此之后,伯颜做起了大权独断、恣意专横、威震宫廷内外的权臣,直到自己最后被侄儿脱脱算计,病死在贬职途中。

○ 品画鉴宝

神像图(部分)(元) 此图画诸神手执法器,腾云驾雾,快速行进之态。画面色调富丽明快,全卷动感较强,氛围热烈。

　　伯颜的确是一位出色的谋略家,他利用元顺帝对唐家的不满,巧妙地运用顺手牵羊之计除去了自己的政敌,可谓一举两得。制敌的战机一旦捕捉在手,就要保证万无一失。

　　胜利的果实得之不易,丝毫没有丧失的道理,所以微小的利益也在所必得。打了"老虎",也不能丢失"小羊",最理想的结果自然是"虎"和"小羊"两者兼得。

第三套 攻战计

攻战计包括：打草惊蛇、借尸还魂、调虎离山、欲擒故纵、抛砖引玉、擒贼擒王六计。攻战计的核心就是「攻」，趁敌没有防备时加以攻击，或在敌人意想不到的情况下，对其进行措手不及的突然袭击。在「攻」的策略上，应该攻心为上，攻城为下，心战为上，兵战为下，以求得战而胜之。

攻战计，即以积极姿态逼迫对手，使敌方处于不安全或受威胁的状态。

打草惊蛇

□ 第十三计

……计名由来

计名"打草惊蛇",原是借用了一句民间俗语来喻指某种军事谋略。原意是蛇在草丛中,草被搅动,蛇便受惊而走。也有人认为,"打草惊蛇"一语,源出宋代郑文宝《南唐近事》:王鲁为当涂宰,渎物为务,会部民连状诉主簿贪,鲁乃判曰:"汝虽打草,吾已惊蛇。"意思是说:南唐时,有个叫王鲁的人,在任当涂(今属安徽省)县令时,把主要精力放在为自己捞取钱物上。一天,老百姓联名控告他手下的主簿有贪污,王鲁因自己屁股不干净,胆怯心虚,故而在看状纸时,便下意识地信手在状纸上写了"汝虽打草,吾已惊蛇"八个字,此后,"打草惊蛇"一语便渐渐流传开了。

〇 品画鉴宝　迎宾图（唐）

○ 品画鉴宝
刖人守囿挽车（西周） 全车有十五处可以转动，装饰十四种动物，是《周礼》"域养禽兽"的范围。门扉上刖人，是"刖人守囿"的具体反映，此车小，是玩耍之物，但也独具匠心。

疑以叩实[1]，察而后动。复者[2]，阴之谋也[3]。

真相不明就应查实，洞察了实情之后再采取行动；反复侦察，是实施隐秘计谋所必需的。

【原文注释】

[1] 叩实：叩，询问，查究。叩实，问清楚、查明真相。

[2] 复：反复、一次又一次地。

[3] 阴之谋：隐秘的计谋。

【前人批语】

敌力不露，阴谋深沉，未可轻进，应遍探其锋。兵书云[1]："军旁有险阻、潢井[2]、葭苇[3]、山林、翳荟者，必谨复索之，此伏奸之所藏也。"

当敌方的实力还没有显露，而将其阴谋深藏着的时候，切不可轻敌冒进；此时，应先采用多种方式从各个不同方面去探明其锋芒所在。《孙子兵法》上说："军队近旁如有险地阻隘、低洼沼泽、丛生芦苇、繁草荫蔽的地方，必须仔细地反复搜索，因为这些都是可能隐匿伏兵和奸细的地方。"

【批语注释】

[1] 兵书：这里是指《孙子·行军篇》。

[2] 潢井：低洼沼泽地带。

[3] 葭苇：芦苇丛生之地。

三十六計之打草驚蛇

打草惊蛇

□ 经典实例

宋太祖一石三鸟

后周大将赵匡胤在陈桥兵变之后,登上皇帝之位,建立了大宋王朝。宋朝初年,北汉与辽国勾结,后周旧将李筠等人拥兵占据西潞州,而且和北汉、辽国早有来往,对宋朝造成了很大的威胁。

公元960年,宋太祖审时度势,在宋、李筠、北汉、辽国四方的政治势力角逐中,首先激怒李筠,而后发兵征讨,以此惊扰北汉、辽国等敌手,同时削夺他们的外围势力(实为政治盟友的李筠)。最后赵匡胤通过激怒之法"打草"(征讨李筠),达到既能震慑北汉、辽国"敌蛇",又能除掉边镇之患的多重目的。

建隆元年(960年)四月,宋太祖下诏加封原后周昭义军节度使、太原人李筠为中书令。当朝廷使者到达潞州之时,李筠当时准备拒绝诏命。只因左右官员恳切地劝谏,李筠这才请进太祖派来的使者,设置酒宴,奏起音乐,随后又取出周太祖画像悬挂在厅堂墙壁上,流泪不止。宾客僚佐全都战战兢兢,惶恐不安,都对使者说道:"令公醉酒有失常态,还请上使不要见怪。"北汉国王睿宗刘钧听说此事后,就用蜡封密信联系李筠,希望李筠能够与他共同起兵,李筠的长子李守节哭泣着上谏,但是李筠并未听从。

宋太祖得知李筠的种种表现后,一方面发出亲笔诏书安慰招抚,另一方面则下诏让李守节进京出任皇城使。李筠也想趁机派遣李守节入朝观察动静,于是同意李守节进京。太祖亲自迎接李守节入朝,说道:"太子,此行为何而来?"李守节诚惶诚恐,死命磕头,

赵匡胤(927—976年)宋朝建立者。960—976年在位。涿州(今属河北)人。960年发动陈桥兵变,即帝位,国号宋。

战战兢兢地说道:"陛下何出此言？定是有人曾在陛下面前谗言诬陷微臣父子,离间臣父与陛下之间的关系。"太祖说道:"朕听说你曾多次劝谏,但你父亲始终不听,所以此次派你前来,不过是想让我将你杀掉罢了。你且回去告诉你父亲:'我没有做天子的时候,任凭你们自己为所欲为。我既然做了天子,你难道不能稍微让我一点吗？'"李守节驱马飞驰而回,告知李筠。李筠于是命令幕府起草檄文历数宋太祖的罪状,又于四月十四日逮捕了宋朝所派的监军周光逊等人,派遣手下牙将刘继冲等人押往北汉,表示归顺,要求北汉派兵支援。同时他又派遣军队袭击泽州,杀死刺史张福,占领泽州城。

李筠反叛朝廷后,从事闾丘仲卿曾经劝道:"您孤军起兵举事,形势十分危险,虽然表面上倚仗河东（指北汉）的支援,恐怕实际上也得不到他们的有力帮助。大梁（指宋朝）军队武器精良锐利,难以同他们争斗决胜。不如西下太行山,直抵怀州、孟州,堵塞虎牢关,占据洛邑城;然后向东争夺天下,这是上策啊。"李筠却说:"我是周朝老将,和周世宗的情义如同兄弟。宫禁之中的警卫将士,都是我的故旧,听说我起兵前来,必会倒戈投归于我,又何必担心不能成功！"因此未能采用闾丘仲卿的计策。

四月十七日,李筠兵变之事经人奏知宋廷。枢密使吴廷祚向太祖进言道:"潞州岩崖险峻,贼军倘若固守该地,就不能用一年半载的时间攻破。然而李筠一向骄傲轻率,而且没有谋略,所以陛下应该迅速发兵攻占此地。"十九日,太祖派遣石守信、高怀德率领前头部队出兵讨伐,太祖敕令石守信等人:"不要放李筠西下太行山,急速领兵把守要塞,如此一来,打败李筠就易如反掌了。"五月，北汉睿宗得知李筠背叛宋廷起兵发难后，派遣内园使李弼带着诏书、金银绢帛、好马之类赐给李筠。李筠因此又派刘继冲前往晋阳，请求北汉起兵南下攻宋，而自己则作为前导。北汉睿宗派遣使者向辽国请求援兵，辽军尚未集结，刘继冲就陈述李筠的意思，要求不要借用契丹军队。北汉睿宗当天检阅军队，倾尽国内之兵，亲自统领大军从团柏谷出发，群臣在汾水岸边为之饯行，左仆射赵华劝谏睿宗："李筠起事轻率仓促，此事必难成功，陛下尽起境内之兵前去征战，臣下实在不敢苟同。"睿宗并未听从。

北汉军队行进到太平驿时，李筠亲自率领官员僚属迎接晋谒，睿宗特令李筠在朝拜之时，赞礼人不必唱出其名，同时让他坐在宰相卫融的上方，封他为西平王。李筠看到睿宗的仪仗卫队又少又弱，内心非常后悔，不过表面上还是说什么蒙受周朝的恩宠不忍辜负。但是北汉同后周之间世代结仇，听到李筠这一番话，睿宗也不太高兴。李筠准备返回，睿宗派遣宣徽使卢赞监视他的军队，李筠心中越发不平。卢赞曾经会见李筠，想要计议事务，李筠并不理睬，卢赞怒极拂袖而去。睿宗听说卢、李之间出现冲突，于是派遣卫融前去军中调解，致使叛军出师更为不利。

宋太祖获悉李筠背叛朝廷，勾结敌手北汉、辽国军队，公开叛乱后，除了马上调遣军队之外，同时自己亲自布防，并且率军征讨，这样不仅能够剿平叛军，而且还能"惊"慑、削弱北汉与辽军的势力。这就是实施此计的关键一步。

同年四月，宋太祖命令三司使、清河人张美征调军队、粮食。张美说道："怀州刺史、大名人马令琮，估计李筠必定反叛，早已日夜储备粮草等待王师。"太祖立即下令授马令琮为练使。随后，又采纳宰相范质的谏言，由于大军北上攻伐，依靠马令琮供给军需物资，不可能再转移到其他州郡，于是又将怀州提升为团练使州，让马令琮充任团练使，以保障军队的后勤供应。

○ 品画鉴宝
钧窑玫瑰紫釉花瓣洗（宋）洗为菱花式口，通体施以钧釉，海棠红、玫瑰紫、天青等色相间错落，宛如天空中的彩霞般变幻多姿，给人以美的享受。

五月初，宋太祖又任命洺州团练使郭进为本州防御使，兼任西山巡检，让他防备北汉军队。当时李筠留下长子李守节留守上党，而自己则率领部众三万人向南出击。不久，宋廷大军石守信等部在长平击败李筠军队，攻克他的大会寨。

十九日，宋太祖下诏亲自出征征讨李筠。不久，太祖从大梁出发。二十四日，太祖在荥阳停留。这时，西京留守向拱劝说太祖："渡过黄河，翻越太行山，乘着贼军没有集结就猛烈攻击。如果在此滞留十天，那么贼军的势头就会更加凶猛了。"枢密直学士赵普也说："贼人认为我国新建，不能出兵征伐。倘若陛下指挥大军日夜兼程，攻其不备，当可一战而定。"太祖采纳了这些意见。

二十九日，石守信、高怀德在泽州南面打败李筠叛军三万余人，俘获北汉河阳节度使范守图，同时杀死卢赞。叛首李筠逃入泽州，环城固守。也是在这一个月，永安节度使折德扆攻破北汉河石寨，斩敌首级五百。

六月初一，宋太祖到达泽州，督令军队攻城，一直过了十天都没攻下。于是太祖召见控鹤左厢都指挥使蓟人马全义询问对策，马全义请求全力紧急进攻，于是马全义率领敢死军士首先登城，被敌方飞箭穿透手臂，马拔出箭头继续前进，奋勇杀敌，太祖则亲自率领警卫军队继续跟进。十三日，大军攻克泽州城，李筠自杀，卫融则被俘虏。

宋太祖亲自出征，终于平定了李筠叛军。与此同时，宋军还斩获和俘擒了不少北汉军队。李筠叛军的覆灭，是宋太祖的"打草"壮举（驱赶），使得作为叛军背后的支使者、盟主的北汉、辽军大为震惊，同时也大伤元气。至此宋太祖期望的目标全部实现。

○ 品画鉴宝

功德神像（五代至宋） 此图分三段，中段为主像，一佛戴花冠，或为毗卢佛，上段戴冠坐像为帝释天，下段画的是四大天王。此图可能是莫高窟藏经洞所出之物。

北汉睿宗听说李筠战败，就从太平驿逃回晋阳，他对赵华说道："李筠不成气候，结果真如爱卿所言，我侥幸保全军队而归，只是悔恨丧失了卫融、卢赞罢了！"赵华不久之后告老还乡。辽军则在听说潞州已被宋军攻破之后，最后也未出兵。

二十九日，宋太祖从潞州出发。七月十日，返回京师。

当初，北汉宰相卫融被擒，宋太祖责问他道："你唆使刘钧帮助李筠反叛，究竟有何居心？"卫融答道："狗见了不是主人的人就会狂叫，臣下实在不忍心背负刘氏。"他又说道："陛下即使不杀臣下，臣下也必定不为陛下效力。"太祖大怒，命令左右卫士用铁杖捶击卫融的头，卫融立即血流满面。卫融喊道："臣下死得其所！"太祖说道："真是忠贞之臣啊，放了他吧。"于是命人用上好之药敷贴他的伤口，托他带一封书信给北汉睿宗，要求归还周光逊等人，为了表示诚意，宋廷先将卫融送归太原。结果北汉睿宗不予回答。十三日，北汉任命卫融为太府卿之官职。由此我们可以看出，此时北汉、辽军的"敌蛇"，不仅因为李筠叛军被宋军剿平而"大惊"，同时本身损兵折将，丢城失地，甚至连北汉宰相都成了宋军的俘虏。卫融被俘之后，宋太祖亲自审问、亲自惩罚之后，又突然将他放回，让他带一书信回归北汉，北汉睿宗则对宋太祖的书信拒不答复，又不放回宋廷监军等人，同时还贬低了卫融的官职。这不仅表明北汉已经元气大伤，毫无反击应变之能力，而且还预示着北汉内部矛盾加剧。卫融被俘之后，再次放回，无疑是安放在北汉睿宗身边的一颗内耗型定时炸弹，随时可能引爆。"敌蛇"之惊，已成"重伤""内创"之状。这一计谋运用成功的关键就在于此。

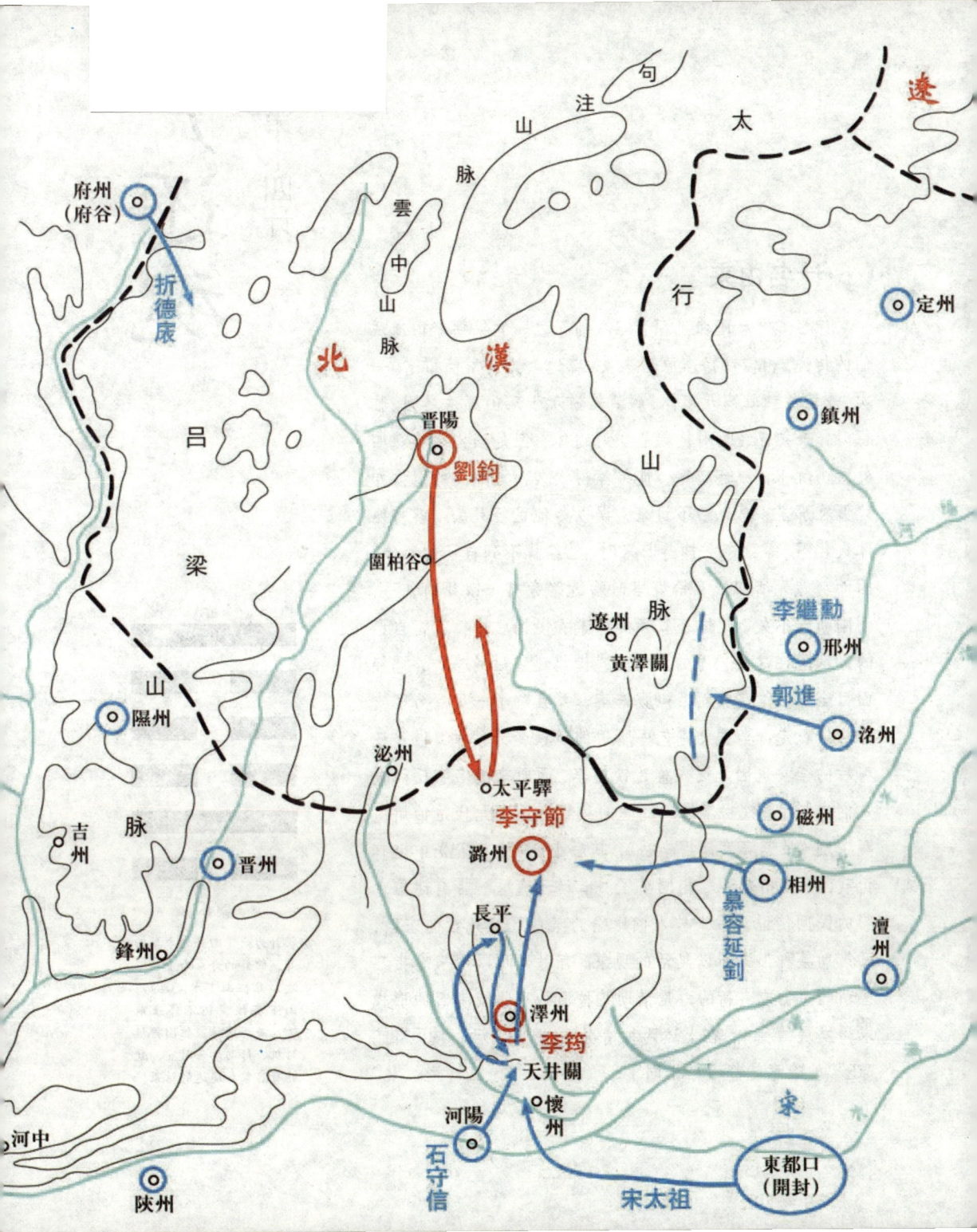

借尸还魂

第十四计

……计名由来

计名"借尸还魂"源于"八仙"之一的铁拐李得道成仙的传说。相传铁拐李原名李玄,曾遇太上老君而得道。一次,李玄的魂魄离开躯体,飘飘然游玩于三山五岳之间。临行时,李玄曾经嘱咐徒弟看护好遗体,但是李玄的魂魄四处游山玩水,流连忘返。徒弟等得太久,见师父的遗体始终僵在那里,总也活不过来,误以为他已经死去,就将躯体火化了。等到李玄神游归来时,已经找不到自己的躯体,因而魂魄无所归依。恰好当时附近路旁有一饿死的乞丐,刚刚断气不久,尸体还算新鲜,李玄慌忙之中,就将自己的灵魂附在这具乞丐的尸体上。借尸还魂后的李玄,已经面目全非,蓬头垢面,袒腹露胸,并且跛了一足。为了支撑身体行走,李玄又将乞丐所用的竹杖变为铁杖,借尸还魂后的李玄也因此被人称为铁拐李,而原来的名字反而被人们忘却了。铁拐李借尸还魂的故事还见于元代岳伯川所写杂剧《吕洞宾度铁拐李岳》,其后小说《东游记》中也有记载,只是情节不尽相同罢了。借尸还魂这一带有迷信色彩的民间传说,后来被人们比喻为某些已经死亡的东西,又借助某种形式得以复活的现象,有时也可以用来喻指某些新的事物或者新的力量借助某种旧的事物或者旧的形式求得发展的现象。在上述两种情况下,所谓"尸""魂""借""还"的喻意就都不尽相同了。

蒙卦

蒙卦为六十四卦之中第四卦。蒙卦的卦象为上艮下坎,象征山下水流拦路。山下有险,仍不停止前进,是为蒙昧。但因把握时机,行动切合时宜,就能有启蒙和通达的结果。

有用者，不可借[1]；不能用者，求借[2]。借不能用者而用之，匪我求童蒙，童蒙求我[3]。

凡是自身能有所作为的人，往往难以驾驭和控制，因而不能为我所用；凡是自身不能有作为的人，往往需要依赖别人求得生存和发展，因而就有可能为我所用。将自身不能有作为的人加以控制和利用，这其中的道理，正与幼稚蒙昧之人需要求助于足智多谋的人，而不是足智多谋的人需要求助于幼稚蒙昧的人一样。

【原文注释】

[1] 有用者，不可借：意为凡自身可以有所作为的人，就不会甘愿受别人利用。
[2] 不能用者，求借：意为那些自身难以有所作为的人，却往往有可能被人借以达到某种目的。
[3] 匪我求童蒙，童蒙求我：语出《易·蒙》卦辞。蒙卦为周易六十四卦的第四卦，也是阴阳相交后的第二卦（因第一卦乾为纯阳，第二卦坤为纯阴，皆无阴阳相交之象）。在这里，蒙字本义是昧，指物在初生之时，蒙昧而不明白。蒙卦的卦象是下坎上艮。艮象山，坎象水；山下有水，是险的象征；人处险地而不知避，便是蒙昧了。童蒙，幼稚而蒙昧。此句意为，不需要我去求助蒙昧的人，而是蒙昧的人有求于我。

【前人批语】

换代之际[1]，纷立亡国之后者[2]，固借尸还魂之意也[3]。凡一切寄兵权于人[4]，而代其攻守者，皆此用也。

每当改朝换代的历史时刻，那些纷纷将某个已被推倒的王朝君主的后代暂时奉为新君的做法，原来就是借尸还魂的计谋。凡是将兵权寄托在某人的名下，而以代理之名实际掌管征伐大权的人，都是用的"借尸还魂"的谋略。

【批语注释】

[1] 换代：改朝换代。
[2] 亡国之后：已被推翻的王朝国君的后代。
[3] 固：本来。
[4] 寄兵权于人：寄，依托。此语意为，手中实际握有兵权，却在名义上依托在别人门下。

借尸还魂

□ 经典实例

田子春计索兵权

汉高祖刘邦登上帝位,诛杀了封王的功臣韩信、英布、彭越、陈豨(xī)、宋元之后,深以异姓王为虑,于是就把自己的儿子以及兄弟、侄子分封为王。临终之时,刘邦召集列侯群臣于病榻之前相率宣誓:"此后不是姓刘的人不得封为王,没有战功不得封侯。如果违背这一约誓,天下之人可以共同讨伐他。"

等到刘邦驾崩之后,大权全都归于皇后吕雉之手。吕后握权后,就想杀尽遗臣以及各位刘姓诸侯王,从而变汉朝为吕家天下。刘姓诸王逐渐被她杀掉,未遭毒手的也都丧失了兵权,惶恐不安地待罪过活。

齐王刘泽眼见各位兄弟被吕族迫害到这般地步,禁不住在院子里仰天大哭起来。

忽然背后有人说道:"大王,有什么事值得这样悲伤?"

刘泽回头一看,原来是田子春,一个工于心计的部属,就对他说:"为什么不悲伤?我虽然被封为王,却一点权力也没有。当日父王给我的二十万兵,又被吕后追讨回去,如今我已变成一只没有螯的螃蟹了。"

田子春笑着说道:"这有何难?只要你相信我,我自有办法去京城长安将兵权讨回来!"

"真能做到?"刘泽惊喜地问道。

"那还有假。你给我一笔活动经费和黑白两匹良马就行。"

刘泽马上准备好了这些物品。田子春还带了七岁大的儿子奉郎一齐上路,在长安的旅店住下。他打听

○ 品画鉴宝
铁拐仙人像(元) 铁拐李是道教著名"八仙"之一,民仙关于他的传说颇多,也是受民间百姓喜爱的神仙之一。

到吕后最信得过的心腹是六宫大使张石庆,就在他身上打主意。

田子春知道张石庆每天上朝必然经过此店门前,于是故意把白马拴在店门口。张石庆看到之后,便问左右:"这是谁家的马?"左右答道:"是客人的马。""的确是匹良马!"张石庆这样称赞着。

第二天早晨,田子春又将黑马拴在外面,张石庆又看见了,更加欣羡不已。田子春暗里跟踪,看见衙门前有一所大宅,门上写着:"此房出租。"田子春灵机一动,计上心来,立即上前询问门公:"这房子要多少钱出租?"

那门公向他看了一眼,反问道:"这是大使的房子,你是什么人?"

漢高祖

"我是街上那个卖马的，你回报大使就知道了。"

田子春被唤进去，张石庆首先就问："你那两匹马卖不卖？要多少钱？"

田子春恭敬地说："我那两匹马是一对良驹，特地从山里赶来的，大使喜欢的话，哪敢说卖，送给大使就是了。反正我卖马的目的，不过是想弄点钱去求点事情做做，光耀一下罢了！"

张石庆听说，心想这个人倒算慷慨，而且他所求的在自己也不过是举手之劳罢了，于是道了一声"多谢"，接着又问："你贵姓？"

"敝姓田。"

"那更好了，恰好和内人同姓啊。既然你要做官，就索性认作我的舅子吧，可否屈就呢？"

田子春巴不得这样，立即上前拱手拜见姐夫，又叫儿子过来叩见姑丈姑母，然后就搬进衙门居住，俨然成了一家人。

田子春是个善于逢迎的人，每天和张石庆高谈阔论，很得姐夫欢喜。一日闲谈之间，张石庆谈起吕后的事，田子春乘机说道："如果姐夫能向太后奏请封吕氏三人为王的话，她一定很欢喜，将来姐夫可能升为上大夫呢！"田子春又把利害关系解说一番，张石庆赞叹不已。次日入朝，张石庆果然奏请封三吕为王，太后大喜，转脸问丞相陈平，陈平说道："太后所见甚是！"因此吕后就封吕超为东平王，封吕禄为西平王，封吕产为中平王，又封张石庆为末厅丞相，并赏制金三万。张石庆喜不自禁地回来，一一告诉了田子春。田子春诈作一惊,说道:"我真该死,不应酒后胡言,这样一来,倒是坏了吕家世界了!"

"此话怎讲?"张石庆也吃了一惊。

"是这样的:刘氏之中,还有三王在外,他们无兵无权,如今看见一天之内连封三个姓吕之人为王,自然很不高兴。万一他们起了疑心,兴兵造反,那不就弄巧成拙了吗?"

张石庆本来就是一个脓包,听他这么一说,不由地焦急起来,连声问道:"那么如何是好?"

"现在只有想想办法,也给刘姓诸王一点好处,暂时缓和一下他们的情绪,我们且来商量一下。"于是田子春如此这般地在姐夫耳边唧咕了一阵,说得张石庆眉开眼笑,欣喜异常。

当晚张石庆就入宫拜见吕后,上表奏道:"外间已经传来消息,说关外三王刘泽、刘号、刘长知道太后封三吕为王,心中不服,想要兴兵造反。"

吕后问道:"要用什么方法才能制止他们?"

"太后不妨这样,"张石庆说道,"三王之中,有官者赐予重赏,无官者付给兵权,他们有了甜头,就都不会造反了!"

"不错,正该如此!"

吕后立即宣召陈平入宫商议此事,陈平心中暗喜,知道必是山东有人前来替刘泽谋取兵权了。

吕后问道:"刘氏三王之中谁无兵权?"

陈平答道:"只有山东刘泽久困赋闲,并无职位兵权。"

吕后说道:"那好,马上宣召刘泽入朝!"

使者来到山东,告诉刘泽,刘泽大喜,即刻起程赴京。吕后在殿上召见,说道:"我儿镇守边关,久困劳苦,

○ 品画鉴宝

彩绘骑马俑(西汉) 骑马俑双臂上压,左右手分别作握缰和掌械的姿态。马体彩绘错落,肌肉隆起。整体造型概括、夸张,体现了汉人激越昂扬的精神。

我如今就把兵印军权交付于你，今后务要谨慎从事！"

刘泽叩头谢恩。吕后看到刘泽身躯魁梧，状貌如神，心中有点畏惧，拿起兵符又问陈平："可不可以给他？"

陈平说道："太后圣鉴自然无误。"

吕后就把兵印交给张石庆转交与刘泽。

吕后又问："兵印已经给了，应该给他多少兵马？"

陈平说道："但凭太后决断。"

吕后伸指对刘泽说："三万？"

陈平向刘泽眨了一下眼，刘泽并未答话。

吕后又问："五万？"

刘泽还是没有应答。

吕后接着又问："七万？"

刘泽依然眼睁睁地望着，摇了摇头。

太后非常恼火，连忙摆手说道："不给了，不给了！"

这时陈平高声喝道："刘泽！还不叩头谢恩！太后娘娘已经答应给你五五二十五万军马了。"

刘泽急忙跪下谢恩。这可急坏了吕后，她想不到陈平会来这么一招，但是"君"无戏言，陈平逼她吞下这只死猫，她也无可奈何，于是就对刘泽说道："看在高祖面上，就给了你吧！"

第二天一早，刘泽往兵部交割兵马，率领了二十五万大军在郊外驻扎。

张石庆见了田子春，告诉他刘泽已经领着二十五万大军正在城外操演。

"笑话，山东怎会有兵马到这里来呢？"田子春佯装惊奇。

"不信你自己去看看吧！"

"也好，我正想明天出城打猎，顺便去看看吧！"田子春准备好一切，天色未明就和奉郎骑着带来的两匹良

马,托言打猎,率领五十个随从远出东门而去。

田子春见到刘泽之后,急忙催促刘泽拔寨起程,说道:"兵马业已到手,此时不走,更待何时?这个老虎口随时都可能合起来的!"

于是,二十五万大军便浩浩荡荡地开回山东。

没有多久,探子得了情报,报告吕后:"刘泽在山东造反了。"

吕后大怒,急忙召见陈平,厉声问道:"你知不知道刘泽现已造反?这都是你的过失!"陈平不慌不忙地说道:"怎么是我的过失?这全是张石庆摆布的结果。"吕后又传张石庆前来,厉声斥责道:"你可知罪!是你摆计叫我将兵马交给刘泽,他现在就凭这些兵马造反了!"

"臣死罪死罪!"张石庆诚惶诚恐地跪在地上说道,"臣不该听信田子春的话,上表请封三吕为王,又请太后将兵马交给刘泽,臣知罪该万死,还请太后恕免!"

陈平心中暗笑,表面上却正色说道:"你知不知道田子春是什么人?他就是刘泽手下最能干的谋士!"

"小臣真不知道他是奸细啊!"张石庆颤声说道。

"限你在半个时辰之内将田子春拿来!"太后怒容满面地喝道。

"敬禀太后!田子春已经逃回山东去了。"

"混账东西!"太后"啪"一声,厉声喝道,"来人,摘去张石庆的冠冕,将他削职查办,永不叙用!"

调虎离山

□ 第十五计

……计名由来

"调虎离山"一语源于《管子·形势解》。该篇中有一段这样的话:"虎豹,兽之猛者也,属深林广泽之中则人畏其威而载之。人主,天下之有势者也,深居则人畏其势。故虎豹去其幽而近于人,则人得而易其威。人主去其门而迫于民,则民转之而傲其势。故曰:虎豹托幽而威可载也。"意思是说,虎豹,是兽类中最威猛的。当它们居住在深山大泽之中时,人们就会因惧怕其威风而敬畏它们。君王是天下最有势力的人。如果深居简出,人们便会害怕他的势力。虎豹若是离开它们所居住的深山幽谷而走近人类居住的地方,人们就可以将它捕捉而使之失去原有的威风。做君王的若是离开王宫的大门而与普通人混在一起,人们就会轻视他而以傲慢的态度看待他。所以说,虎豹只有不离开它们居住的幽谷深山,其威风才会使人感到畏怯。这里虽然尚未使用"调虎离山"一语,但已经包含只有将老虎调离深山,才能将其制服的意思。后来在民间语言、文学作品中便逐渐出现了"调虎离山计"的说法。如明代吴承恩的《西游记》第五十三回写着孙大圣对如意真仙说:"才然来,我使个调虎离山计,哄你出来争战,却着我师弟取水去了。"清代钱彩著《说岳全传》第三十四回也写着:"吉青道:'我前日在青龙山,中了这番奴调虎离山之计。'"

蹇卦

蹇卦为六十四卦之中第五十三卦。蹇卦的卦象为上坎下艮,象征雨水满山。登山时遇到大雨瓢泼自然行路艰险,因此本卦即寓意前途险阻,不可预料。

待天以困之，用人以诱之。往蹇来返[1]。

利用不利的天时地利条件困扰敌人，用人为的方法诱惑敌人。主动进攻有危险，诱敌来攻则有利。

【原文注释】

[1] 往蹇来返：语出《易·蹇》九三爻辞。原文为"往蹇，来返"。蹇卦的卦象为艮下坎上。艮象山，坎象水。王弼注曰："山上有水，蹇难之象。"故在此处，"蹇"，有难的意思。返，李镜池《周易通义》注：返，犹反反，广大美好貌。往蹇来返，意为去时艰难，来时美好。

【前人批语】

兵书曰："下政攻城。"[1] 若攻坚[2]，则自取败亡矣。敌既得地利，则不可争其地。且敌有主而势大。有主[3]，则非利不来趋；势大，则非天人合用，不能胜。汉末[4]，羌率众数千[5]，遮虞诩于陈仓崤谷[6]。诩即停军不进，而宣言上书请兵，须到乃发[7]。羌闻之，乃分抄旁县[8]。诩因其兵散，日夜进道，兼行百余里，令军士各作两灶，日倍增之[9]，羌不敢逼，遂大破之。兵到乃发者，利诱之也；日夜兼进者，用天时以困之也；倍增其灶者，惑之以人事也[10]。

《孙子兵法》说："攻城是最下策。"如果去强攻坚城，就可能自取失败或灭亡。敌人既已占居了有利地形，就不能去同他争夺这块地盘，况且敌人还处于主动地位，而力量又占优势。敌人既是处于主动地位，如果不是对他有

三十六計之調虎離山

利,是不会离开驻地来向我进攻的。敌人既是在力量上占有优势,除非我方能够综合运用天时、地利、人和等条件,否则难以取胜。东汉末年,羌人首领统率数千兵马,将武都郡太守虞诩的部队围困在陈仓崤谷中。虞诩便让部队停止前进,同时扬言要请求朝廷增派援兵来,而且一定要等援兵到来后再进军。羌人听到这个消息后,认为援军一时到不了,便将部众分散到近旁各县中去抄掠财物。虞诩便乘羌兵分散之机,日夜进军,每昼夜以加倍的速度行军百余里。又令军士在驻军做饭时,同时做两个灶,并使灶的数目每天增加一倍。羌人误以为援军已陆续到达,便不敢追逼攻击,结果虞诩大破羌兵。虞诩扬言要等候援军到后再进军,就是故意让羌人误以为可以利用援军到来之前的空隙分兵抄掠,用利诱的办法将其调开。他不分昼夜地急行军,就是要争取时间,出其不意,置敌于困境。而加倍修灶,就是用人为的假象迷惑敌人,使之误以为援军已陆续到达。

【批语注释】

[1] 下政攻城:下政,下策。语出《孙子·谋攻第三》:"故上兵伐谋,其次伐交,其次伐兵,其下攻城,攻城之法,为不得已。"意思是说,凡是用兵打仗,上策是以智取胜,次策是运用外交手段取胜,再次策是以兵对兵取胜,最下策才是攻打城池。强攻城池是不得已才采取的办法,所以说攻城是"下攻"。

[2] 若:假如、如果。

[3] 有主:主,主动。有主,处于主动地位。

[4] 汉末:东汉末年,此处具体指汉安帝元初元年(114年)。

[5] 羌:中国西部地区古代少数民族,主要分布在今甘肃、青海、四川一带。

[6] 遮虞诩于陈仓崤谷:遮,阻挡、围困。虞诩,东汉陈国武平(今河南鹿邑西北)人,字升卿。安帝时为朝歌(今河南淇县)长。后曾任武都(今甘肃成县西)郡太守。顺帝时,为司隶校尉,劾罢中长侍张防。勇于刺举,触犯权贵,曾九受遣责,三遭刑罚。后官至尚书令。陈仓崤谷,在今陕西省宝鸡市西南。

[7] 须到乃发:一定要等候援兵来到后,方可进军。

[8] 分抄旁县:分散到近旁的县抄掠财物。

[9] 日倍增之:每日以翻倍的数目增加。

[10] 惑之以人事:用人为的假象迷惑对方。

调虎离山

□经典实例

诸葛调虎离山败司马懿

蜀后主建兴十二年（234年），诸葛亮领兵三十四万伐魏，分五路进军，六出祁山。魏明帝曹睿闻报，命司马懿为大都督，领兵四十万至渭水之滨迎战。诸葛亮与司马懿是沙场老对手，双方都知道对方兵法娴熟，足智多谋，不好对付，所以战前各自都作了周密部署，严阵以待。诸葛亮在祁山选择有利地形，分设左、右、前、后、中五个大营，并从斜谷到剑阁一线接连扎下十四路大车，分屯军马，前后接应，以防不测。司马懿则屯大军于渭水之北，同时在渭水上架起九座浮桥，命先锋夏侯霸、夏侯威领兵五万渡河至渭水南岸扎营，又在大营后方的东原，筑城驻军，进可攻，退可守，稳扎稳打，务使魏军立于不败之地。司马懿受命离开魏都时，曾受曹睿手诏："卿到渭滨，宜坚壁固守，勿与交战。蜀兵不得志，必诈退诱敌，卿慎勿追。待彼粮尽，必将自走，然后乘虚攻之，则取胜不难，亦免军马疲劳之苦。"所以在经过两次规模不大的交锋，双方互有胜负之后，魏军便深沟高垒，坚守不出。由于蜀军劳师远来，粮草供应颇为困难，因而利于速战；而魏军以逸待劳，利于坚守。因此诸葛亮的主要策略目标，就是要诱敌出战，调虎离山，速战速决。然而司马懿老谋深算，素以沉着、谨慎、稳重著称，加上有魏明帝临行手诏，也不必担心那些急于求功的部将鼓噪攻讦。在这种情况下，要调动司马懿这只"老虎"离山，谈何容易！然而再狡猾的狐狸，也斗不过好猎手。司马懿这只擅长谋略、经验丰

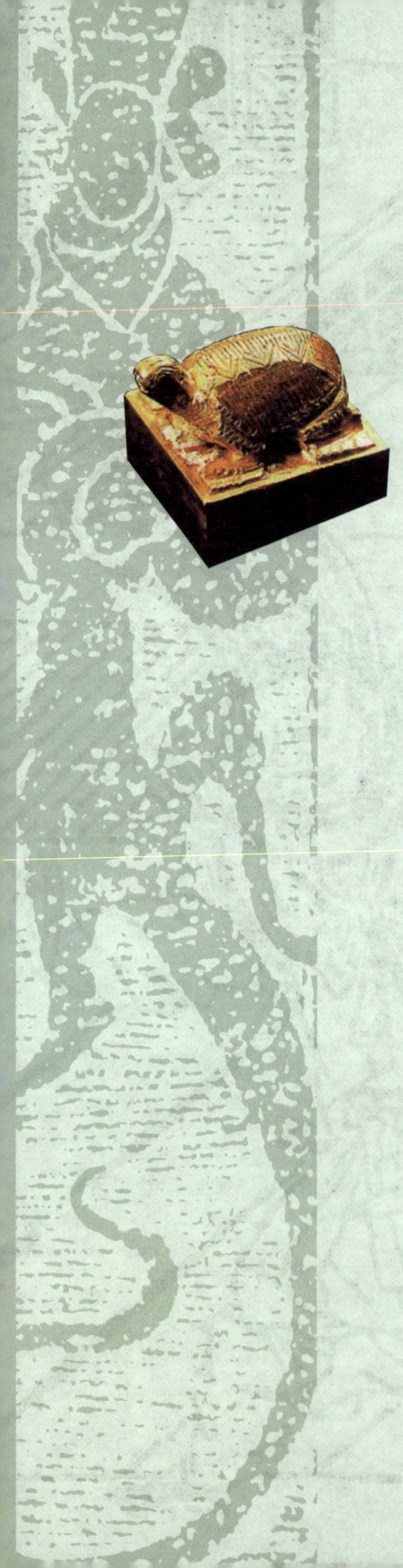

○ 品画鉴宝

平东将军章金印（三国·魏）方形，龟钮。凿白文篆书"平东将军章"五字，书体工整有力。《通典·职官》载："平东将军、平南将军、平西将军、平北将军各一人并汉魏间置。"

富的"深山之虎"，终究被诸葛亮调了出来，还险些丢了性命。那么，诸葛亮究竟使了什么样的奇招，使司马懿这只老狐狸上当了呢？

　　诸葛亮深知，自己最根本的弱点是远离后方，粮草供应困难；他同时也深知司马懿正是看准了自己这一弱点，并利用这点做文章，期待并设法使蜀军断粮，从而将蜀军困死或逼蜀军撤退，然后乘机取胜。于是诸葛亮便将计就计，也在粮草供给问题上做文章、设诱饵，以此引司马懿这只"虎"离山。措施之一是分兵屯田，与当地老百姓结合就地生产粮食，以供军需，摆出一副作持久战的架势。这就等于宣示司马懿：你不急，我也不急；若是我不急，看你还急不急。果然司马懿的长子司马师沉不住气了，对其父司马懿说："现在蜀兵以屯田作持久战的打算，如此下去，如何是了？何不约孔明大战一场，以决雌雄！"司马懿口头上虽说"我奉旨坚守，不可轻动"，心里其实也很着急。诸葛亮的另一个措施,是自绘图样,令工匠造木牛流马,长途运粮。据传这东西很好用,"宛如活者一般,上山下岭,各尽其便"。蜀营粮草由木牛流马源源不断地从剑阁运抵祁山大寨。司马懿闻报大惊说道:"吾所以坚守不出者,为彼粮草不能接济,欲待其自毙耳。今用此法,必为久远之计,不思退矣。如之奈何?"诸葛亮看出了司马懿急于破坏蜀军屯田、运粮、屯粮计划的心情,于是进一步利用这一点来引他上钩。诸葛亮一方面在大营外造木栅,营内掘深坑,堆干柴;在营外周围的山上虚搭窝铺草营造成蜀兵分散结营,与百姓共同屯田屯粮,而大营空虚的假象,引诱魏军前来劫营。另一方面在上方谷内两边的山坡上虚置许多屯粮草屋,内设伏兵,同时让军士驱动木牛流马,伪装往来谷口运粮。而诸葛亮自己则离开大营,引一支军马在上方谷附近安营,以引诱司马懿亲领精兵来上方

○ 品画鉴宝
车骑图(三国) 辽阳公孙氏壁画墓。此图线条流畅,色彩鲜艳,人物、马匹充满动感,几欲破壁而出。

○ 品画鉴宝
扁壶（三国）壶有盖，盖钮像卧着的壁虎。壶体呈椭圆形，正视则呈桃形，体外施淡黄釉。

谷烧粮。而司马懿呢，他虽烧粮心切，却又极为谨慎小心，深恐中了诸葛亮调虎离山的诡计。于是便也使了个声东击西、调虎离山计来应战。他亲领魏兵去劫蜀兵祁山大营，但却一反过去每战必让主攻部队走在前面的惯例，让手下的部将冲锋在前，直扑蜀营，自己反而在后引援军接应。他这样做，一则是担心蜀营有准备，怕中了埋伏；二是他指挥魏军劫蜀军大营本属佯攻，目的是调动蜀军各营主力，甚至诸葛亮本人领军前来营救，而他却自领精兵奇袭上方谷，烧掉蜀方的粮草。然而，司马懿的这个调虎离山计，却未能跳出"如来佛的手掌心"。诸葛亮早料到司马懿这一着，因而当魏军直扑蜀军大营时，诸葛亮只是事先安排蜀军四处奔走呐喊，虚张声势，装作各路兵马都齐来援救的态势，而诸葛亮却趁司马懿这只"虎"已离山之机，另派一支精兵去夺了渭水南岸的魏营，而自己却在上方谷等待司马懿来"烧粮"，以便"瓮中捉鳖"。司马懿果然中计。他见四处蜀军都急急忙忙奔向大营救援，便趁机急领司马师、司马昭及一支亲兵杀奔上方谷来。接着又被蜀将魏延依诸葛亮的安排，用诈败的方法诱进谷中，截断谷口。一时山谷两旁火箭齐发，地雷突起，草房内干柴全都着火，烈焰冲天。司马氏父子眼看就将葬身火海，亏得突来一场倾盆大雨，才救了司马氏父子三人及少数亲兵的性命。司马懿这只"虎"原本拿定了深沟高垒、坚守不出、决不离山的主意，结果却仍被诸葛亮调下了山。他原想用"调虎离山"计烧掉蜀军的粮草，想不到却反而中了诸葛亮的"调虎离山"计。真个是计外有计，天外有天，军机难测。

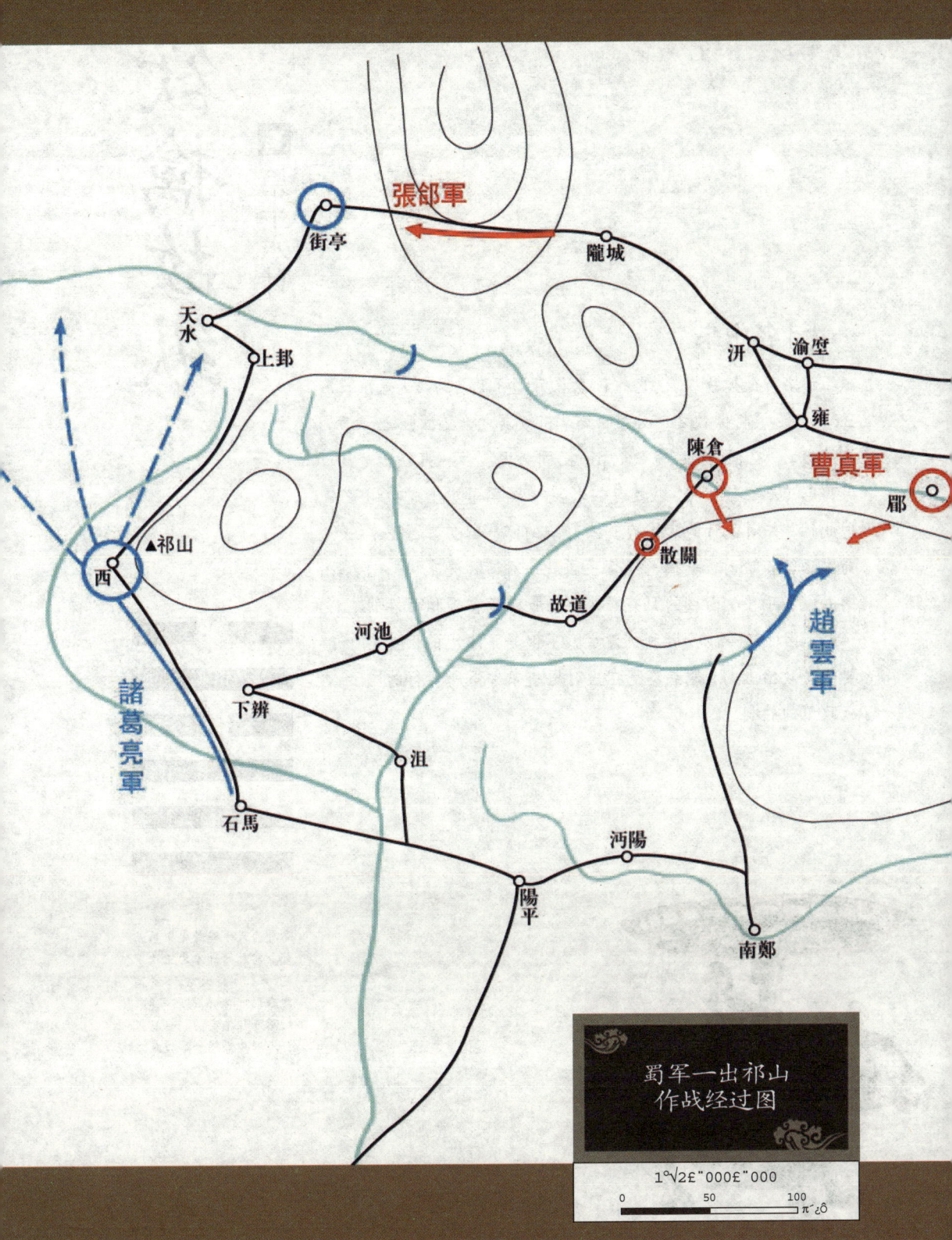

欲擒故纵

□ 第十六计

……计名由来

计名"欲擒故纵",它的哲理源头,可追溯到《老子》三十六章:"将欲歙之,必固张之;将欲弱之,必固强之;将欲废之,必固兴之;将欲取之,必固与之。"又《鬼谷子·谋篇》:"去之者纵之,纵之者乘之。"中国军事史上成功运用此计,并对此计的定名有重大影响的,是当初诸葛亮率蜀军远征南蛮时,七擒七纵蛮王孟获。对诸葛亮来说,七擒七纵皆手段,而目的只有一个:征服南蛮首领和百姓的"心"。因而这一战役胜利的意义,不仅是军事上的,更重要的是政治上的,是诸葛亮在当时历史条件下所实行的民族政策的胜利。

需卦

需卦为六十四卦之中第五卦。需卦的卦象为上坎下乾。象征水行天空。本卦寓意在时机尚未成熟之时,切不可轻举妄动。一旦机会来到,必然一举功成。

○ 品画鉴宝
牺背立人擎盘(战国)盛酒用器,设计精美。

逼则反兵[1]，走则减势，紧随勿迫。累其气力，消其斗志，散而后擒，兵不血刃[2]。需，有孚，光。

逼得敌军太紧，对方就会回师反扑。如果让敌军逃跑，就可以削减其气势。追击敌人，只需紧随其后而不要过于逼迫它，以消耗其体力，瓦解其斗志，待其溃散时再捕捉它，就可以避免流血。这是《易·需》卦辞"需，有孚，光亨贞吉……"一语中悟出的道理。

【原文注释】
〔1〕反兵：回师反扑。
〔2〕兵不血刃：兵，兵器。血刃，血染刀刃，即作战。

【前人批语】
所谓"纵"者，非放之也；随之，而稍松之耳。"穷寇勿追[1]"，亦即此意。盖不追者，非不随也，不追之而已。武侯之七擒七纵，即纵而蹑之，故展转推进，至于不毛之地。武侯七纵，其意在拓地，在借孟获以服诸蛮[2]，非兵法也。若论战，则擒者不可复纵。

这里所说的"纵"，并不是说要将敌人放掉，而是说要跟随着他，只是稍微放松一些而已。《孙子兵法》中所讲的"穷寇勿追"，也就是这个意思。所谓"不追"，并非说不要追赶，而是说不要把敌人逼迫得太紧。诸葛亮对孟获七擒七纵，就是采取放了他而又跟踪他的办法。正因为如此，才需要迂回曲折地向前推进，一直跟踪孟获进军到五谷不生的荒僻地方。诸葛亮的"七纵"孟获，本意在开辟和拓展蜀汉的地盘，因此需要借助蛮王孟获来收服南方各少数民族，严格地讲，并不属于兵法的范围。如果从战争角度讲，既然已经把敌人逮住了，就不能轻易放了他。

【批语注释】
〔1〕穷寇勿追：语出《孙子兵法·军争篇》，原为"穷寇勿迫"。穷，穷途，无路可走。穷寇，指陷于困境、绝境的敌人。勿追，不可逼得太紧。
〔2〕孟获：三国时，蜀汉建宁（今云南曲靖）人，彝族首领。刘备死后，他和建宁豪强雍闿等起兵反蜀，多次为诸葛亮所收，经七擒七纵，终于降服。后任御史中丞。

欲擒故纵

□ 经典实例

韩康子、魏桓子韬光养晦

公元前403年，晋国智宣子去世后，智襄子智瑶当政，与韩康子、魏桓子在蓝台饮宴，智瑶戏弄韩康子，并侮辱了段规。智瑶的家臣智国听说此事，就告诫说："主公您如果不提防的话，灾祸就真的要来了！"智瑶狂妄地说："人的生死灾祸都取决于我。我不给他们降临灾祸就算不错啦，哪个还敢造次！"智国又说："这话可不妥。《夏书》中说过一个人屡次三番犯错误，结下的仇怨岂能在明处，应该在它没有表现出来时就设法提防。贤德的人能够谨慎地处理小事，所以不会招致大祸。现在主公一次宴会就开罪于人家的主君和相臣，又不戒备他们报复，只一味地说人家不敢发难，这种态度实在不明智。蚊子、蚂蚁、蜜蜂、蝎子虽是小虫，却能害人，何况是家族庞大的韩康子、段规呢！"智瑶置若罔闻。

智瑶又向韩康子索要领地，韩康子不想给他。段规进言说："智瑶贪财好利，刚愎自用，如果不给，他一定起兵来讨伐，不如给他。他得到领地后会更加狂妄，一定又会向别人索要；别人不给，他必定向别人诉诸武力，这样我们就可以避其锋芒而伺机行动了。"韩康子说："好！"便派使臣去见智瑶，送上一座有万户居民的城邑。智瑶很高兴，又向魏桓子提出索地要求，魏桓子不想给。任章问他："为什么不给呢？"魏桓子说："无缘无故来要地，所以不给。"任章说："智瑶无缘无故强索他人领地，一定会引起其他大夫官员的畏惧，我们给他一些领地，智瑶一定会

○ 品画鉴宝

梁十九年鼎（战国） 此器通体素面无纹饰，盖设三个凫形钮，附耳，矮蹄足。为极少知的魏国青铜器之一。

骄傲。他骄傲而轻敌，畏惧他的人必然会团结起来，用精诚团结之兵去对付狂妄轻敌的智瑶，智家的命运一定不会长久了。《周书》说：'要打败敌人，必须暂时迁就他，要夺取敌人的利益，就必须先给他一些好处，然后我们可以乘机联络其他人共同图谋，何必我们一家现在去激怒他遭受打击呢！"魏桓子说："很好。"也割给智瑶一个有万户之民的城邑。之后，智瑶又向赵襄子索要蔺和皋狼两个地方，赵襄子断然拒绝。智瑶勃然大怒，集合韩、魏两家的甲兵前去攻打赵氏。赵襄子准备出逃，问属下："我到哪里去好呢？"随从说："长城最近，而且城墙厚，刚刚完工。"赵襄子说："百姓筋疲力尽地刚修好城墙，又要他们舍生入死地为我守城，谁能和我一条心呢？"随从又说："邯郸城里仓库丰盈。"赵襄子说："搜刮民脂民膏才使仓库充满粮食，现在又因战争让他们送命，民众会和我同心对敌吗？还是投奔晋阳吧！那是先主的老地盘，尹铎又待百姓宽厚，百姓一定会和我们同生死的。"于是前往晋阳。智瑶、韩康子、魏桓子，三家联军将晋阳城团团围住，又引水灌城。大水一直漫到离城墙头只差三版的地方，城中百姓的锅灶都被泡塌，虫蛙丛生，民众没有丝毫叛意。一天，智瑶在城外查看水势，魏桓子驾车，韩康子护卫。智瑶得意地说："我今天才知道水也可以让人亡国。"听到这话，魏桓子用胳膊肘碰了一下韩康子，韩康子也会意地踩了一下魏桓子。两人不约而

○ 品画鉴宝
朱绘陶持盾武士俑（战国）

同地想到，汾河水也可以灌魏国都城安邑，绛河水也可以灌韩国都城平阳。事后，智瑶的谋士絺疵（chī cī）提醒智瑶说："韩、魏两家肯定会反叛。"智瑶问："何以见得？"絺疵说："以人之常情而知道的。您调集韩、魏两家的军队来围攻赵家，一旦赵家覆亡，灾难必定会落到韩、魏两家头上。现在我们约定灭掉赵家后三分其地，晋阳城仅差三版就要被水淹没，城内宰马为食，破城指日可待。然而韩康子、魏桓子却面无喜色，反而忧心忡忡，这不是心怀异志又是什么？"第二天，智瑶把絺疵的话告诉了韩康子和魏桓子二人，他们连忙说："这一定是离间小人想为赵家游说，让您怀疑我们韩、魏两家而放松对赵家的进攻。不然的话，我们两家岂不是放着早晚就要分到手的赵家田地不要，而去干那危险万分必不可成的傻事吗？"两人告辞而出，絺疵进来说："主公为什么把臣下的话告诉他们呢？"智瑶反问："你怎么知道的？"絺疵解释道："我刚才碰到他们，两人神色慌张地看了我一眼就匆忙离去，是因为他们知道了我看穿了他们的心思。"智瑶仍是不以为然。于是絺疵请求派他出使齐国。赵襄子派张孟谈秘密出城来见韩康子和魏桓

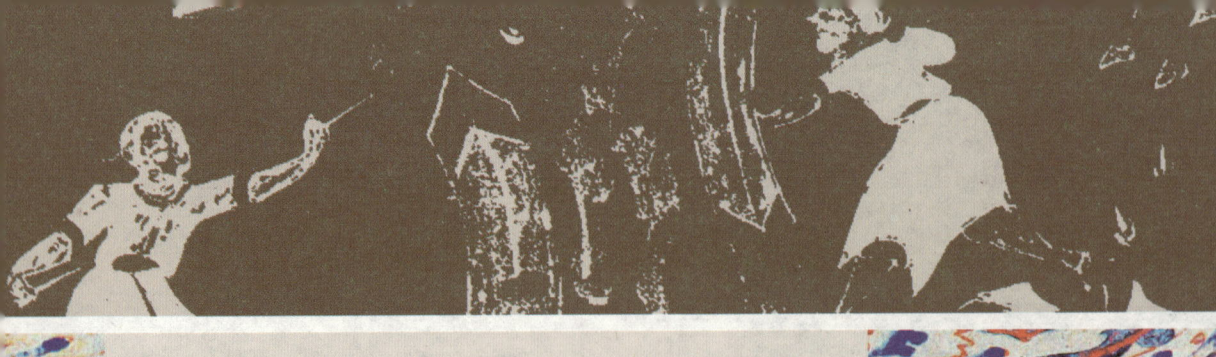

子,劝说道:"唇亡齿寒,古之常理。如今智瑶率领韩、魏两家来围攻赵家,赵家灭亡就该轮到你们自己了。"韩康子、魏桓子也说:"我们心里也知道他会这样做,只是怕事情还未发动,计谋就先泄露出去,那样就会马上大祸临头。"张孟谈又说:"计谋出自二位主公之口,只有我一人听见,有什么可担忧的?"于是两人秘密地与张孟谈商议,约好起事日期后送他回城了。夜里,赵襄子派人杀掉智军守堤士兵,反决河堤,倒灌智营。智瑶军队被水淹没,阵脚大乱,韩、魏两家军队乘机从两翼夹击,赵襄子率兵从正面迎头痛击,大败智军,杀死智瑶,又将智家族人斩尽杀绝。

处于劣势地位的魏、韩、赵之所以能够三家战胜智瑶,根本原因在于他们能运用欲擒故纵之计。

○ 品画鉴宝
官兵与盗贼鏖战图(魏) 画中五百盗贼着短裙靠衣,一手盾一手刀,正与身穿整齐铠甲,坐骑已披上装具战马的官兵展开殊死搏杀。

抛砖引玉

□ 第十七计

……计名由来

"抛砖引玉"一语,其来源说法不一。一种说法是相传唐代诗人赵嘏(gǔ)甚有诗名,求诗者盈门。诗人常建慕其名,想求其诗,却不得其门而入。赵嘏游苏州时,常建料他必游灵岩寺,便先于寺壁题诗两句。赵嘏来到寺中见壁上此诗尚未写完,就补了两句,成为一首绝句。后人因赵嘏补的两句优于常建的前两句,便说常建是"抛砖引玉"。然而,常建是唐玄宗开元十五年(727年)中的进士,而赵嘏是唐武宗会昌二年(842年)中的进士,两者相距115年。可见赵嘏补诗一说是不可能的。然而由这个有悖历史事实的讹传,引出一个有关"抛砖引玉"一词来源的说法,却已是一个历史事实。这说法出自宋真宗景德年间(1004—1007年)高僧道原所编《景德传灯录·从谂(shěn)禅师》:"师云:比来抛砖引玉,却引得个坠子。"这句话也来源于一个佛门故事。传说活了一百二十岁的唐代禅师从谂,一天晚上,同弟子们一同参禅悟道。刚入座,从谂便宣布:"今晚要你们回答问题,谁对禅学已有深刻理解,可以跨前一步。"众僧皆敛息凝神,静座参禅,唯有一个小和尚大胆跨步向前,躬身一揖。从谂见了,缓缓地说:"刚才我是抛砖引玉,不想却引来一块土砖坯子。"此语后来还见于元代贯云石(1286—1324年)所作《斗鹌鹑·佳偶》曲:"见他眉来眼去,俺早心满愿足。他道是抛砖引玉,俺却道因祸致福。"

○ 品画鉴宝

曾侯乙透雕蟠龙纹鼓座（战国） 多变的形态和对称的布局构成了极其生动繁复的立体造型。

类以诱之[1]，击蒙也[2]。

用相类似的东西诱惑敌人，乘其迷惑懵懂之时去打击他。

【原文注释】

[1] 类：类似，同类。
[2] 击蒙：打击那因受我方诱惑而处于蒙昧状态的敌人。

【前人批语】

　　诱敌之法甚多，最妙之法，不在疑似之间，而在类同，以固其惑。以旌旗金鼓诱敌者[1]，疑似也；以老弱粮草诱敌者，则类同也。如：楚伐绞[2]，军其南门，莫敖屈瑕曰："绞小而轻，轻则寡谋，请无捍采樵者以诱之。"从之。绞人获三十。明日绞人争出，驱楚役徒于山中。楚人坐其北门，而覆诸山下，大败之，为城下之盟而还[3]。又如孙膑减灶而诱杀庞涓。

　　诱惑敌人的方法有很多，最巧妙的办法，不是在相似而又不似，不似而又相似之间，而是要以相同的东西，去牢固地迷惑敌人。用虚张旌旗、鸣锣击鼓的方式去诱惑敌人，就是属于疑似的一类；出示年老体弱的士兵，或制造有粮或无粮的假象去诱惑敌人，就是属于类同的一类。例如：春秋时楚国出兵征伐绞国，陈兵于绞国都城的南门外。莫敖屈瑕献计说："绞国小且其君臣很轻狂，轻狂的人往往缺少计谋。请求采取不派士兵保护为我军打柴的人的办法去诱惑他们。"楚王采纳了屈瑕的计策。于是，头一天，让绞国人抓走了三十个打柴

○ 品画鉴宝

人物驭龙图（战国） 图中人物形象神采奕奕。采用线描勾勒略加渲染并加金的粉画法。线描匀细流畅。

人。次日，绞国士兵争相出城，将楚方的打柴人往山中驱赶。而楚方则一方面派兵把守绞城的北门，截堵绞兵的归路；一方面派兵埋伏在山下，因而大败绞军。结果，楚军迫使绞国与楚订立城下之盟，得胜而归。又如春秋时，齐国军师孙膑，用减灶的办法，将魏兵诱入埋伏圈，而杀了魏将庞涓，也是一例。

【批语注释】

〔1〕旌：古代旗的一种，缀旄牛尾于竿头，下有五彩羽毛，用以指挥或开道。金，锣。诱骗敌人，从而达到诱使敌人进攻，或诱骗敌人不敢进攻的目的。

〔2〕楚伐绞：楚、绞，均为春秋时期的诸侯国。

〔3〕城下之盟：在兵临城下的情势下，被迫订立的盟约，这对被迫订盟的一方是一种耻辱，且往往条件苛刻。

抛砖引玉

□ 经典实例

芒卯摆计愚赵王

战国时，七雄争霸，局势混乱。秦国要去攻打魏国，相约赵国出兵夹攻，许以胜利后，以魏国邺城（今河北临漳县等地）酬谢。

魏王受到两面攻击，非常恐慌，急召群臣商议，均束手彷徨，无计可施。最后问到芒卯将军。芒卯劝魏王不必忧虑，说道："秦国和赵国本来是不和的，今日联军，无非利之所在，想瓜分我国，扩充自己地盘。虽然声势浩大，却各人都打着自己的算盘，最容易分化。这场战争，秦国为主谋，赵国不过是一个帮凶罢了。只要给他一点好处，挑拨一下，自然会使他们互相猜疑，解散这个联盟。"

魏王连忙问道："要怎样去进行呢？时间越来越急迫了。"

芒卯说："臣介绍张倚去，保管会成功！"

张倚到了赵国，见了赵王，传达来意后，便说："邺城这个地方，照目前的形势来看，是绝不可以继续固守下去的，迟早都要陷落，现在大王既然联合秦国来进攻我国，目的也不外要求土地。为了避免战火，魏王有意把邺城献给大王，大王意下怎么样呢？"赵王听了，心里非常高兴，却问："两军未经交锋，便自动献送城池，究竟魏王有什么打算？""事情很简单，"张倚不亢不卑地对赵王说，"两军虽然未曾交锋，但兵凶战危，死伤必多，且会蹂躏地方上的一切生灵，所谓师之所处，荆棘生焉，大军过后，必有凶年。魏王以仁慈治国，甚不愿老百姓遭遇浩劫，土地上布满千孔

○ 品画鉴宝
玉首削（战国） 刃部薄长，微弧，玉环呈扁圆形，与玉环钮衔接处柄端呈龙首形，龙首嵌绿松石，环两面均雕有卷云纹。

百疮，所以决然要求和平解决！""但魏王对我存有什么希望吗？""那是必然的。"张倚说，"这是和平解决，绝不是无条件投降，魏王在无可奈何的时候，当然也会选择利害。魏国与赵国过去曾合作结盟过，有着共患难的情谊，魏国与秦国是世仇。何况秦乃是虎狼之国，秦兵实在是凶悍如禽兽，与其国土沦为夷狄，不如托管于朋友，这是很明显的趋势。照魏王本意，大王如愿和魏王做朋友，就与秦国断绝邦交，以邺城作为朋友间的交换条件。不然的话，魏国人民惟有焦土抗战到底，与国土共存亡，请大王慎重考虑一下！"

赵王沉思一番，然后说："待我考虑，明天再给你答复。"赵王召见相国，把张倚的话告诉他，相国说："联合秦国去打魏国，所得到的不外一个邺城，现在不用兵就能达到目的，何乐而不为呢？况且一旦魏国落入秦国手里，秦与赵的强弱形势更加悬殊，秦国随时可以掉转枪头对付赵国，这就是蚕食政策。不如现在趁机会得点好处，保全魏国，牵制秦国，以巩固自己的边防，这才是长久之计。"于是，赵王答应魏国的条件，立即宣布与秦国断绝来往，下令关闭关卡，不准秦国人通过。

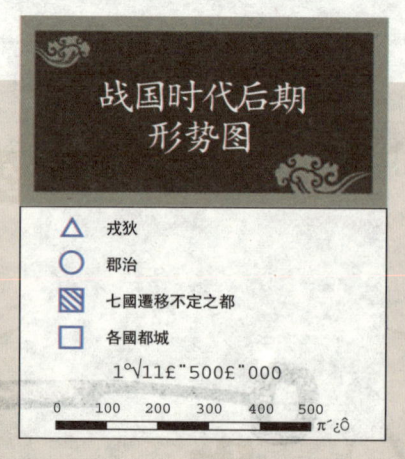

秦王惊闻这个意外消息，大发雷霆，认为赵王有意戏弄他，便下令军队返回防地，取消进攻魏国计划，反而仇视赵国，展开一场冷战。这一场战争打不起来了。赵王为要实践密约，派军队去魏国接收邺城。邺城的守将芒卯严阵以待，拒之于边境之外，问赵军是来闯祸抑或赠庆。赵将说乃奉赵王之命，为实践密约来接收邺城的。"胡说！"芒卯厉声说，"本将坐镇此城，守土有责，岂是留守办移交的吗？""这是外交上的一项秘密协定，魏王已答应了的！""什么秘密协定？是魏王亲口答应的吗？是亲笔签了字的吗？拿出证据来！""难道魏王的特使张倚说的话不算数吗？""特使？张倚说的？你问他要好了！魏王没有命令通知我，我没有责任放弃这个邺城，你想要，可以问问我的部将答不答应！我特别警告你，限你即刻离开此地，否则，教你来时有路退无门！"

赵将垂头丧气地回去，报告赵王，赵王大惊，才知上了魏王的大当。而且听说秦国正在和魏国运筹，要结成军事同盟，更加惶恐万分，急忙召开内阁会议，自动割让五个城池给魏国，联合抵抗强秦。

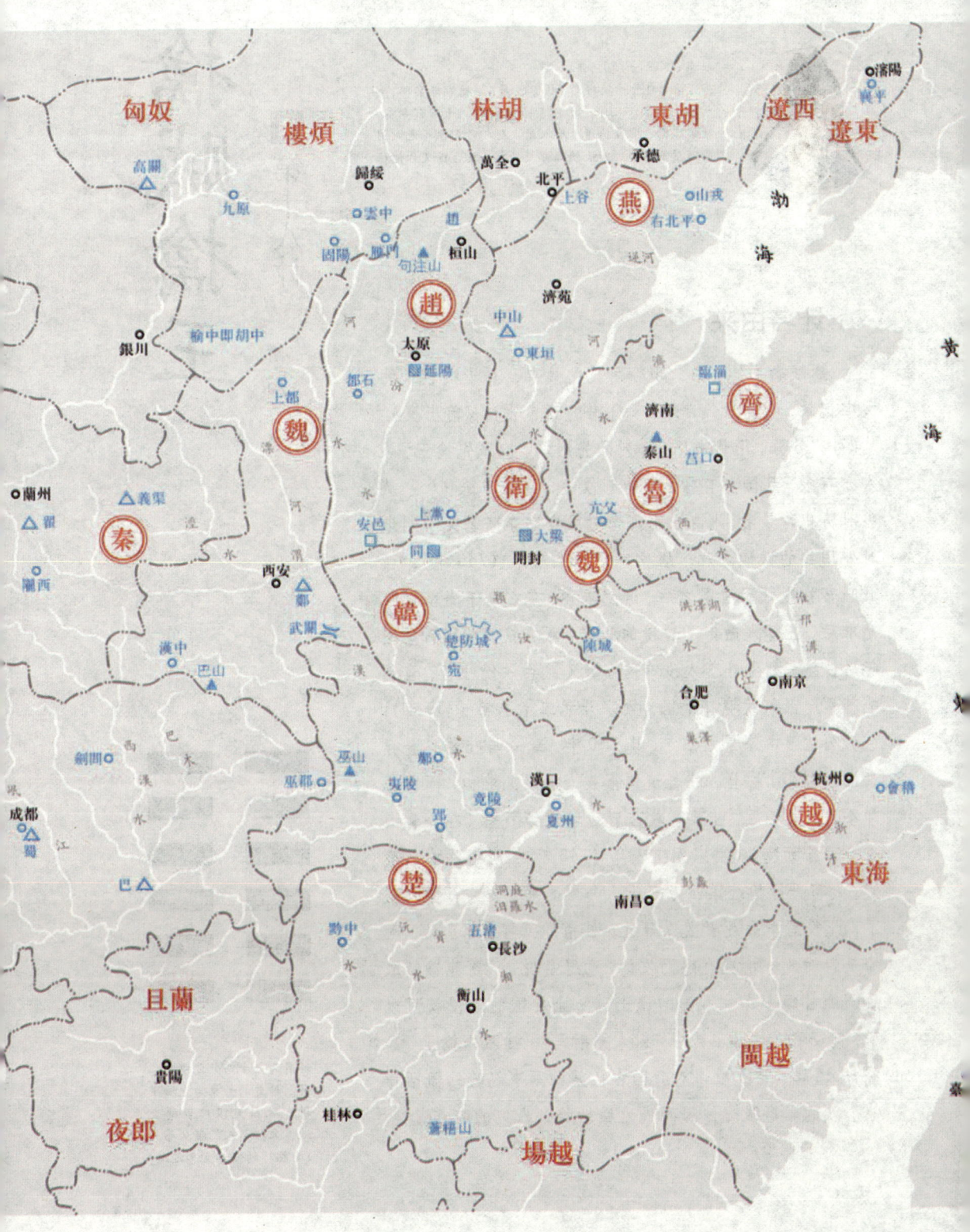

擒贼擒王

第十八计

杜甫（712—770年）
字子美，自号少陵野老，杜少陵等。原籍湖北襄阳，生于河南巩县。人称"诗圣"。一生写诗一千四百多首。唐肃宗时，官左拾遗。后入蜀，友人严武推荐他做剑南节度府参谋，加检校工部员外郎。故后世又称他杜拾遗、杜工部。

……计名由来

"擒贼擒王"一语，现今可见的最早、且影响较大的文字记录，则是唐代"诗圣"杜甫的五言古诗《前出塞》："挽弓当挽强，用箭当用长。射人先射马，擒贼先擒王。杀人亦有限，列国自有疆。苟能制侵陵，岂在多杀伤？"从当时历史背景看，此诗原本寓含对唐玄宗李隆基无节制地对外用兵的讽谏之意。唐玄宗开元十八年（730年），西域吐蕃在数败于唐军之后，遣使求和，在玄宗李隆基勉强允准后，吐蕃人撤走了边境的驻军，双方恢复了和平。七年后，玄宗利用吐蕃人没有防备，又派兵入侵吐蕃，重创吐蕃军，深入敌境二千里。玄宗开元二十七年（739年），金城公主（中宗景龙四年，即710年，奉命与吐蕃赞普弃隶缩缵联姻）去世，吐蕃遣使报丧，并乘机求和，而玄宗却不许。一年后，吐蕃军攻占唐边境重镇石堡（在今青海省会西宁西南）。玄宗天宝七年（748年），唐遣陇右节度使、大将哥舒翰统军三万三千人与吐蕃军激战。石堡收回了，此役唐军战死者数以万计。杜甫的《前出塞》诗，大约是针对此一情况有感而发的。意思是说，只要能够制服敌国的首领，保住本国的疆土，防止异国的入侵就可以了，何必杀人太多。诗中"射人先射马""擒贼先擒王"等警句，透露了诗人杜甫对我国古代某种军事经验的概括和他个人的军事眼光，因而成为后世脍炙人口的名言。

坤卦

坤卦为六十四卦之中第二卦。坤卦的卦象为上坤下坤，象征无限广袤的大地。象征了人们服从苍天（自然）的修养生息之道。

三十六計之擒賊擒王

摧其坚，夺其魁[1]，以解其体[2]。龙战于野，其道穷也[3]。

击溃敌人的主力，抓获其首领，便可瓦解其全军。好比群龙无首，战于郊野，必然陷于穷途末路。

【原文注释】

[1] 夺：抢夺、抓获。魁：第一、大，此处指首领、主帅。

[2] 解：瓦解。体：躯体、整体、全军。

[3] 龙战于野，其道穷也：语出《易·坤》上六象辞。坤，卦象是坤下坤上，为纯阴之象。上六爻是本卦的最终爻，为纯阴发展到极盛阶段之象。坤卦上六爻的爻辞是："龙战于野，其血玄黄。"龙，本为乾卦（纯阳之卦）的象征物，为什么作为纯阴之象的坤卦，其上六爻却以原本属纯阳之象的"龙"为象征物呢？按照朱熹《周易本义》的解释是："阴盛之极，至与阳争。"《易·文言》在阐释坤卦上六爻辞时则说："阴疑与阳必战。为其嫌于无阳也，故称龙焉。"按照《周易》物极必反的矛盾转化思想，上六爻表示纯阴已发展到极盛，故必然向阳转化。虽然此时尚处于转化前夕，但却已急于以阳自比，以龙自称了。故有"龙战于野，其道穷也"之说。野，郊野。道，道理；道穷，无路可走。群龙战于郊野，相互杀伤，血渍斑斑，以至陷入穷途末路。本计引用此语，其意当为：贼王被擒，群贼无首，其战必败。

○ 品画鉴宝

当户灯（西汉）铜人半跪似着胡装，右膝着地，左手按左膝，右手上举，支托灯盘。盘壁刻铭文："御当户锭，第然于。"当户，匈奴官名。

【前人批语】

攻胜则利不胜取[1]。取小遗大[2]，卒之利[3]、将之累[4]、帅之害、功之亏也。全胜而不摧坚擒王，是纵虎归山也。擒王之法，不可图辨旌旗[5]，而当察其阵中之首动[6]。昔张巡与尹子奇战[7]，直冲贼营，至子奇麾下[8]，营中大乱，斩贼将五十余人，杀士卒五千余人。巡欲射子奇而不识，剡蒿为矢[9]。中者喜,谓巡矢尽,走白子奇,乃得其状,使霁云射之[10],中其左目,几获之。子奇乃收军退还。

打了胜仗,不急于乘胜掠取敌方的装备、资财,这样对我方才会比较有利。贪取小利而遗忘了战争的大局,其结果,只能是让士卒得到些小利,让身为大将的背上包袱,对主帅造成危害,以至前功尽弃。取得了全面胜利,却没有摧垮敌军的中坚、捉拿到敌军的主帅,那将等于放虎归山。捉拿敌军主帅的方法,不能只看敌军的指挥旗在何处,而应仔细观察敌军军营中的行动的指令首先是从哪里发出来的。昔日张巡与尹子奇作战,张巡直冲敌军阵营,杀到尹子奇的指挥旗下,敌营顿时大乱,被张巡军斩将五十余人,杀死敌军士兵五千余人。张巡想要射死敌军主将尹子奇,却又不认识他。于是张巡命令部下削秸秆做箭,被箭射中的敌军士兵发现后很高兴,以为张巡军的箭已射尽了,便跑去报告尹子奇。

○ 品画鉴宝
马王堆出土"非衣"局部(西汉) 此图构图饱满,丰富,在画家的笔下却又安排得井井有条,遥相呼应。天马行空般的想象,让全图充了浪漫色彩,同时天矫多变的线条运用,使本图亦真亦幻,而不失庄严肃穆。

张巡抓住这个机会看清了尹子奇的面貌,立即叫部将南霁云用箭射他。南霁云一箭射中了尹子奇的左眼,几乎抓获了他。这样,尹子奇才被迫收兵退回去了。

【批语注释】

〔1〕攻胜:进攻取得了胜利。利:利益、其利益在于。不胜取:不乘着胜利去掠取过多的敌方装备、资财等战利品。

〔2〕取小:贪取小利。遗大:遗忘了战争的大局。

〔3〕卒之利:士卒可得到物质小利。

〔4〕将之累:对为将的来说,是增加了拖累、包袱。

〔5〕图辨旌旗:旌旗:指挥旗。全句意为:只看敌军的指挥旗在什么方位。

〔6〕首动:这里是指首先发号施令之处。

〔7〕张巡:709－757年,唐邓州南阳(今属河南)人,开元间进士。安史之乱时,以真源县(今河南鹿邑县东)令的身份起兵守雍丘(今河南杞县),抵抗安禄山军。757年移守睢阳(今河南商丘),与太守许远共同作战,阻止叛军南下,在内无粮草、外无援兵的情况下坚守数月不屈。睢阳失守后遇害。尹子奇:安禄山部将。

〔8〕麾:古代用以指挥军队的旗帜。麾下:主帅的大旗之下。此处指敌军的中军帐。

〔9〕剡:削、刮。蒿:谷类植物的茎秆。剡蒿为矢:削秸秆做箭用。

〔10〕霁云:南霁云,唐天宝末年抵抗安禄山叛军的名将。安禄山反,随钜野尉张诏起兵,提拔为将。后从张巡守睢阳,曾射中叛将尹子奇左目。城中断粮,引精骑三十,突破围敌万余人,往贺兰进明处求援。贺兰进明拒不发兵,再突围返睢阳,后城破被俘,誓死不降,被杀。

○ 品画鉴宝　错金云纹博山炉(西汉)

擒贼擒王

□ 经典实例

刘秀昆阳显雄伟

公元23年,为扑灭汉末农民起义之火,王莽派四十二万大军,以泰山压顶之势,围攻被绿林军占据的昆阳,当时,城中守军总共只有九千人,形势危在旦夕……

三月,王凤和太常偏将军刘秀等率领汉军进攻昆阳、定陵、郾等城,都先后予以攻克。

王莽得知严尤、陈茂失败的消息后,马上派司空王邑乘坐加急驿车和司徒王寻一起发兵去平定崤山以东地区。同时征召通晓六十三家兵法的人为军官,任用身材极高大的巨无霸为垒尉,还驱赶来一些虎、豹、犀、象等类的猛兽以助军威。王邑到了洛阳,各州郡也都选派精锐的士兵,由州郡的长官亲自带领,按时会集起来人数达四十三万,号称百万。其他部队还源源不断地开来,旌旗、辎重千里不绝。夏季,五月,王寻、王邑南进到了颍川,同严尤、陈茂会合。

汉军的将领们看到王寻、王邑如此兵多势众,都返身跑回昆阳城,个个惊慌不安,为老婆孩子担忧,想从这里撤回到原来占据的城邑去。刘秀对他们说:"现在城内兵少粮缺,而城外敌军非常强大,合力抗敌,或许有胜利的希望,如果分散,势必无法取胜。况且刘縯的部队还正在围攻宛城,因此不能前来救援。假如昆阳被敌军占领,要不了几天的功夫,我军各部也就都完了。现在怎么能不同心协力,共举大业,反而只想要守着妻子财物呢?"将领们发怒说:"刘将军怎么敢这么教训我们!"刘秀笑着起身。派

刘秀(前6—57年)字文叔,即汉光武帝,东汉王朝的建立者。南阳蔡阳人。父刘钦曾任济阳、南顿县令,母樊娴都。

出侦察的骑兵回来报告说:"敌人大军已迅速推进到城北,敌军阵营长达几百里,看不到尽头。"将领们一向轻视刘秀,但是在这样紧急的时候,就都议论道:"再请刘将军接着刚才来谋划这件事。"刘秀又给将领们谋划军事成败,将领们都说:"是。"这时城中只有八九千人,刘秀派王凤和廷尉大将军王常守卫昆阳,当夜就率领五威将军李轶等十三人骑马驰出昆阳城的南门,在外面征集队伍。兵临昆阳城下的王莽军队将近十万,刘秀等人费了很大气力才冲出去。王寻、王邑兵围昆阳,严尤向王邑献策说:"昆阳城小而坚固,现在假冒皇帝名号的更始皇帝刘玄正在围攻宛城,我们大军迅速向那里进兵,他必定奔逃。宛城那边的汉军一旦失败,昆阳城里的汉军自然会向我军投降。"王邑说:"我以前围攻翟义,就是因没能活捉住他而受到责备,如今带领百万之众,遇城而不能攻下,这有损大军的威风。应当先攻陷然后屠杀此城,踏着敌人的鲜血,前歌后舞地前进,难道不痛快吗?"于是把昆阳包围了几十

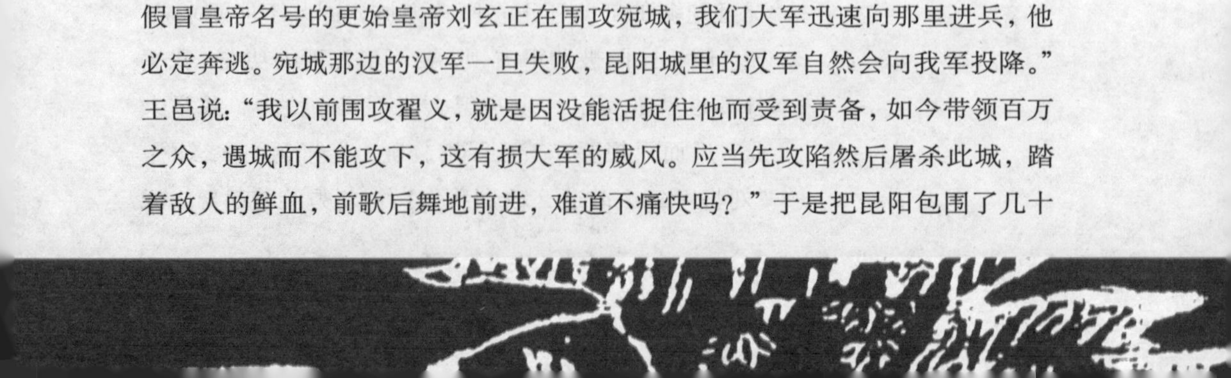

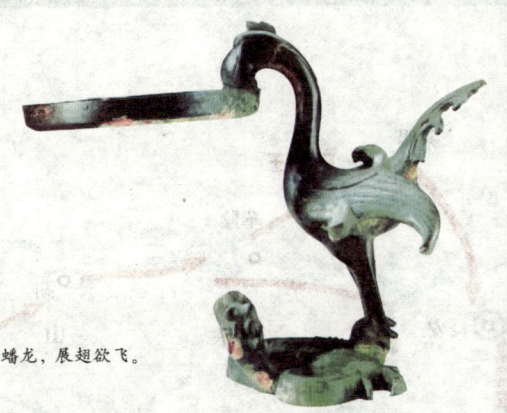

○ 品画鉴宝
朱雀灯（西汉）朱雀昂首翘尾，嘴衔灯盘，足踏蟠龙，展翅欲飞。此灯造型优美，形象生动，结构合理。

重，列营上百个，战鼓之声响彻几十里，还开挖地道，用战车撞城，用许多弓弩向城内乱射，矢下如雨，城内百姓为了躲避飞矢，背着门板出外打水。王凤等乞求投降，不被理睬。王寻、王邑自以为很快就可破城，并不担心军事上会出其他事故。严尤建议说："《兵法》上写着'围城应当网开一面'，让城内被围之敌得以逃出，让这些败兵去动摇正在围攻宛城的绿林兵的军心。"王邑又不听取这个建议。

刘秀到了郾、定陵等地，命令各营出动全部军队。将领们贪惜财物，想要分出一部分兵士守在营地。刘秀说："现在如果打败敌人，珍宝万倍，大功可成；如果被敌人打败，头都被杀掉了，还要什么财物！"于是全军出动。六月初一，刘秀和各营部队一同出发，亲自带领步兵和骑兵一千多人为前锋，在距离王莽大军四五里远的地方摆开阵势。王寻、王邑也派几千人来应战，刘秀一马当先带兵冲了过去，斩了几十人首级。将领们高兴地说："刘将军平时看到弱小的敌军都胆怯，现在见到强敌反而英勇，太奇怪了！让我们都冲到前面去吧，以便协助将军！"刘秀又向前挺进，王寻、王邑的部队开始退却，汉军各部乘机都冲杀过去，斩了千百个首级。接连获胜，继续进兵，将领们胆气更壮，没有一个不是以一当百。刘秀亲自率领三千敢死队员从城西滍（zhì）水岸边冲击王莽军的主将营垒。王寻、王邑轻视汉军，亲自带领一万余人压住军阵，戒令各营都按兵不动，单独迎上来同汉军交战。交战不久，王寻等失利，大部队又不敢擅自相救。王寻、王邑所部阵脚大乱，汉军乘机击溃敌军，追杀了王寻。昆阳城中的汉军也击鼓大喊而冲杀出来，里应外合，呼

声震天动地。王莽军大溃,逃跑者互相践踏,地上的尸体遍布一百多里。此时电闪雷鸣,屋瓦被风刮得乱飞,大雨好似河水从天上倒灌下来,滍水暴涨,虎豹都惊吓得发抖,掉入水中溺死的士兵成千上万,河流因此被阻塞。王邑、严尤、陈茂等骑着马踏着死尸渡过滍水逃走。汉军获得王莽军抛下的全部军用物资,堆积如山,战利品接连几个月都收拾不完,余下的就地烧毁。王莽军的士兵四散奔逃,各返家乡,只有王邑和他带领的几千个长安勇士回到洛阳。于是,关中震惊,海内豪杰一致响应,纷纷杀掉当地的州郡长官,自称将军,用更始年号,等待更始皇帝的诏命。昆阳之战为汉军进攻洛阳、长安,推翻新莽政权创造了条件。

○ 品画鉴宝

彩绘骑马武士俑(西汉) 图中骑马武士森然列队,骑士表情沉着冷静,战马膘健体壮,使观者自然而然感受到装严的气氛,磅礴的气势。

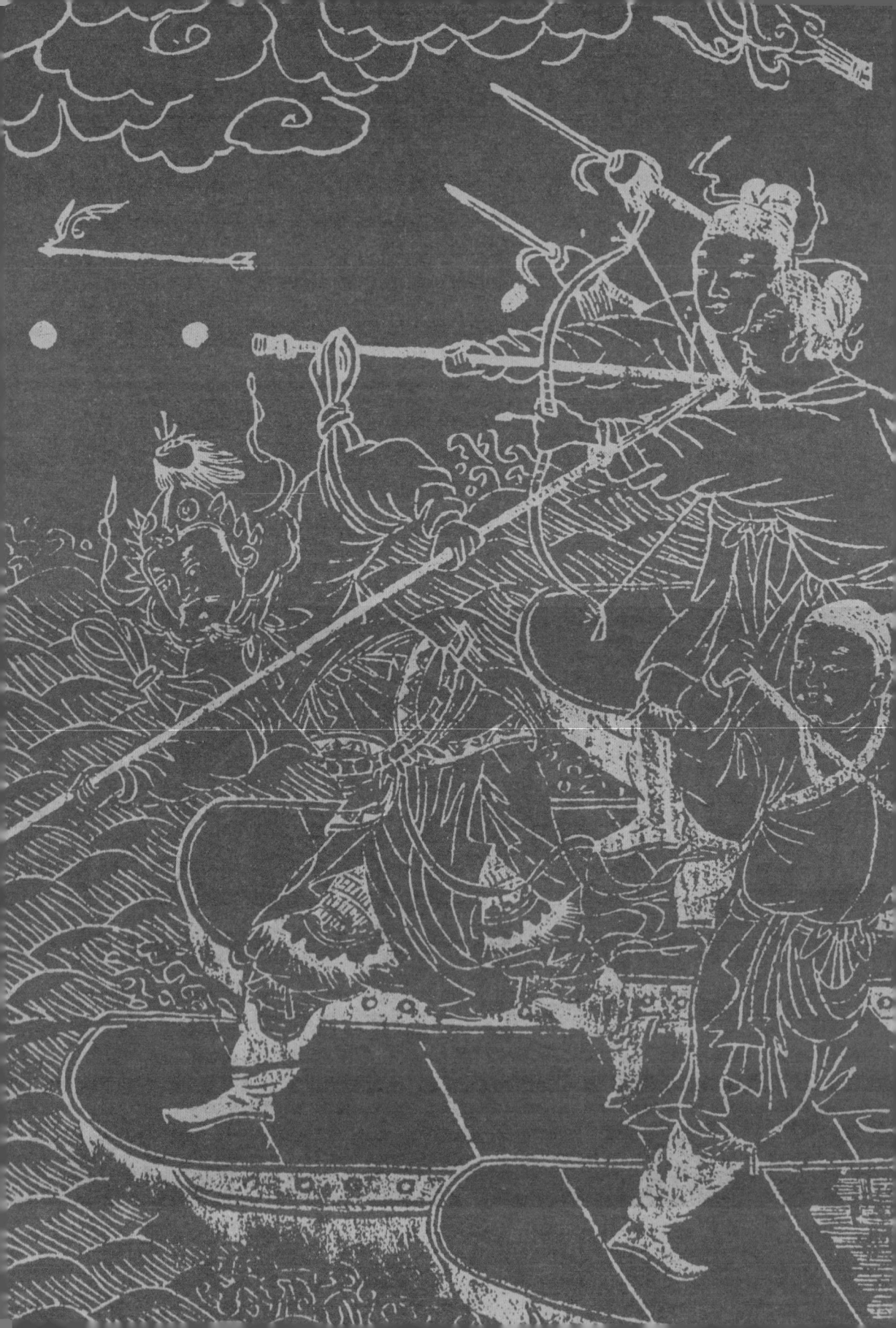

第四套 混战计

混战计包括：釜底抽薪、混水摸鱼、金蝉脱壳、关门捉贼、远交近攻、假途伐虢六计。在混战计的六计中，其核心就在于「混」，在具体运用中，示人以「混」而实则「清」，让对手摸不着头脑，乱其心志，然后引诱其按自己的意图行事，从而达到自己的目的。在瞬息万变的战场上，主帅能保持清醒的头脑，做到人醉我醒、人浊我清，才会在激烈的较量中立于不败之地。

釜底抽薪

□ 第十九计

……计名由来

"釜底抽薪"的谋略之源可追溯到战国时期成书的《尉缭子》。该书《战威第四》说:"民之所以战者,气也","气实则斗,气夺则走","讲武料敌,使敌之气失而师散,虽形全而不为之用,此道胜也"。大意是:部队赖以作战的是勇气,士兵勇气旺盛就敢于战斗,勇气丧失就会溃逃,设法使敌人丧失勇气,军心涣散,使其虽然阵形完整却不能作战,这就是靠政治谋略取胜。《尉缭子》这种采用谋略,削弱敌方的气势和斗志,然后战而胜之的策略思想正是"釜底抽薪"的思想基础。西汉《淮南鸿烈》:"故以汤止沸,沸乃不止;诚知其本,则去火而已矣。"东汉董卓《上何进书》:"臣闻扬汤止沸,莫若去薪。"北齐史学家魏收《为侯景叛移朝文》:"若抽薪止沸,剪草除根。"明代嘉靖年间戚元佐《议处宗潘疏》:"谚云:扬汤止沸,不如釜底抽薪。"清代吴敬梓著《儒林外史》第五回:"如今有个道理,是釜底抽薪之法:只消派个人去,……众人递个拦词,便歇了。"以上种种,显示了"釜底抽薪"发展的脉络,特别是明清以后,"釜底抽薪"已成为广泛使用的民间语言,其中蕴含的思想也变得更加丰富。

履卦

履卦为六十四卦之中第十卦。履卦的卦象为上乾下兑,象征行走天地之间的形态。寓意虽然会遇到风浪,但有惊无险,终究会化险为夷。

不敌其力[1]，而消其势，兑下乾上之象[2]。

不要迎着敌人的劲去与之硬拼，而要设法削弱敌方的气势，采取以柔克刚的策略制服他。

【原文注释】

〔1〕敌：对抗，攻击。力：强力、锋芒。

〔2〕兑下乾上之象：兑下乾上为《周易》六十四卦中的履卦，整个卦象为阴胜阳、柔克刚。占得此卦，预示事情将经历险阻而后通达，终于顺利。此处借用此卦，意在说明，遇到强敌，不要去与之硬碰，而要用阴柔的方法消灭刚猛之气，然后设法制服他。

○ 品画鉴宝
错金银铭文壶（西汉） 壶肩、腹部宽带纹上错有龙虎相斗的生动图案。花纹和壶上铭文都是用纤细金银丝错出，异常精巧美观，显示了金属细工方面的卓越成就，是西汉铜器中罕见的艺术珍品。

【前人批语】

水沸者，力也，火之力也，阳中之阳也[1]，锐不可当；薪者，火之魄也[2]，即力之势也，阳中之阴也，近而无害。故力不可当而势犹可消。《尉缭子》曰[3]："气实则斗，气夺则走。"而夺气之法，则在攻心。昔吴汉为大司马，尝有寇夜攻汉营，军中惊扰。汉坚卧不动。军中闻汉不动，有倾乃定。乃选精兵反击，大破之。此即不直当其力而扑消其势也。宋薛长儒为汉州通判。州兵数百叛，开营门，谋杀知州、兵马监押，烧营以为乱。有来告者，知州、监押皆不敢出。长儒挺身徒步，自坏垣入其营中。以福祸语乱卒曰："汝辈皆有父母妻子，何故作

三十六計之釜底抽薪

此?叛者立于左,胁从者立于右!"于是,不与谋者数百人立于右,独主谋者十三人突门而出,散于诸村野,寻捕获。时谓非长儒,则一城涂炭矣。此即攻心夺气之用也。或曰:敌与敌对,捣强敌之虚,以败其将成之功也。

　　水的沸腾,要依靠火的力量。猛火烧沸水,其锐气自然是不可阻挡的。干柴,是产生火力的物质基础,猛烈的火势就是靠着它形成的。但干柴本身是温和而柔弱的东西,人们靠近它是不会受到伤害的。所以,凶猛的火力虽然难以阻挡,但要削弱火势还是有办法的。《尉缭子》说:"士兵勇气十足,就敢于战斗;勇气丧失,就会溃逃。"瓦解敌军气势的办法,就是要在精神上征服对方。东汉初年,吴汉任大司马时,有敌寇乘夜袭击汉军的军营。军营中因此一片惊慌混乱,而吴汉却在床上静卧不动。将士们听说吴汉这般冷静沉着,情绪顿时稳定,不一会儿,军营中就安定下来。这时,吴汉起床挑选了一支精兵,乘夜出击,大败敌军。这里,吴汉采用的就是不与敌人正面交锋,而是先设法削减对方气势的策略。北宋时,薛长儒做汉州通判时,数百名驻守州城的士兵叛变,企图谋杀知州和兵马监押。有人前来报告,知州、监押都不敢出面。长儒挺身而出,步行到军营前,从破损了的营墙翻身入营,对参与叛乱的士卒晓以利害,说:"你们皆有父母妻子,为什么做出这样的事情!凡策划叛乱的站到左边,被迫跟随的站在右边。"于是,没有参与策划的数百名士兵都站到了右边,只有十三个策划者冲出营门逃走,分散躲进野外的村庄里,不久都被抓获。当时人们说,如果不是薛长儒挺身而出,全城就要遭殃了。薛长儒用的就是攻心夺气的计谋。或者当两军对垒时,突然攻击强大敌军的弱点,破坏它即将取得的胜利,这也是"釜底抽薪"计的运用。

【批语注释】

〔1〕阳:与阴相对。阴阳,是中国古代哲学中的一对重要范畴,两者相反相成,对立统一,贯穿于一切事物之中。

〔2〕魄:古代指人体中依附于肉体而显现的精神,以区别于可以离开肉体存在的灵魂。一说,魄指有精神的形体。火之魄:火赖以发生的物质。

〔3〕《尉缭子》:中国古代兵书,传为战国中期尉缭所作,今存五卷二十四篇。上面引文见该书《战威》篇。

项羽（前232—前202年）
字羽，下相（今江苏宿迁）人。楚国名将项燕之孙，中国古代起义领袖，著名军事家，中国古代第一武将，人称西楚霸王。

釜底抽薪

□ 经典实例

汉军楚歌胜项羽

秦朝灭亡后，项羽自立为西楚霸王，在全国范围内分封了十八个诸侯。刘邦的封地是巴、蜀、汉中。名为汉王，他表面上顺从项羽，暗地里招贤纳士、发展力量，等待时机与项羽一争天下。公元前206年5月，就在项羽大封天下的一个月后，各路诸侯因对分封不满，纷纷起兵反对项羽。刘邦趁战机迭起项羽应接不暇之机，拜韩信为大将，明修栈道，暗渡陈仓，很快就攻下关中地区。随后一面向楚地进军，一面联络各地诸侯公开声讨项羽，揭开了楚汉战争的序幕。

刘邦借用韩信、彭越、英布的力量同项羽作战，赢得了楚汉双方战略相持阶段的胜利。项羽的后方日益不稳，粮草更加困难，兵源日益枯竭，士气越发衰落，军心趋于瓦解。刘邦通过封王、封地等手段进一步争取到韩信、彭越、英布等人的支持，掌握了战略主动权。战争越来越向着有利于汉而不利于楚的方向发展。

公元前203年8月，项羽感到自己缺兵少粮，主动与刘邦议和，以鸿沟为界，中分天下。为了表示诚意，项羽还释放了以前俘虏的刘邦的父亲和妻子。就在项羽东撤时，刘邦听取谋士张良、陈平的建议，撕毁和约，约会各路人马，从四面八方对楚军发动合围追击。

韩信曾在项羽手下做过持戟的小官，因不受重用，转投到刘邦手下，被刘邦拜为大将军。楚汉战争爆发后，韩信先后灭魏、破赵、降燕、伐齐，在北面对项

○ 品画鉴宝

四神瓦当·青龙（汉） 瓦当是陶制建筑构件筒瓦之头，故又称筒瓦头，与板瓦、筒瓦共同构成房屋之顶。这个四神瓦当是汉代的代表作，中央圆点和青龙、白虎、朱雀、玄武纹相凸出表面，有"天之四灵，以正四方"的吉祥寓意。

羽形成了战略包围。在接到围追项羽的命令后，韩信亲自率三十万大军南下，势如破竹，很快攻克了包括楚首都彭城（今江苏徐州）在内的许多地方，与刘邦会师于颐乡（今河南鹿邑东）。汉将英布、刘贾劝降了楚大司马周殷，继而西下与刘邦会师。此时，彭越也率军南下。

刘邦各路大军齐聚，四面云集，一场规模空前的决战就要打响了。项羽自知不敌，于公元前202年12月退兵到了垓下（今安徽灵璧东南，一说今河南鹿邑东），汉军紧追不舍。这时候，项羽的后方几乎完全被汉军占领，已经无路可退，项羽于是定下决心，在垓下安营扎寨，要与汉军周旋到底。

汉军总兵力有五六十万人，仅韩信就有三十万人，而项羽只有十万人马。项羽告诉手下说："汉军兵多，只要坚守大营，等他们粮草不足，汉军就会不战自退。谁也不许出击，打退了汉军的进攻也不要追击。"

韩信知道项羽力能举鼎，勇猛无敌，楚军士兵也是个个骁勇善战，对付楚军只能智取不能力胜。于是，韩信布下十面埋伏，自己亲自率领三万人马，到项羽营门前挑战。堂堂西楚霸王怎么能让一个胯下小儿，一个从前自己手下的无名小卒欺侮！项羽把既定的坚守战术抛在脑后，挥军杀向汉军。韩信且战且退，把项羽引入包围圈，埋伏的十路人马依次杀出。战斗几乎进行了一天，项羽人困马乏，楚军虽然杀伤了大量汉军，但自己伤亡也越来越大，而且汉军似乎越来越多。项羽没办法只好退回大营，这时手下十万精兵只剩下两三万残兵败将了。

"败了，败了！"项羽布满血丝的眼睛看着自己的爱妾虞姬说。

"胜败是兵家常事，大王不必烦恼。"虞姬一面劝慰，一面命人送上早已准备好的酒菜。项羽只饮了几杯，就趴在桌子上沉沉睡去。

虞姬看着项羽满身血迹，心疼不已，嘴上劝项羽，其实她自己也很为楚军的前程担忧。虞姬轻轻叹了口气，披上大氅，走出帐篷。

正值严冬,寒风凛冽。月色很好,却显得凄凉无比,让人感觉不到一丝柔美。楚军白天损失了十之七八,大营显得空荡荡的。时而传来的受伤楚军将士的呻吟、远处战马的嘶鸣,让虞姬的心情越发沉重。

虞姬忽然觉得风中似乎隐隐约约夹杂着别的声音,仔细一听,发现是歌声,从远处汉营里传来的,还伴有箫声。倾耳细听,那歌声凄凉哀伤,如泣如诉,竟然是楚歌。虞姬环视了一下四周,发现不少楚军士兵三三两两靠在一起,或斜倚或坐卧,都在动情地听着,有的还轻声相和。

虞姬赶忙回帐,叫醒了项羽,把这件事情告诉他。

"什么?不可能!"项羽将信将疑,几步冲出帐外。他也听到了歌声,那也是他熟稔的曲调。"怎么会这样呢?怎么汉营里会有这么多楚人呢?难道刘邦小儿已经打下了西楚?"

项羽不明就里,计无所出,接下来的几天同汉军厮杀的劲头也不足了。楚军将士随项羽四处征战,几天来受到了楚歌的感染,思念起阔别已久的家乡和亲人,再想想现在楚军内无粮草,外无救兵,坚持下去只有失败,战斗精神很快就垮了下来。失败的气氛笼罩着整个军营,有人开始逃离楚营,开始三三两两,后来竟整批整批地溜走,就连跟随项羽多年的将军季布、钟离昧、项羽的伯父项伯也不辞而别。

其实这正是张良、韩信的计策。周殷投降英布时带去的九江兵,是临近汉水的人,也会唱楚歌,张良让他们教会了汉军。然后命令士兵在夜里唱楚歌,以此来引发楚军的思乡厌战之情,瓦解其斗志。这一釜底抽薪之计,"抽"去了楚军的战斗意志,真是抵得上千军万马。最后项羽只剩下祖楚、虞子期两个将军和八百亲兵。

虞子期建议说："现在四面楚歌，将士也都散去了，我们不如趁夜色突围吧。"项羽无奈，只好同意。虞姬怕项羽为了保护自己，影响突围，毅然横剑自刎。虞子期见妹妹自杀，伤心欲绝，也随虞姬自刎而死。项羽忍住悲伤，率军偷偷越过汉营，突围而去。

韩信发现后立即派五千骑兵追杀，几次交战，又歼灭了包括祖楚在内的许多楚军。项羽只带领二十六人，来到乌江边上，恰好江边有一条船，但项羽感

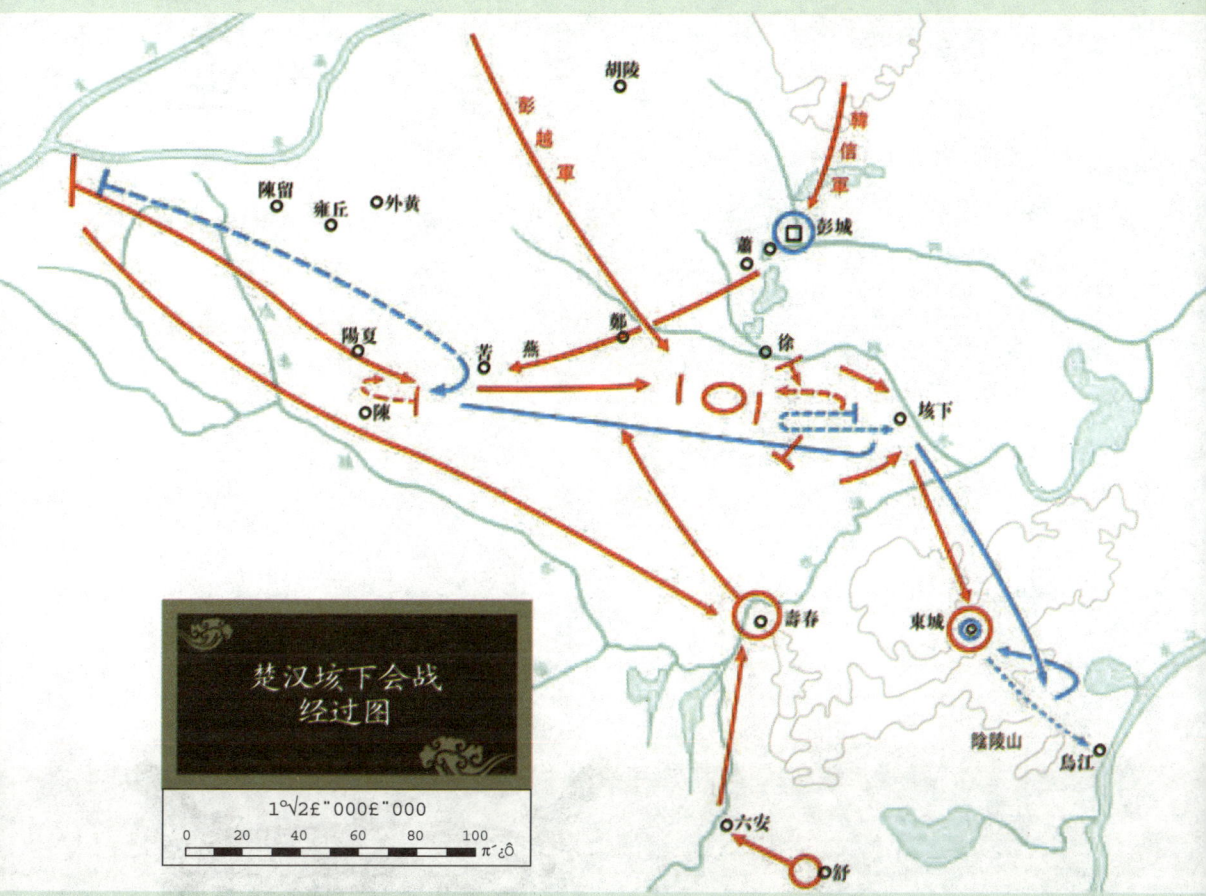

到跟随自己的八千子弟兵，全军覆没，无颜面对江东父老，拒绝渡江。在又杀死了几百名汉军，做了最后的抵抗后，自刎于乌江畔，死时只有三十一岁。那一年是公元前202年。

刘邦取得楚汉战争的胜利，建立了我国历史上第二个大一统的封建王朝——汉朝。

混水摸鱼

□ 第二十计

……计名由来

"混水摸鱼"一词的原意是,把水搅混,使鱼晕头转向,乘机捕捉,往往易于得手。

起初可能是渔民从捕鱼实践中总结出来的一句经验性俗语,后来逐渐被移用到包括军事在内的其他领域,比喻乘混乱之机,比较容易取得利益。

在军事上指有意给敌方制造混乱,或乘敌方混乱之机,消灭敌人,夺取胜利。

○ 品画鉴宝

王子午鼎(春秋) 鼎腹内壁铸有装饰性极强的八十六字,记王子午铸此鼎的事情。王子午即楚庄王子——子庚。王子午鼎共出七件,形制相同,大小相次。整组造型雄伟,制作精良,装饰华美。

○ 品画鉴宝
邓仲牺尊（西周） 造型奇特，铸作精工，纹饰缛丽，是青铜礼器中难得的艺术珍品。

乘其阴乱[1]，利其弱而无主。随，以向晦入宴息[2]。

乘着敌方内部发生混乱，利用他力量虚弱且没有主见的弱点，使他顺随我，就像《易·随》卦象辞说的：人们随着天时的变化，到了夜晚就要入室休息一样。

【原文注释】

[1] 乘其阴乱：阴，内部。全句意为，乘敌人内部发生混乱。
[2] 随，以向晦入宴息：语出《易·随》。随，卦名，顺从之意。本卦为震下兑上。上卦为兑为泽；下卦为震为雷。言雷入泽中，大地寒凝，万物蛰伏，故卦象名"随"。《易·随》的《象》辞说："泽中有雷，随。君子以向晦入宴息。"意思是说，人要随应天时去作息，夜晚就当入室休息。本计借这一象理，说明打仗时要善于抓住敌方的可乘之隙，随机行事，乱中取利。

【前人批语】

动荡之际，数力冲撞，弱者依违无主[1]；敌蔽而不察[2]，我随而取之。《六韬》曰[3]："三军数惊，士卒不齐，相恐以敌强[4]，相语以不利。耳目相属[5]，妖言不止，众口相惑。不畏法令，不重其将，此弱征也。"是"鱼"[6]，混战之际，择此而取之。如刘备之得荆州，取西川，皆此计也。

局面混乱不定，一定存在几股相互冲突的力量，弱小的力量对于到底应该依靠哪一边，考虑不清楚，就分散躲避，难以察觉。我方应当乘机把水搅浑，将这股弱小力量夺取过来。古兵书《六韬·兵征》列举了敌军衰弱的征状："军队多次惊慌，军心不稳，又因为敌人强大而产生恐惧心理，互相说着泄气的话。官兵互相交头接耳，谣言四起，听信假话，不怕法令，不尊重将帅。这些都是怯弱的征兆。"这样的"鱼"，在混战的时候，应该乘机捕捉它。例如：刘备得荆州、取西川用的都是这一条计策。

○ 品画鉴宝
洛阳卜千秋墓壁画（西汉） 此图构思宏大，塑像众多，有限的空间内，画家描绘了神蛇、伏羲等十一种造型，各种形象神态各异，相互呼应，使本图虽繁而不散。

【批语注释】

〔1〕依违无主：依，依靠、拥护。违，违背、反对。无主，没有拿定主意。

〔2〕蔽：受蒙蔽，被掩盖。

〔3〕《六韬》：古代兵书名，相传为周代吕尚所著。

〔4〕相恐：相互传播一些令人惊恐的消息。

〔5〕耳目相属：交头接耳，你看着我，我看着你。

〔6〕鱼：猎取对象，比喻敌人。

混水摸鱼

□ 经典实例

王莽计灭异己

王莽是历史上的一代奸雄，他有出众的谋略，对待敌人毫不手软，而且经常使用一些阴险的计谋。

汉元寿二年（公元前1年）六月，孝哀帝刘欣死于长安未央宫。九月，平帝刘衎(kān)（原名刘箕子）即皇帝位，其时年方九岁，太皇太后王政君临朝听政。平帝的生母是卫姬，家中有一些亲戚在京做官。秉政的大司马王莽，担心平帝上台后，重用舅父家的卫姓亲属，形成另外一股势力，冲击王姓外戚既得利益，剥夺自己之职位，于是在太皇太后前谗言道："过去哀帝刚坐上皇位，就立即拔擢自己的皇亲国戚丁姓、傅姓家族，陷国家于混乱，宗庙几乎倾覆。现今成帝之子刘衎入继大宗为皇上，就要特别强调正统大义，务必以前事为鉴，做后世的楷模，而要抛弃私情。"他游说太皇太后，征得了王政君的同意，立即派出自己的亲信，所谓朝廷"四辅"之一的甄丰，带着印信，前往中山国（今河北定县）。封平帝母亲卫太后为中山孝王后，封平帝舅父卫宝、卫玄为关内侯，平帝的三个妹妹也被封号。以太皇太后名义，令他们均留居中山封地，不得至京师，以免卫姓势力坐大。其时右扶风功曹申屠刚，对王莽所为表示不满，以为皇上年幼，上台之初，即隔绝骨肉亲情，断绝亲戚往来，与礼节不符。何况汉朝制度，虽任用英才治国，但同时也信用皇亲国戚，使朝廷亲疏交错，互为牵制，以利于皇室和国家的安定。申屠刚直言要求朝廷简派使节，迎接皇太后到长安，使皇上母子得以欢聚，还应该广泛征

○ 品画鉴宝
龙凤纹银铺首衔环（西汉） 樟璧饰件。两条细长蟠龙攀登在环形的兽角上，昂首探视。整件铺首造型优美，柔中带刚。

○ 品画鉴宝
双龙谷纹玉璧（西汉） 透雕，晶莹洁白，两面纹饰相同，璧周缘起棱，满饰谷纹。上端饰透雕双龙卷云纹出脊。造型别致，雕琢精细。

召皇上的母家亲戚，让冯姓家族（刘衎祖母的娘家）和卫姓家族之人，居住长安，授给闲散的官职，侍卫宫廷，防范灾祸。王莽见屠刚上书，为之大怒，立即以太皇太后名义下诏："申屠刚谬言乱说，背离儒家经典，有违大义，令其免职。"不久，申屠刚果然被遣归老家。

王莽视平帝的国戚为自己的死对头，暂时没有理由除去，就采取隔绝政策，并派人严密监视。同时则想方设法控制平帝，准备以自己的女儿嫁给刘衎，立为皇后，以巩固自己的地位。汉平帝元始二年（公元2年），他上呈奏折，口称要仿效周、商制度，按照儒家"五经"所规定，为平帝选后。可是下属官员上报的名单上开始列有很多王姓家族女儿，王莽担心竞争激烈，自己的女儿有可能被挤掉。于是假意对太皇太后称："自己的女儿没有什么才德，怎能列入帝后名单？"哪知王政君误会了王莽的虚伪谦虚，信以为真，公开表彰王莽的诚意相让行为，干脆下诏宣布，王姓家族的女儿，一律不予考虑为帝后。王莽弄巧成拙，慌忙指使亲信朝臣、儒生，一齐到未央宫前请愿或上书朝廷，请求把盛大功德的安汉公女儿列入帝后名册。但事情越弄越糟，因为王莽亲口说出可以不予考虑，所以表面上对请愿之人，王莽又不得不加以劝阻，以示公心诚意。后来王莽一看不得要领，只好撕下面孔，干脆直告太皇太后："请察看我的女儿。"汉平帝元始三年（公元3年）春，王莽的女儿经宫廷派人察视，被认为德容兼备，适宜于承受天命，侍奉皇家祭庙香火。接着又卜卦问神，得到吉兆，于是定下王莽之女为皇后，下聘礼黄金二

○ 品画鉴宝
玄武纹空心砖（西汉） 玄武为龟、蛇相交组合而成，古人心目中的四神之一，象征北方、上方、冬天，多用于古代建筑和墓室之中，有驱恶镇邪之用。

万斤。王莽见目的已达到，就把大部聘金散给同时入选的媵妾人家，以及同族贫苦亲属，取人之善为己之善，进一步笼络人心。

正当王莽紧锣密鼓地嫁女为帝后的时候，在他家的门前，发生了有名的吕宽事件，王莽则乘机大做文章，大搞株连，终于一举铲除了平帝母后的卫姓家族势力。

原来，王莽之子王宇，看不惯父亲隔绝皇上母子，限制卫姓家族的做法，私下里同皇帝舅父卫宝联络，又暗示卫姬上书朝廷谢恩，借揭露丁姓、傅姓外戚的罪恶名义，希望得以感化太皇太后，让自己回到长安。哪知此招并不奏效，卫姬日夜哭泣，要求进京见儿子，王莽则再三回绝。于是，王宇同自己的老师吴章、舅兄吕宽商量，决定利用王莽迷信心理，在王莽府门前抛洒鲜血，以天意恐吓王莽。可是吕宽乘夜洒血王莽门前时，被守门人发现迹象，此案很快被王莽侦破，王宇被捕下狱，服毒自尽，其妻因有身孕，生产后亦旋被杀死。

卫姓家族在吕宽事件中，并不是主谋，但在卫姬要求回京刚遭拒绝的时候，王莽自然要怀疑起卫姬，加上王宇、吴章等被刑讯之中，又承认是为卫姬事起，王莽哪能杀了儿子、媳妇，却轻饶卫氏，放过除去政敌的好机会呢？于是旋即下令把卫姓家族全部屠杀，仅留下皇上母后卫姬一人。吴章是当时著名的儒家学者，曾广收学生，在京城士人中颇有影响。王莽以为这些儒生与己有碍，早就有意除去，吴章此次是自动撞上枪口，被王莽令在长安东市，把吴章五马分尸，又下令从今后剥夺吴章学生、门徒的政治权利，不准这些人入朝为官。

王莽

　　王莽不仅借吕宽事件,斩杀了卫姓家族,还扩大打击面,凡与己不合的公开、潜在对手,也借机一一消灭。汉元帝刘奭(shì)的妹妹敬武长公主,嫁夫后与王莽是族属,但与丁姓、傅姓外戚往来友好,曾经讲过不满王莽的话。王莽即乘此机会以太皇太后的名义,令其自杀。王莽的叔父红阳侯王立,以及王谭之子平阿侯王仁,过去与王莽都有往来,但王莽并不视之为同类,也被王莽强迫自杀。王莽又令自己的亲信大司空甄丰,派员去全国各地,扫除卫姓党羽。凡不依附王莽者,都可用"叛乱"的罪名诛杀。前将军何武、前司隶校尉鲍宣、乐昌侯王安、护羌校尉辛通及其兄弟函谷都尉辛遵、水衡都尉辛茂、南郡郡长辛伯等数百人,都在此间相继成为王莽的刀下之鬼。这些人有的与王莽并无什么矛盾,只是诚心维护王室刘姓正统;有的自负才出名门大家,疏远同王莽的结交;有的因性格刚烈,鱼鲠在喉,好直言议论。在王莽看来,维护汉室,就是自己日后代汉称帝的绊脚石,应该及早下手除去为宜。而有才又不依附王莽府门的人,就是潜在的政敌,当然不能放过。那些仗义执言的人,有碍于王莽的沽名钓誉的政治投机,于自己舆论不利,也要除之而后快。

　　吕宽事件的处置,使王莽一时廓清了朝内外的政敌,西汉平帝元始四年(公元4年),汉平帝大婚,王莽女儿正式册立为皇后。王莽被下诏重赏,尊称为"宰衡",位居三公之上。同年,梁王刘立被揭发与卫姓外戚有牵连,削封撤职,贬放南郑,被迫自杀。汉平帝元始五年,诏令加赐王莽"九锡"。同年冬季腊月大祭,王莽向平帝刘衎献椒酒,鸩杀平帝于未央宫。同月,王莽借符命公开称"摄皇帝"。这些都是吕宽事件,王莽顺势残杀异己的继续和结果。

　　王莽背靠太皇太后王政君,逐步造成西汉王姓外戚专权的局势。一姓势

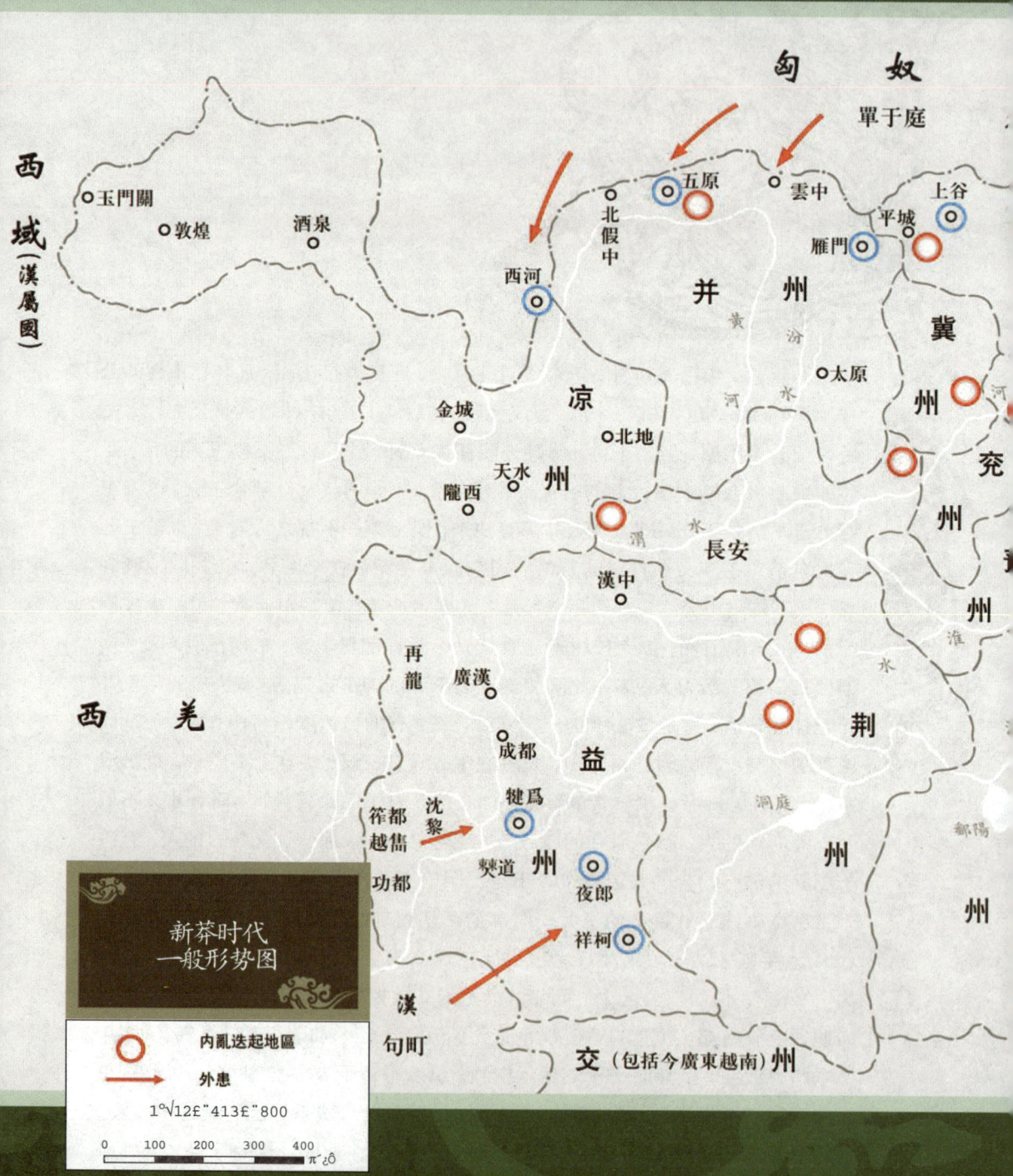

立,怎能再容别人插足?所以,平帝上台后,其母后卫姓家族与王莽为代表的王姓家族,两大外戚势力之间争权夺利的斗争,是封建专制政治进程中的必然。只不过王莽先下手,采取隔绝政策,置卫姬家族于远离京城的中山,两大家族的斗争暂时被缓和下来。吕宽事件,点燃了两派斗争的导火索,同时给王莽提供了一个乘机下手的好机会。对已经势力坐大,还想自己代汉做皇帝的王莽来说,既然自己的儿子、儿媳都肯杀,杀伐卫姓家族的势力,当然会毫不手软。而太皇太后的信任,满朝党羽握有实权的形势,为他搞株连杀异己,都提供了便利的条件。于是京城的卫姓家族被灭,外地的卫姓党羽由"四辅"之一的亲信大司空甄丰去杀伐。那些非己同党,或与己不和,或者是铁心维护汉室的忠臣们,现在都成了王莽杀伐的对象。除去这些人,那汉元帝的妹妹,与太皇太后是同辈,说几句不满王莽的话,王莽也奈何不了。但吕宽事件,使王莽有了一个最有利的时机,再加上一个与卫姓牵连的"高帽子"罪名,一切都顺理成章了。可怜数百冤鬼,只能在九泉下控诉了。

金蝉脱壳

□ 第二十一计

……计名由来

"金蝉"就是人们常见的"知了","脱壳"是其由幼虫变为成虫的生理过程。古人很早就观察到这种现象,并借喻到人类社会生活中的各个方面。如《史记·屈原贾生列传》说:"濯淖污泥之中,蝉蜕于浊秽,以浮游尘埃之外,不获世之滋垢,皭(jiāo)然泥而不滓者也。"《淮南子·精神川》:"蝉蜕蛇解,游于太清。"佛家和道家也常借此比喻得道者升仙而去。元代以后此语使用更多,如元马致远《三度任风子》:"天也,我几时能勾金蝉脱壳,可不道家有老敬老,有小敬小。"《金瓶梅词话》第三十五回:"那贵四巴不得要去,听见这一声,一个金蝉脱壳走了。"明吴承恩《西游记》第二十回:"(行者道)这个叫做'金蝉脱壳计',他将虎皮盖在此,他却走了。"用"金蝉脱壳"比喻某种军事计谋,至少在元代以前就有了,如元惠施《幽闺记》中写道:"曾记得兵书上有个金蝉脱壳之计。"此计用于军事实践则更早,从历代战例中可以体会出来。

蛊卦

蛊卦为六十四卦之中第十八卦。蛊卦的卦象为上艮下巽,象征被狂风卷起的山峰。山峰虽然被风吹入天空,但终究不能久持。此卦便喻示眼前片刻的安宁,却伏着极大的隐患。

○ 品画鉴宝
父庚觯(西周) 觯,古代酒器,青铜制,或有盖,作饮器用。

存其形，完其势[1]；友不疑，敌不动。巽而止蛊[2]。

保存阵地原有的阵形，造成强大的声势，使友军不怀疑，敌人也不敢贸然进犯。这是从《辞·蛊》卦辞"巽而止蛊"一语中悟出的道理。

【原文注释】

〔1〕存其形，完其势：保存已有的战斗阵形，完备战斗态势。

〔2〕巽而止蛊：语出《易·蛊》。"蛊"的卦象是"刚上柔下"，意即高山沉静，风行于山下，事可顺当，又是"谦虚沉静""弘大通泰"的天下大治之象。

【前人批语】

共友击敌[1]，坐观其势。倘另有一敌，则须去而存势。则金蝉脱壳者，非徒走也，盖为分身之法也。故我大军转动，而旌旗金鼓，俨然原阵，使敌不敢动，友不生疑。待已摧他敌而返，而友敌始知，或犹且不知。然则金蝉脱壳者，在对敌之际，而抽精锐以袭别阵也。如诸葛亮卒于军[2]，司马懿追焉[3]。姜维令仪反旗鸣鼓[4]，若向懿者。懿退，于是仪结营而去。檀道济被围，乃命军士悉甲，身白服乘舆，徐出外围。魏惧有伏，不敢逼，乃归。

同友军联合对敌作战，要仔细察明敌、我、友三方的态势。如果另外发现敌人，必须保持原来的阵势，分兵去迎击。"金蝉脱壳"并不是一走了事，而是一种分身的方法。因此，当我方主力转移后，依然要旗帜招展，金鼓不断，逼真地保持原来的阵势，从而使敌人不敢妄动，友军也不致生疑。我主力已摧毁别处的敌人返回来，友军和

○ 品画鉴宝

爬龙柱形器（商）器身圆柱形，上大下小。器上有一龙昂首站于顶上，下半身垂于器壁。器壁另一侧有勾云纹饰样。此器可能是套在木柱顶端的附件。

敌人才发觉，甚至还没有发觉。"金蝉脱壳"之计就是在对敌作战时，暗中抽走精锐部队去袭击别处的敌人。比如，诸葛亮第六次出祁山伐魏时死于军中，魏军大都督司马懿领兵追袭。姜维命令杨仪指挥部队擂鼓佯攻司马懿的魏军，司马懿见后便率军撤退了。于是杨仪得以安全地撤回。又如南北朝时，宋将檀道济被北魏军队围困。檀道济命令军士全部顶盔挂甲，而自己则身着便装，坐着车子，领军从容地走出敌军包围圈。北魏的军队害怕宋军有埋伏，因而不敢逼近，于是檀道济得以安全归去。

【批语注释】

〔1〕共友：与友军联合。

〔2〕诸葛亮（181－234年）：三国时杰出政治家、军事家，字孔明。徐州琅琊阳都（今山东沂南）人。初为刘备军师。刘备称帝后任丞相，总理军政。刘备死后，辅佐后主，封武乡侯。

〔3〕司马懿（179－251年）：三国时军事家、魏国名将，字仲达。河南温县（属今河南省）人。初为曹操主簿，曹丕称帝后任抚军大将军。

〔4〕仪：杨仪（？－235年），字威公，襄阳人（今湖北襄樊）。东汉末年为荆州刺史主簿，后投关羽。刘备进位汉中王，拔擢杨仪为尚书。

金蝉脱壳

□ 经典实例

张飞智夺瓦口隘

汉献帝建安十二年（207年），刘备三顾茅庐请诸葛亮出山，诸葛亮在隆中为刘备分析天下形势说："您最好占有荆州、益州，一旦出现有利于您的形势，就派一名上将率兵由荆州向宛（今河南南阳）、洛（今河南洛阳）进攻，您亲自率一路人马向关中地区进攻，则可以完成兴复汉室的大业。"

孙、刘联军在赤壁火烧曹军后，刘备见东吴攻打曹军控制下的江陵，便以断江陵粮道为由，迫降了江南武陵、长沙、桂阳、零陵四郡。汉献帝建安十五年（210年），刘备赴东吴面见孙权，要求吴方把从曹操手中夺来的江陵让给他，东吴方面想借刘备的力量抵抗曹操，就答应了。于是，刘备基本上据有荆州（荆州北部部分地区仍被曹操占领）。汉献帝建安十六年（211年）十月，益州刘璋邀请刘备入川，帮助抵御曹操可能发动的进攻，刘备反客为主，于汉献帝建安十九年（214年）四月占领成都。这样，刘备用了七年的时间，实现了诸葛亮在《隆中对》中为他设计的第一步战略目标。

汉献帝建安二十年（215年）八月，曹操打败汉中张鲁，占领了汉中地区。蜀中老百姓都怕曹操趁机进犯。主簿司马懿向曹操进谏道："主公取得汉中，益州人心惶惶，而刘备用诈取代刘璋，蜀地人心还没有归附，而他又远在荆州同东吴争夺长沙等三郡，正是进兵攻蜀的好机会啊！"曹操道："人往往不知足，怎能既得陇，复望蜀呢？"刘晔同意司马懿的意见，道："诸

张飞（167—221年）字益德（《三国演义》中字翼德），涿郡涿县（今河北涿州）人，身高八尺，约合今1.85米。三国时期蜀汉的重要将领。221年被部将范疆、张达刺杀。

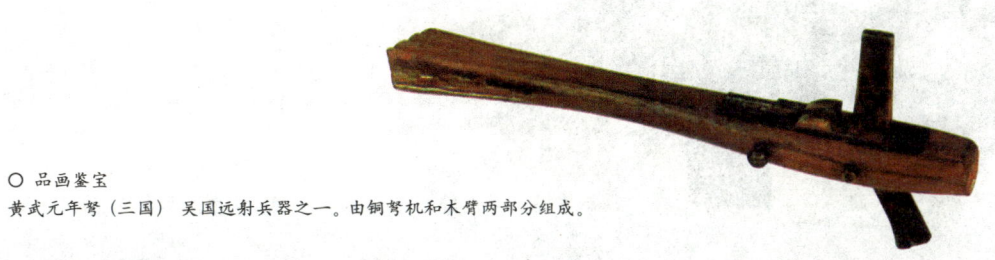

○ 品画鉴宝
黄武元年弩（三国） 吴国远射兵器之一。由铜弩机和木臂两部分组成。

葛亮善于治国，关羽、张飞、赵云都有万夫不当之勇，等刘备稳定了局面，就难以攻克了。"但曹操执意不肯，说："将士们征战已久，需要休整。"遂派夏侯渊、张郃驻守汉中，自己则班师回去了。

　　汉中，向北越过秦岭就是关中，南面隔着巴山是益州东部的巴郡、巴东、巴西，地形险恶、易守难攻，是益州的门户。刘备得知曹操得了汉中，忧心忡忡。原刘璋手下谋士、后来归顺刘备的法正分析道："曹操这次没有乘机攻打汉中，不是不想打，而是力量不够，主公应趁机夺取汉中。"刘备采纳了他的建议。

　　汉献帝建安二十三年（218年），刘备亲率诸将进兵汉中，分派张飞、雷铜驻守巴西的阆中。曹操得到情报，派曹洪领兵五万增援夏侯渊、张郃（hé）。曹洪到达前线后，命令夏侯渊、张郃二人严守险要，不能轻举妄动。张郃瞧不起张飞，向曹洪请令道："我愿立下军令状，率本部人马，攻打巴西，生擒张飞。张飞匹夫之勇，别人怕他，我可不怕！"曹洪同意了张郃的请求，命他率兵三万出战。张郃在靠山险要的地方，扎下三座营寨：岩渠寨、蒙头寨、荡石寨；留下一半人守寨，自己率领另一半一万五千人向巴西杀来。张飞与雷铜商议对策，雷铜道："阆中地形险恶，不如将军从正面迎战张郃，我带五千人马埋伏，由其背后杀出，一定能活捉张郃。"张飞大喜，依计行事，结果杀得张郃大败。张郃只好退回三寨，坚守不战。张飞追到岩渠寨下安营。第二天派兵骂阵，但张郃学乖了，就是不接战，反而在山上大吹大擂，与将士痛饮美酒。第三天，雷铜出战，被张郃三寨兵马联合攻击，杀得大败。第四天，张飞再挑战，张郃又不出。就这样，两军在岩渠山下相持了五十多天。

　　张飞心中郁闷，就借酒浇愁，每天喝得大醉。刘备派来犒赏三军的使臣把这个情况报告给刘备。刘备很担心，对诸葛亮说："三弟终日饮酒，怕误了大事啊！"诸葛亮哈哈一笑，成竹在胸地说："前线没有好酒，倒苦了张将军。来人，把成都的好酒给张将军送五十瓮去！"

○ 品画鉴宝
青瓷宅院（三国） 由院墙、正楼、门楼、角楼、谷仓等建筑群体十一件组成。建筑规模宏大，俨然是一座豪门世家或官府仓廪的缩影。

　　刘备一头雾水，不知道诸葛亮葫芦里卖的什么药。诸葛亮解释道："主公和张将军结义多年，还不了解他吗？翼德可不是匹夫之勇啊！这一定是他破敌的计策。"于是，刘备派魏延送酒去前线。

　　张郃得知，觉得蜀军轻敌，又实在忍不下敌人在自己山下喝酒辱骂这口气，就决定劫营。当夜，张郃率一哨人马悄悄下得山来，见张飞并无防备，还在大帐中开怀畅饮，便挺枪跃马，杀入大营。忽听一声炮响，伏兵四起，张郃知道中了诱敌之计，无心恋战，带着一万残兵败将退回瓦口关，三座大寨都被张飞夺了。这正是张飞的"金蝉脱壳"之计：引得张郃出战，安排好诱敌的圈套，自己却跳到圈外，伺机发动进攻，从而大胜。张飞引兵追到瓦口关下，谁知关下第一阵就被张郃用诈败诱敌的办法，杀了雷铜。张飞与魏延商议道："估计张郃还会故伎重演，我们何不将计就计？张郃再诈败，我就追，魏将军在后面等他伏兵杀出，再掩杀出来，定能胜敌！"第二天的战斗完全如张飞所料。张郃又败一阵，闭关不出，再也不敢交战了。张飞、魏延连日攻打不下，只好后退二十里扎营，然后带着几十个人四处查看地形。正在这时，忽然看到一伙老百姓，男男女女十几个人，在远处半山腰的小路上行走。张飞忙命人把那帮人请过来，问道："你们从哪儿来，到哪儿去啊？"

　　其中为首一人答道："回将军，我们是汉中人，到蜀地做生意，现在是回乡。因听说大军交战，不敢走大路，只好走山中小路。"

　　"那请问，这条小路离瓦口关有多远？"张飞听说有小路，喜不自禁，说话也更加和气。"回将军，从这条小路可以翻过梓潼山，就能到瓦口关的背后。"张飞立刻带五百精兵，让那些老百姓作向导，抄小路向瓦口关的背后进发。同时，命令魏延从正面发动进攻，把张郃引出来。

张郃听说蜀兵在魏延率领下攻城,张飞没来,便顶盔挂甲,下山迎战。"魏延听着!你不是我的对手,快回去叫张飞来决一死战。否则要你死无葬身之地。""哈哈!张郃小儿,死到临头还敢说大话!张将军已经抄到你的后路去了!"正在这时,张郃手下探马来报:"报张将军,大事不好,关后四处起火,不知有多少兵马啊!"张郃一听大惊失色,忙率军回救,走了不远就见张飞迎面而来,背后魏延也追杀过来。张郃经过死战,才带着十几个人突出重围,保住一条性命。这又是一条"金蝉脱壳"之计:魏延挑战是假,张飞却"脱壳"而去,抄了张郃的后路。

张飞夺取瓦口关后不久,老将黄忠攻克葭萌关,刘备打开了进军汉中的门户。汉献帝建安二十三年(219年)五月,刘备占领汉中,取得了进可攻退可守的有利形势。

关门捉贼

□ 第二十二计

……计名由来

关门捉贼与"闭门捉贼""关门打狗""瓮中捉鳖"等词语意思相近,原是民间流传甚久的俗语,后来移用到社会生活的其他领域。

《孙子·谋攻》中说"十则围之",就包含了关门捉贼的意思。在战争实践中,关门捉贼就是军事家和军事指挥员们常讲、常用的围歼战、口袋阵等歼灭战战法。

古今中外使用此计的战例比比皆是,举不胜举,在商业竞争、政治斗争中也有运用。

○ 品画鉴宝
双鸟首短剑(春秋至战国)

剥卦

剥卦为六十四卦之中第二十三卦。剥卦的卦象为上艮下坤,象征高山矗立的大地。本卦阐述了物极必反,否极泰来的道理。启示人们要有居安思危的心态。

小敌困之。剥，不利有攸往[1]。

对弱小的敌人，要包围起来歼灭他。《易·剥》说："如果让敌人逃走再去穷追远赶，那是很不利的。"

【原文注释】

[1] 剥，不利有攸往：语出《易·剥》。剥卦意指广阔无边的大地在吞没山岳，故卦名曰"剥"。"剥"，落也。卦辞"剥，不利有攸往"的意思是：当万物呈现剥落之象时，如有所往，则不利。此计引此卦辞，是说对小股敌人要即时围围消灭，不利于急追远袭。

【前人批语】

捉贼而必关门，非恐其逸也[1]，恐其逸而为他人所得也。且逸者不可复追[2]，恐其诱也。贼者[3]，奇兵[4]也，游兵也，所以劳我者也。《吴子》曰[5]："今使一死贼，伏于旷野，千人追之，莫不枭视狼顾[6]。何者？恐其暴起而害己也。是以一人投命，足惧千夫。"追贼者，贼有脱逃之机，势必死斗；若断其去路，则成擒矣！故小敌必困之，不能，则放之可也。

捉贼之所以必须关门，不仅是怕贼逃走，而且还怕贼逃走后又被别人利用。况且，对逃走的贼不可以再追，以免中了他的诱兵之计。所谓贼，（从军事上说）是指那些不按常规战法作战，出没无常，惯于流动作战的部队，其任务就是通过骚扰使我方疲惫不堪，以便实现他们的企图。兵书《吴子》写道："现在让一个亡命之徒，隐藏到广大的原野里，纵然派出一千人去追捕，人们也会视而不见，顾虑重重。这是为什么呢？是怕遭遇突然袭击而受伤。因此只要有一个人不怕死，他就可使一千个人恐惧。"追赶盗贼的时候，如果盗贼还有逃脱的机会，他必

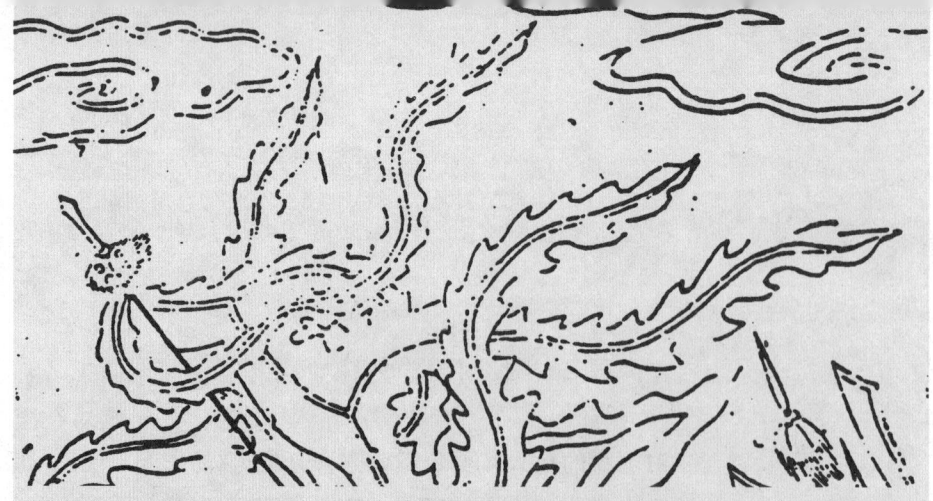

然拼死搏斗,断绝他逃跑的希望,盗贼就非被擒住不可了。所以,对付弱小的敌人,必须包围、歼灭;如果办不到,暂时任他逃走也未尝不可。

【批语注释】

〔1〕逸:逃亡,跑掉,隐藏。

〔2〕逸者不可复追:逃走的敌人不可再追。《唐李问对·卷上》:"法曰:佯北勿追。"又:"奔北不追,则敌有谋矣。"但兵家也多有主张跟踪追击的,如《吴子·料敌》:"众来则拒之,去则追之,以卷其师,此其势也。"

〔3〕贼:这里是指诡计多端的盗贼。

〔4〕奇兵:不以正规方式作战的部队。《百战奇法·奇战》:"凡战所谓奇者,攻其无备,出其不意也。"

〔5〕《吴子》:古兵书名,为战国吴起(?—前381年)所著。吴起,战国初杰出的政治家、军事家。卫国人。《吴起》原有四十八篇,已散佚。今《吴子》据传为后人伪托吴起之名而作。引文见《吴子·励士》。

〔6〕枭视:猫头鹰白天看不清事物,喻视而不见、眼大无神的样子。

关门捉贼

■ 经典实例

鄱阳湖之战

鄱阳湖之战，是元朝末年朱元璋和陈友谅两个割据势力之间进行的一场战争。

元惠宗至正十一年（1351年），以刘福通为首的元末红巾军农民起义爆发。至正十五年（1355年），刘福通迎立韩林儿为帝，号小明王。在刘福通起义影响下，长江、淮河流域广大地区农民纷纷起义。

至正十二年（1352年），出身贫农的朱元璋投入濠州郭子兴的起义军，由于作战勇敢，很快升为总兵。至正十五年（1355年），郭子兴死，朱元璋被小明王任命为郭部的左副元帅，实际掌握着军政大权。至正十六年（1356年），朱元璋攻占集庆（今江苏南京），改为应天府。他接受了谋士朱升提出的"高筑墙，广积粮，缓称王"的著名策略，经过四五年的努力，在所占地区巩固之后，开始进行统一江南的作战。

当时，南方各个割据集团中兵力最强、势力最大的是占据江西、两湖大部地区的陈友谅，其次是建都平江（今江苏苏州）的张士诚。朱元璋根据谋士刘基的建议，确定了先陈后张，统一江南，然后北上灭元，统一全国的方针。

正当朱元璋准备攻打陈友谅之际，陈友谅也积极策划消灭朱元璋。至正二十年（1360年）闰五月初一，陈友谅率舟师十万，攻占太平，夺取采石矶，杀死农民军领袖徐寿辉，自立为皇帝，国号汉。初五，他约张士诚夹攻朱元璋。

当时，陈友谅舟师十倍于朱。朱元璋的部下，有

朱元璋（1328—1398年）大明王朝的开国皇帝。原名重八，后取名兴宗，字国瑞。濠州（今安徽凤阳县东）钟离太平乡人。25岁时参加郭子兴领导的红巾军反抗蒙元暴政，龙凤七年受封吴国公，十年自称吴王。元至正二十八年，于南京称帝，国号大明，年号洪武，建立了全国统一的封建政权。

的主张投降,有的主张战不胜再走。朱元璋最后采纳刘基建议,决定在应天与陈友谅决战。他利用陈友谅求战心切,骄傲轻敌的心理,决定诱其深入,设伏聚歼,打败陈军。朱元璋让陈友谅的老友康茂才写信向陈友谅诈降,表示愿为内应,并约定在江东桥(今南京江东门附近)会合,以呼"老康"为暗号。

应天城濒临长江东南岸,北枕狮子山,东倚紫金山,南控雨花台,幕府山、乌龙山屏列于外,长江环绕于西及北部。朱元璋部署常遇春等率兵三万

埋伏于石灰山侧;徐达等率兵列阵于南门外;赵德胜率兵横跨新河筑虎口城;杨璟驻兵大胜港;张德胜、朱虎率舟师出龙江关;朱元璋自率主力埋伏于卢龙山(今南京狮子山)。并规定信号陈军入伏,举红旗;伏兵出击,举黄

旗。在此之前，朱元璋派胡大海率兵西攻信州（今江西上饶），威胁陈友谅侧后，进行牵制。

陈友谅接到康茂才的信后，信以为真，便不等张士诚的答复，于五月初十率军自采石矶进抵大胜港，待到江东桥连呼"老康"不应，方知受骗，仓促派万人登陆立栅。

朱元璋看到陈军进入伏击圈，乘其立营未固之际，发出信号，霎时鼓声震天，伏兵四起，水陆夹击，陈军大乱，争相登舟而逃。此时正值退潮，陈军巨舰搁浅，将士被杀和落水而死者甚多，被俘两万余人。陈友谅乘小舟逃回江州（今江西九江），朱军缴获巨舰百余艘。张士诚守境观望，未敢出兵。朱元璋挥军乘胜追击，夺回安庆、太平，又连续取得信州、袁州等地。

陈友谅在应天战败后，内部矛盾激化，将士离心。朱元璋乘机向西推进，仅一年间（1361年）就相继攻占了蕲州、黄州、兴国、抚州等地，并于次年收编了龙兴（即洪都，今南昌）的守军，连下瑞州、吉安和临江，实力大大增强。

至正二十三年（1363年）二月，张士诚围攻小明王的最后据点安丰。刘福通战死，小明王向朱元璋告急求援。朱元璋三月率兵救安丰，三战三捷。四月，陈友谅乘朱军主力救安丰、江南空虚之机，以号称六十万的大军围攻洪都，占领吉安、临江、抚州。这一次陈友谅特地制造了数百艘巨舰，舰高数丈，上下三层，每层都设置有上下可通的走马棚，下层设板房作掩护。另有艣（lǔ）几十艘，艣身裹以铁皮，据传大的可载三千人，小的可载两千人。

陈军登陆后，用云梯等攻城器械从四面八方向洪都城发起猛攻。洪都朱军统帅朱文正派诸将拒守各城门，自己率两千人机动策应。一日，陈军攻抚州门，用状如箕的竹盾抵挡矢石，奋力攻城，城垣被攻坏三十余丈。朱军一面施放火炮、火铳、檑木、火箭，一面抢修城垣，且战且筑，一夜之间终于修复。朱军伤亡甚重，但城中军民仍然死守。

朱文正于六月派人向朱元璋告急，这时朱元璋已回到应天，遂一面命洪都再坚守一月，疲惫陈军；一面命徐达率主力回师应天集中。七月初六，朱元璋率舟师号称二十万往救洪都，十六日进到湖口。为了把陈友谅困于鄱阳湖中，朱元璋派戴德率军一部屯于径江口，另派一军屯于南湖嘴，切断陈的归路；调信州兵守武阳渡，以防陈军逃跑；朱元璋亲率舟师由松门进入鄱阳湖。

陈友谅围攻洪都八十五天未下，士气沮丧。听说朱元璋率军来援，陈军撤

○ 品画鉴宝

仿李公麟洗兵图卷（明）吴伟／绘　此图细笔白描，绘天兵天将出征作战的情景，线条纤细，人物生动。

洪都之围,东出鄱阳湖迎战。七月二十日,两军在康郎山(今江西鄱阳湖内康山)水域遭遇。陈军以巨舰列阵,迎战朱军。朱元璋把水军分为十一队,每队配备大小火炮、火铳、火箭、火枪、神机箭和弓弩等,令各队接近敌舟时,先发火器,再射弓弩,靠近敌船时再短兵格斗。

二十一日,双方主力开始交战。朱元璋命徐达、常遇春、廖永忠等率先冲入陈军阵中。徐达身先士卒,率部勇猛冲击,击败陈友谅前军,毙敌一千五百人,缴获巨舰一艘。俞通海乘风发炮,焚毁陈军二十余艘舟船。激战中,朱军也受到很大伤亡。

陈军骁将张定边奋力猛攻朱元璋所乘的指挥船。朱的指挥船正欲规避,突然搁浅,陈军乘机围攻。朱军士兵竭力抵抗,陈军不能靠近。正在危急之时,常遇春射中张定边,俞通海、廖永忠又以轻舟飞速来援。张定边见朱军来势凶猛,引军后退,廖永忠率轻舟跟踪追击,张定边再次中箭负伤。战至日暮,双方鸣金收军。朱元璋初战获胜后,恐张士诚乘虚进袭后方,命徐达回应天坐镇,以防不测。

二十二日,朱元璋亲自布阵,准备决战。陈友谅联舟布阵,望之如山,而朱军舟小不能仰攻,连战受挫,右军被迫后退,朱元璋连杀队长十余人,仍不能止。这时,部将郭兴建议采取火攻。朱元璋乃命用七艘船满载火药,扎上草人,穿上甲胄,令勇士驾驶,在黄昏时趁东北风迫近敌舰,顺风放火,转瞬间烧毁陈军水寨中的数百艘舟船,陈军死伤过半,陈友谅弟陈友仁、陈友贵等均被烧死。朱元璋乘势发起猛攻,毙敌两千余。

二十三日天明,双方再次交锋,陈军不仅没有后退,反而步步紧逼,朱元璋乘坐的指挥船又被围攻。亲兵将

○ 品画鉴宝
砺剑图 (明)黄济/绘 图绘一人腰挂葫芦,衣衫褴褛,赤足立于水中。旁边松树下置一支拐杖。图中人物似为八仙之一的铁拐李。全画是典型的院体风格。

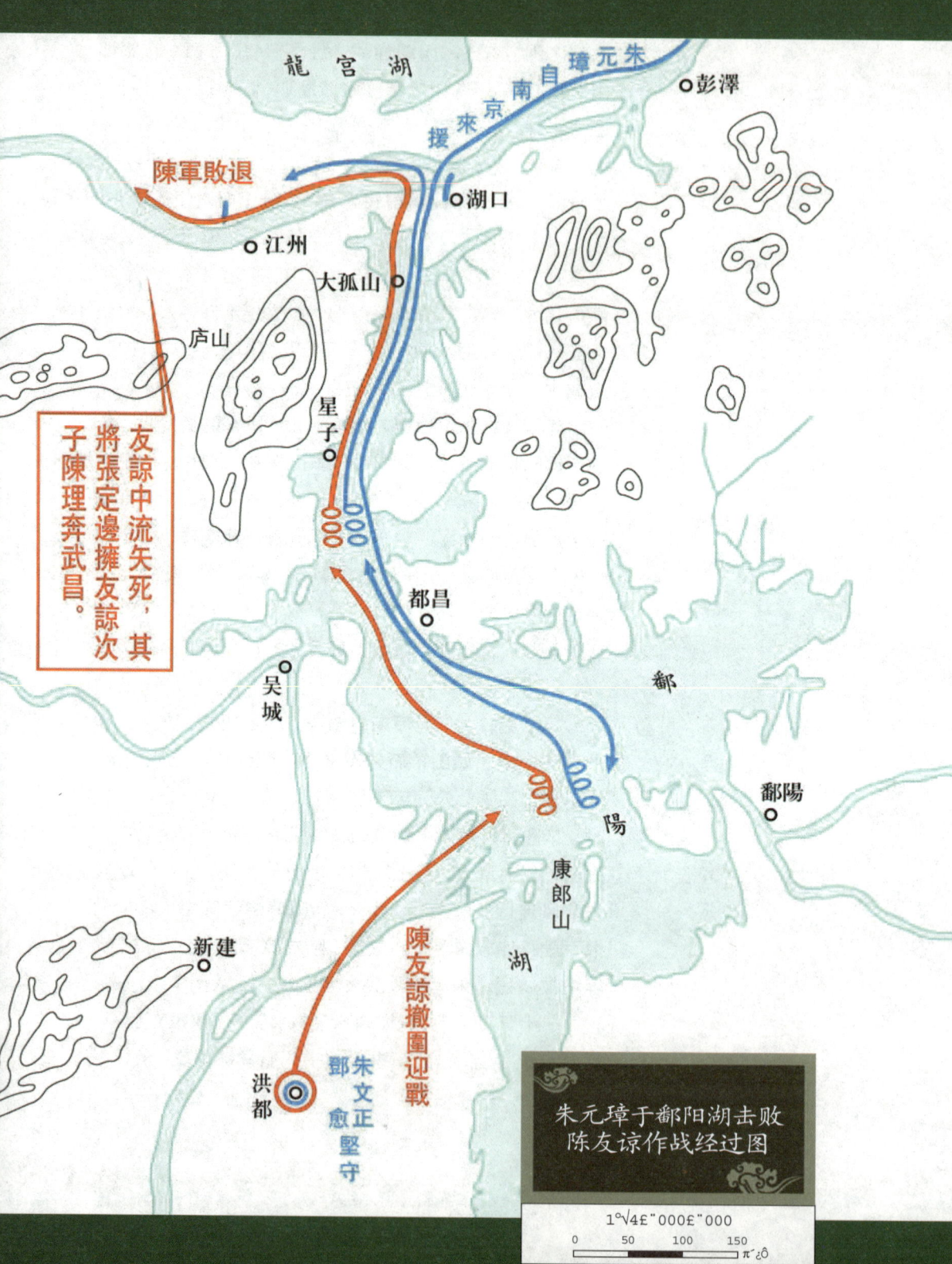

领韩成换上朱元璋的冠服,当着陈军面投水身死,迷惑陈军。陈友谅以为朱元璋死,向后稍稍退军。朱元璋刚刚换乘他船,他的指挥船便中炮起火。

二十四日,陈军先头舟船由于运转困难遭到朱军环攻,全部被毁。朱军、俞通海等将领乘六艘快船突入陈军船队,陈军巨舰迎击。朱军以为六船覆没,后发现六船又从陈军巨船中绕出,士气大振,发起猛攻,双方自七时战至十三时,陈军不支,向后败退。陈友谅企图退守鞋山,但被朱军扼住山口。陈友谅只好收拢部队,转为防御。当天晚上,朱军控制江水上游,陈友谅也移泊渚矶。

两军相持三日,陈军屡战屡败,形势渐趋不利。陈军右金吾将军主张烧船登陆,南走湖南,左金吾将军则主张继续打下去。陈友谅最后决定采纳右金吾将军的意见。左金吾将军因建议不当,怕陈治罪,率部向朱元璋投降,右金吾将军见大势已去,也率部投降朱军。

朱元璋屡向陈友谅挑战。陈大怒,下令将俘虏一律杀掉。而朱元璋却放还全部俘虏,瓦解陈军士气。朱元璋判断陈军可能突围退入长江,乃移军湖口,并置火筏于江中;又派兵夺蕲州、兴国,控制长江上流。

经过一个多月激战,陈军归路截断,粮食奇缺。陈友谅于八月二十六日率楼船百余艘冒死突围,企图经南湖嘴进入长江,退回武昌。陈军行至湖口,朱军乘机以舟师、火筏四面猛攻。陈军混乱奔逃,又遭泾江口朱军伏兵截击,陈友谅中箭而死,军队溃败,五万余人投降。

至正二十四年(1364年)二月,朱元璋攻下武昌,陈友谅子陈理投降。至正二十七年(1367年)年九月,朱元璋消灭了张士诚,不久又迫降了方国珍,基本统一了江南。明洪武一年(1368年),朱元璋称帝,国号明。同年,明军北上灭元。此后,明军又进军四川和云南,统一了全国。

在一系列战役中,由于朱元璋注意了基地的建立和巩固,根据不同情况提出不同的战略和策略;稳步推进,先剪肘翼,后捣腹心;注意争取暂时的同盟者或使之保持中立,打击主要的敌人,所以取得一个又一个胜利。

"关门捉贼"是对敌采取四面包围,一举全歼的战法。朱元璋在这次战役决战前就关死了鄱阳湖战场的北大门,并在侧翼部署了重兵,防止陈友谅逃跑。陈友谅则以为自己兵多、船大,盲目地与朱元璋决战,根本没想到后路,结果战败后走投无路,全军覆没。

远交近攻

第二十三计

……计名由来

战国时期，七雄争霸。秦自商鞅变法后，国力强盛。秦昭王开始图谋并吞六国，统一中国，准备联合并越过韩魏诸国而远征地处东海之滨的强齐。此时，范雎由魏入秦，秦昭王知其能，以上宾相待，向他请教统一天下之计。范雎分析说："齐国势力强大，离秦国又很远，出兵攻齐，还必须经过韩魏诸国。出兵少了，则不能给齐国造成致命的伤害；出兵多了，劳师远征，又会给秦国自身造成大的损失。我猜想大王的意思是想让自己少出兵，而让韩魏两国的军队全体出动吧！但这样做合适吗？韩魏两国会干吗？何况即使秦国打赢了，你也无法得到齐国的土地。因而不如反过来，远交近攻，派遣使者主动与相距较远的齐国结盟，而首先攻打身边的韩魏诸国。这样，灭一国就可得到一国的土地，秦国就会越战越强大，大王的霸业就可以成功了。"这就是"远交近攻"之计的由来。秦昭王采纳了范雎的建议。此后，远交近攻便成为秦逐步并吞六国的基本国策，并由此最终达到了统一天下的目的。

睽卦

睽卦为六十四卦之中第三十八卦。睽卦的卦象为上离下兑，象征河川之上烈火燃烧。本来火焰向上升腾，河流向下滋润。但火上水下，使二者更加远离。因此本卦寓意矛盾的发生。

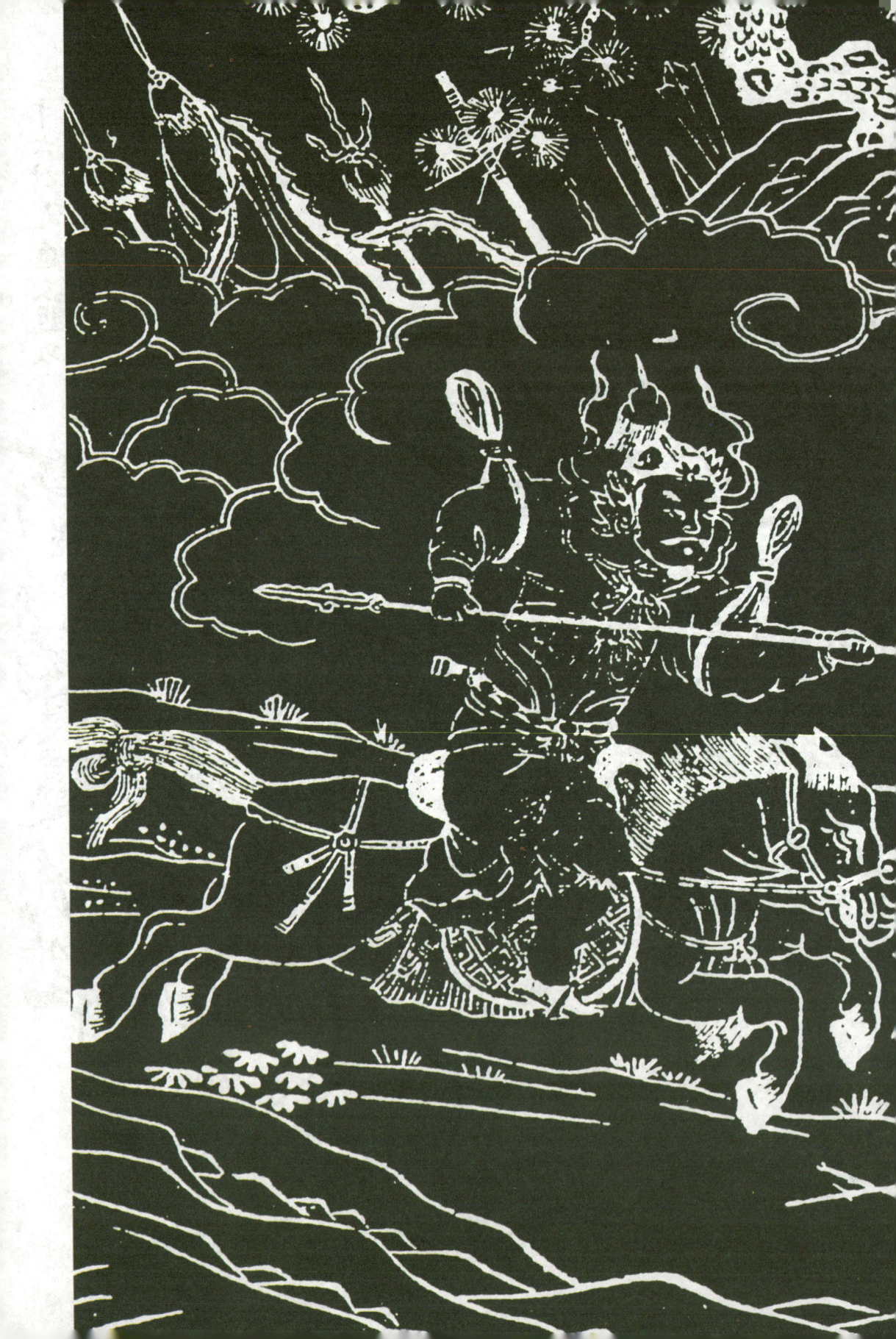

形禁势格[1]，利从近取，害以远隔。上火下泽[2]。

凡是受到地理形势的限制时，攻取附近的敌人，就有利；越过邻近的敌人去攻击远处的敌人，就有害。这就是《易·睽》卦所指出的，虽然同是敌人，水火不容，但可以暂时联合一方，以利各个击破。

【原文注释】

[1] 形禁势格：禁，禁锢，限制。格，阻碍，也作形格势禁。全句意为：受到地理条件和形势的限制和制约。

[2] 上火下泽：语出《易·睽》。上火下泽，是水火相克；水火相克又可相生，循环无穷。睽，离违，即矛盾。本卦《象》辞说："上火下泽，睽"。意为上火下泽，两相违离、矛盾。此计运用"上火下泽"相互违离的道理，说明可采取"远交近攻"的不同做法，使敌相互矛盾、违离，进而各个击破。

【前人批语】

混战之局，纵横捭阖之中[1]，各自取利。远不可攻，而可以利相结；近者交之，反使变生肘腋[2]。范雎之谋[3]，为地理之定则，其理甚明。

在群雄混战的纷乱局面中，各方都不择手段，为自己争夺利益。由于受地理条件的制约，远处的势力不要去进攻，而要用一些利益与其结盟。相反如果和邻近的势力结盟，则可能使叛乱发生在身旁。战国时范雎的谋略，就是把地理上相离的远近，作为结交或攻击的准则，它的道理是很明显的。

【批语注释】

[1] 纵横捭阖：南北为纵，东西为横。战国时，苏秦联合六国，抗拒强秦，叫作合纵；张仪瓦解六国，变拒秦为事秦，叫作连横。捭阖，择取手段，以变应对。纵横捭阖的意思是：采取联合与分化、公开与秘密的手段，伺机破敌。

[2] 肘腋：肘，大臂与小臂相连的关节。腋，即腋窝。这里的肘腋，比喻非常迫近要害的地方。

[3] 范雎：战国时魏人，字叔，曾化名张禄。入秦游说昭王，驱逐专权的外戚。周赧王四十九年（前266年）任为相国，封于应（今河南宝丰），因而称应侯。曾献远交近攻之计于秦昭王，使秦先后击灭六个大国，统一天下。

远交近攻

□ 经典实例

秦统一六国之战

秦统一六国之战发生在公元前230年到公元前221年间。秦国用了十年时间将韩、赵、魏、楚、燕、齐东方六国逐一灭掉，统一了天下。秦国之所以能够取得胜利，应该说，正确地采用"远交近攻"的战略指导方针，是夺取胜利的关键所在。

秦昭王时期，东方六国采用苏秦的"合纵"之策，共同对付秦国。秦昭王便向范雎请教如何破坏东方六国的这种"合纵"抗秦联盟。范雎仔细认真地分析了当时秦国的情况和东方六国的状况，指出东方六国之所以能够合纵抗秦，很重要的一点是他们认为秦国是他们的共同敌人，是对他们生存的最大威胁。因此，为了共同的利益，使他们暂时放弃了彼此之间的矛盾和争执，齐心协力团结抗秦。而作为秦国，就应该利用东方六国之间的矛盾，首先与距离秦国较远，矛盾不十分尖锐的楚国、燕国和齐国搞好关系，使他们感到秦国不但没有吞并他们的想法，而且还有与他们结好的愿望，以松懈他们对秦国的警惕，进而达到拆散东方六国建立的反秦联盟的目的。然后，集中力量打击与秦国邻近的韩国、赵国、魏国。这不但可以解除秦国进攻齐国、燕国和楚国时，可能出现的后顾之忧，并且可以切断南方的楚国与燕国和齐国的联系，为第二步再攻打楚、燕、齐三国创造条件。这就是范雎所提出的"远交近攻"战略的核心。秦昭王对范雎的建议大为赞赏。自秦昭王到秦王嬴政，历代秦国君主无一例外，将"远交近攻"定为国策,坚决执行,并根据不同情况,制定对付东方六国的具体策略。

秦国自商鞅变法后,不仅土地扩展了,而且拥有当时中国最富庶的四川平原和关中地区,使秦国的国力大增。到秦王嬴政时期,秦国已拥有"战车万乘,奋击百万,沃野千里,蓄积饶多",这就为秦灭六国奠定了雄厚的物质基础。

而东方六国,虽一度采用苏秦的合纵抗秦之计,集六国之财力、物力共同对付秦国,也曾取得了一些胜利,并一度迫使秦国不敢轻易进攻六国。但随着时间的流逝,到秦王嬴政时期,六国各自为自己的利益着想,各怀私心,再也不能合力同心抗击秦国了。

秦王嬴政在发动统一战争前,召集文武官员全面分析了东方六国的各自情况,为确定灭亡六国的策略,提供依据。

李斯认为,在东方六国中,韩、魏、燕的力量最弱。特别是韩国,早在公元前254年就已向秦国称臣。而现在的韩国又处在秦国的三面包围之中,什么时候想灭掉它,随手即得,可谓掌中之物。而魏国自马陵、桂陵两战被齐国的孙膑打败后,国势日益衰落,又不断遭到秦的进攻,领土日渐缩小,也不可能对秦国构成威胁。而燕国远离秦国,况且地广人稀,土地贫瘠,国力较弱,并且与赵国和齐国的矛盾很深,彼此之间多次发生战争,结果损兵折将,日渐衰落。

那么只有楚、赵、齐三国可谓六国中的强国,但现在它们也很难与往日的鼎盛时期相比。

○品画鉴宝

云纹高足玉杯(秦) 青色。杯身直口筒状,上层饰柿蒂、流云纹,中层勾连卷云纹,下饰流云、如意纹。足似豆形,豆腹刻有丝束样花纹。为秦代罕见佳作。

赵国虽然"地方二千里，带甲数十万"，是仅次于秦国的第二强国，但自赵孝成王之后，开始衰落。太原、上党相继落入秦国之手。特别是长平一战，秦国坑杀赵国降卒四十万，使赵国从此再没能恢复元气。虽然赵国后来联合魏国和楚国，打退了秦国对邯郸的围攻，但作为强国的历史已经一去不复返了。

南方的楚国虽有"带甲百万"，土地五千里，但自都城郢被秦攻破后，都城被迫东迁，以避秦军的锋芒，最后迁到寿春。而此时的楚国，君臣上下俱无复国图强之志，只求苟且偷安。

而齐国这时只知独立保境，从不援助其他国家的抗秦，加之此时的齐国已经几代无良将，因此国力也日渐衰落。

李斯根据自己对东方六国情况的分析，向秦王嬴政建议，凭借秦国的强大，"足以灭诸侯，成帝业，为天下一统"。否则一旦"诸侯复僵（强），相聚合纵"，那就错过了万世难得的机会，应不失时机地发动对东方六国的战争，统一天下。

卫缭也提出建议，为破坏东方六国的合纵，建议秦王嬴政应采取"毋爱财物，赂其豪臣，以乱其谋"的策略，从敌国内部进行分化，瓦解，以配合正面进行的军事斗争。

韩非则进一步提出了秦灭东方六国的具体方案，那就是："破天下之纵，举赵亡韩，臣荆（楚）魏，亲齐燕，以成霸业之名。"即首先进攻近处的赵国和韩国，同时暂时稳住楚国和魏国，拉拢燕国和齐国，等灭赵之后，再逐一灭掉其他五国。韩非这一战略，实际上是继承和发展了秦国自秦昭王以后所一直奉行的"远交近攻"这一既定的国策。

秦王嬴政采纳了他们的建议。确定了在"远交近攻"这一战略决策的指导下，首先重点打击赵国，并乘势灭掉韩国，而后一举再灭魏国，控制中原。打破东方六国的合纵可能，然后消灭楚国，最后再灭燕、齐，实际上这是一个先弱后强、由近及远各个击破的方针。

○ 品画鉴宝
联禁龙纹壶（战国）出土时两壶并列禁上，形制大小相同。两壶颈内壁均有铭文"曾侯乙作持用终"。

这样秦国便开始了在"远交近攻"战略指导下历时十年的统一战争。

公元前236年，秦国抓住赵国进攻燕国致使内部空虚这一时机，一面派使者去燕国，向燕王表示秦国愿意出兵援燕，并商定一旦灭赵，两国平分其地，燕王听后大喜；一面派大将王翦率秦军经上党地区进攻赵的都城邯郸。又派将军桓齮率军攻打邯郸以南地区造成对赵国的合围。赵王闻讯，急忙把进攻燕国的军队调回，命大将李牧迎击王翦（jiǎn），扈辄阻击桓齮（hé），双方互有胜负，很快形成对峙局面。后来桓齮采用迂回战术大败扈辄，斩杀赵军十万余人。但很快李牧挥军救援，又将桓齮击退，双方又呈对峙状态。消息传到咸阳，秦王嬴政听罢焦躁不安，担心时间久了，东方六国看出秦国的意图，再行合纵进攻秦国。于是，急忙召集会议商讨对策。卫缭说："我知道赵王身边有一宠臣名叫郭开，此人生性嫉妒而又十分贪财，与李牧素来不睦。大王可不惜重金行贿，让他在赵王面前诋毁李牧，加之赵王生性多疑，必然中计。"

郭开在得到秦国贿赂他的金银后，立刻在赵王面前造谣说："李牧击败桓齮却不回击王翦，而按兵

○ 品画鉴宝

凤鸟纹瓦当（战国） 瓦当上印一只弯颈、钩头，翘尾展翅作奔走状的凤鸟。形象生动，构图简练。

不动，大王几次催他进兵，他都以各种借口加以搪塞，拒不领命。我看他这是心怀异志。大王对他可要警惕呀，别忘了他现在手中可掌握有几十万军队，一旦他投降了秦国，回过头来打我们，那可就……"赵王忙问："那我该如何？"郭开言道："可先夺取他的兵权，改由赵葱为将。"赵王听信了郭开的话，杀了为赵国曾屡立战功、威震秦国的李牧，由赵葱为将。赵军将士见此个个寒心，致使兵无斗志。

正当秦军集中力量攻打赵国时，韩王安却慑于秦国的声威，派人到秦国请降。秦王嬴政大喜，立刻派内史腾前去接收韩国的土地。公元前230年，秦借口韩国仍与赵、楚搞合纵，派兵攻打韩国，很快俘获了韩王安，其地置为颍川郡。这样韩国在六国中首先被秦国所灭。

公元前229年，秦国利用赵国发生大地震和旱灾的机会，派王翦再次攻打赵国。秦军一举突破井陉，攻克邯郸，赵王迁也当了秦国的俘虏，赵国灭亡。

秦灭赵后，陈兵于燕、赵边境，虎视燕国，这时燕王才如梦初醒，意识到当初秦军出兵援燕是假，一旦它灭掉了赵国，下一步就是攻打燕国。燕王后悔当初不该听信秦国的挑拨而与赵国交战，如今赵国已亡，燕国再也没有什么天然屏障可以抵御秦军了。早先燕王的谋臣鞠武曾建议燕王："西约三晋，南连齐、楚，北媾匈奴以图秦"的方针，这实际上是一种合纵拒秦的战略，但现在赵国已亡，失去了时机。燕王无奈只好听从太子丹的建议，把燕国的命运都押在刺客荆轲的身上，幻想通过他刺死秦王,以挽救燕国。燕太子丹一直把荆轲送到易水河边,两人洒泪而别。

秦王嬴政听说燕国愿意割地请和,所派使臣已达咸阳,又听说燕使还将秦国叛将樊于期的人头给送来了,很是高兴,亲自接待荆轲。荆轲献上樊于期的人头后,又献上燕国准备割地的地图,一面展开,一面用手将燕国准备割让给秦国的地方一一指给秦王。当最后地图全部打开时,突然在地图中间露出一把明晃晃的匕首。说时迟,那时快,荆轲右手抓住匕首,左手抓住秦王的袍袖,逼迫秦王放弃攻燕。秦王大惊失色,用力挣脱,情急之中想拔佩剑,结果由于剑长,加之心情紧张,怎么拔也拔不出来。又见荆轲举着匕首奔来,秦王只好绕着大殿的柱子躲避荆轲,危急之中,一个侍医将随身携带的药箱砸向荆轲。此时秦王又忘了下令召集殿外的武士。众人则大叫让秦王从背后抽出宝剑,果然秦王抽出了佩剑,回身一剑砍断了荆轲的左腿。荆轲倒在地上,将手中的匕首掷向秦王,被秦王躲过,击中了大殿的柱子。荆轲见未击中秦王,不禁仰天长叹一声:"此番未能击杀秦王,非我荆轲之过,实乃天意,上天要亡燕国啊。"

秦王嬴政马上派大将王翦和辛胜率军大举攻燕。在易水边,秦军大败燕代联军,并乘胜攻占燕都蓟,燕王喜与太子丹逃到辽东。秦将李信追击千里,最后迫使燕王喜杀死太子丹向秦国投降,燕亡。

秦灭韩、赵、燕以后,基本上控制了黄河中下游地区,只剩下孤立无援的魏国。公元前225年,秦国派王贲率军从关中出发,直捣魏国的大梁。怎奈大梁城墙高厚,异常坚固,屡攻不克。于是秦军便引黄河和鸿沟之水,灌进大梁。大梁终于被秦军攻克,魏王假投降,魏亡。

至此东方六国已有四国灭亡,只剩下南方的楚国和东方的齐国。在齐楚之间,攻齐,必须越过新破之国,人心未附,补给困难,依据"远交近攻"的战略方针,秦王决定先攻楚国。虽然过去秦国曾数次大败楚国,但楚国毕竟是一个大国,秦国不敢轻视。因此,在出兵前秦王嬴政召集部将商议攻灭楚国的策略。将军李信年少气盛,又在灭燕的战争中俘获燕王,深得秦王的赏识。于是秦王首先问李信:"寡人想攻取楚国,依将军看来,需用多少兵力才能取胜呢?"李信答道:"依末将看来,最多不过二十万人!"秦王嬴政转过头来又问老将王翦:"老将军依你看呢?"王翦回答说:"楚国乃是一个大国,要想灭楚非六十万人不可。"秦王听罢很不以为然,不禁脱口说道:"看来王将军真是老啦,连打仗也不如以前勇猛而变得胆小起来。李将军不愧年少有为,勇猛果敢,那么我就任命你为主将,蒙恬为副将,率军二十万即日起兵,攻打楚国。

秦始王

国富兵强叱御天
英明执政数多年
机谋早备并吞志
六国闻风不敢前

望将军早日奏凯回师，寡人当亲自前往迎接。"李信得意洋洋，与蒙恬领兵二十万杀奔楚国。王翦见此情景，便借口自己年老体衰，告老还乡，回到老家频阳以度晚年。

开始秦军进攻比较顺利，很快李信攻占了楚国的平舆，蒙恬攻占了寝，大败楚军。秦军连胜之后，开始骄傲轻敌，而楚军在大将项燕的指挥下，利用秦军的麻痹轻敌，突然发起反击。在楚军的猛烈打击下，秦军溃不成军。楚军连续追击三天三夜，攻下秦军营垒两座，杀死都尉七人。这是秦国在统一六国战争中蒙受的一次最惨重的失败。

秦王嬴政得知秦军失利的消息后，勃然大怒。这才意识到，王翦当初的主张是正确的。于是他亲自来到王翦的家乡，登门向王翦赔礼："寡人不用将军的计策，结果李信大败而回，使我军蒙受了很大的耻辱。又据报告，楚军正向我边境逼进，我秦国处境危急。现在将军您虽然有病在身，怎么能单独把我抛弃呢？"王翦答道："老臣我身染重病，很是虚弱，很难领兵出征了，还望大王选择更有能力的人为将吧。"秦王说："我已经找不到这样的大将了，将军您

○ 品画鉴宝

矛头狼牙棒（战国）棒作八棱形，其上有排列整齐的锥刺。棒端有一圆形座，上接一矛头。

就不必再多说了。"王翦说："如果大王非坚持让我领兵出征的话，那么灭楚非需用六十万人不可。"秦王答道："一切均由将军一人定夺，打仗之事全都要仰仗将军了。"

王翦率大军六十万攻楚，秦王嬴政一直送到灞上。王翦鉴于李信轻率进军的错误，在攻入楚国后，采取以逸待劳的作战方针，在陈邑、商水、上蔡、平舆一带构筑营垒。

楚王负刍听说秦国再次来攻，而且又是倾全国之兵出动时，也动员了全国的力量，准备和秦军决一死战。

项燕鉴于秦国这次是以六十万大军来攻，领兵的又是老谋深算的名将王翦，便仍采取上次打败李信的战术，在寿春以北的淮河北岸构筑营垒，用坚固的防守，首先挫败秦军的锐气，等到对方久攻不下，粮草不济时，再指挥楚军全线出击，向秦军反攻，一举将其赶出楚境。从当时秦楚力量对比上看，项燕的这一战略无疑是正确的。六国之中除楚国外，只剩下一个齐国，而它又一直抱着保境的观念不放，因而楚国不能指望齐国出兵援助自己。而秦国在吞并了四国后，可谓兵强马壮，士气正盛。虽然前次李信攻楚受挫，这对于秦国这个"带甲百万的强国"，是不会对它产生严重影响的。所以贸然进攻秦军，只能加速自己的失败。当项燕看到王翦把军队驻扎在建好的营垒里面的时候，更加坚信了自己的主张，即不能主动进攻秦军，而是与之对峙。

因此，秦、楚两军在淮河对峙达数月之久。楚王负刍见项燕数月没有动静，以为他胆怯而不敢与秦军交战，便几次派人催促他进攻秦军。项燕反复说明自己的理由，无奈楚王固执己见，甚至怀疑项燕不主动进攻，是与秦军有什么密谋。项燕只好改变原来的计划，率军离开营垒，从西面进攻秦军。结果秦军营垒坚固，楚军根本无法攻破，而且死伤很多。项燕只好领兵又改从东面攻击秦军。

楚军的这些动向，早被王翦了解得一清二楚。于是他利用楚军疲惫不堪，又离营而去的有利时机，下令全军出击，与楚军大战于涡河。秦军奋勇冲杀，楚军只得且战且退。不想又遇到涡河的阻拦，真是前有所阻，后有追兵。顿时楚军队伍大乱，被秦军杀死和落水而死的不计其数。只见河面上漂满了楚军的尸体，项燕也在蕲被秦军杀死。

王翦一面命蒙武率军攻占淮河以北的楚地，自己则亲自率军直扑楚都寿春，俘虏了楚王负刍。第二年，王翦又平定了江南的楚地。

现在六国之中只剩下齐国。这时的齐国，内部混乱不堪，民心涣散，虽然有人曾提出建议，与其坐以待毙，不如主动出击。这实际上是纸上谈兵，无济于事。齐王建不甘心就这样为秦所灭，还想作一番挣扎，他把军队集中在齐国西部，准备抗击秦军。

公元前221年，秦军避开了齐军重兵防守的西部，避实击虚，从防守薄弱的北部发起进攻，直插齐国的都城临淄。在对齐国施加压力的同时，秦国还对齐国采取政治诱降的策略，许诺只要齐王答应投降的话，秦国可以给他五百里封地。在秦军的压力下，齐王建出降。秦王嬴政终于用了十年的时间，完成了灭六国、统一天下的大业。

李斯、韩非和卫缭发展了由范雎提出的"远交近攻"的谋略，并把这一谋略从单纯地运用于军事斗争发展到与政治、外交斗争相结合。因而在实行过程中，能够依据情况，交相使用，灵活掌握，依次击灭六国。

秦灭六国之战，可说是"远交近攻"谋略成功运用的范例。

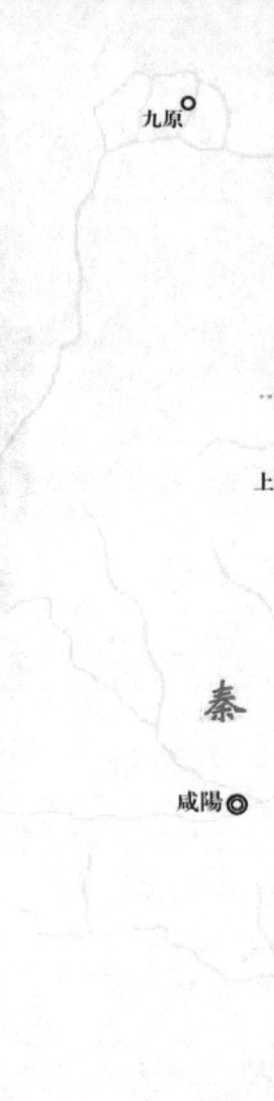

假途伐虢

□ 第二十四计

……计名由来

春秋时期的大国晋国想要吞并邻近的两个小国虞和虢。晋国大夫荀息向晋献公献上一计，即借用虞国的道路，讨伐虢国。为使虞国国君虞公答应借路，荀息又建议用屈地出产的良马和垂棘地区出产的美玉去收买虞公。开始晋献公舍不得这两件宝贝，荀息又向献公分析：如果能够使虞国借道给晋国去攻伐虢国，那么将来虞国迟早也会为晋所吞并，晋国的宝物只不过暂时放在虞国的府库里罢了，就如同放在晋国的府库里一样。晋献公采纳了荀息的计谋。虞国大臣宫之奇劝虞公不要上当，指出虢国与虞国唇齿相依，唇亡齿寒，如果虢国灭亡，虞国必然会跟着灭亡。但虞公贪于宝马美玉，不顾宫之奇的劝阻，借道给晋国，还出兵帮助晋国攻占了虢国的战略要地下阳。晋献公在攻下虢国首都上阳，灭虢后，在回师途中，顺手又灭掉了虞国，虞公及其家室都当了俘虏。这就是"假途伐虢"之计的由来。

困卦

困卦为六十四卦之中第四十七卦。困卦的卦象为上兑下坎，象征深陷两股湍息的水流之中。此卦寓意遇到困难险阻，续保持冷静乐观的态度，必可化险为夷。

○ 品画鉴宝
神兽（春秋） 龙首、虎身、龟足。架上另一立奔兽。亦是龙首、虎身，口中衔一吐舌曲体龙。此兽风格独特，在铸造工艺、镶嵌技术和造型构思上均达到相当高的水平。

两大之间，敌胁以从，我假以势[1]。困[2]，有言不信。

处在敌我两个大国中间的小国，当敌方强迫它屈服的时候，我方要立刻出兵，显示威力，给与援救，借机将自己的势力渗透进去。这就是《易·困》所说的，对处于困境的国家，只有口头许诺而不采取实际行动，是难以得到它的信任的。

【原文注释】

〔1〕假：假借。
〔2〕困：困乏的意思。

【前人批语】

假地用兵之举[1]，非巧言可诳[2]。必其势不受一方之胁从，则将受双方之夹击。如此境况之际，敌必迫之以威，我则诳之以不害，利其幸存之心，速得全势[3]。彼将不能自阵[4]，故不战而灭之矣。如晋侯假道于虞以伐虢[5]，晋灭虢，虢公丑奔京师[6]，师还[7]，袭虞灭之。

○ 品画鉴宝

莲鹤方壶（春秋）造型华丽，纹饰繁复，壶腹最大往下移，增加了稳重感，设计奇巧。

假道用兵的行动，不是靠花言巧语就能欺骗取得的。必须是这个国家处于这样的形势——如果它不是受来自一方的威胁，就会遭到双方的夹击。在这种情况下，敌人必定会用武力来逼迫它，我方却用不侵犯它的利益进行诱惑，利用它侥幸图存的心理，立刻把力量扩展进去，控制整个局势。这样它就不能自保，所以不必经过战斗，就可以把它消灭了。例如：春秋时晋献公向虞国借道征伐虢国。晋国将虢国灭了，虢国的国君姬丑逃到了东周京城洛邑，晋国军队在返回的途中，将虞国也灭掉了。

【批语注释】

〔1〕假：借。

〔2〕诳：欺骗，迷惑。

〔3〕全势：全局，整个局势。

〔4〕自阵：依靠自己的力量保持阵势。

〔5〕晋侯：此处指晋献公（前676年－前651年在位）。虞、虢都是春秋时期诸侯国名。

〔6〕丑：虢国国君姬丑。京师：东周国都洛邑，即今洛阳。

〔7〕师还：即还师，军队返回。

三十六計之假道伐虢

假途伐虢

□ 经典实例

晋献公伐虢灭虞

春秋初期的时候,有很多诸侯国,晋国是其中比较强大的一个。虞国、虢国相对弱小,两国唇齿相依,都与晋国接壤。

周惠王十九年(前658年),晋献公做晋国国君的时候,虢国的国君名丑,此人骄狂好战,曾多次派兵骚扰晋国。晋献公想出兵征伐虢国,于是便将谋士荀息找来,问道:"我想讨伐虢国,你看怎么样?"

荀息说:"虞、虢两国联盟,我们若攻打虢国,虞国必救;若转道攻打虞国,虢国必救。以一敌二,胜算不多。"

晋献公道:"难道我就真的无法制服虢国吗?"

荀息说:"臣听说虢公好色,您可以挑选几个美女,教她们学习歌舞,然后献给虢公。他贪图美色,沉溺歌舞,必然荒废国政,疏远忠良。我们再向犬戎行贿,让他们不断骚扰虢境。到那时,我们再趁机举兵攻打,就可以将虢国灭掉。"晋献公依计行事。

虢公中计,日夜寻欢作乐,再也不上朝听政,也没有再侵扰晋国边境。犬戎贪图晋国贿赂,发兵侵扰虢境,后被虢国击败。犬戎国主不甘心,调集全国军队再次进攻虢国。虢公亲自统帅大军拒敌,两军在桑田对峙,一时胜败难分。

晋献公得到消息,再次将荀息召来商议对策。荀息说:"臣有一计,可使主公今日取虢,明日灭虞。"

献公大喜道:"快快讲来!"

荀息说:"主公可以派人向虞国行贿,借他们的道路讨伐虢国。"

献公道:"我国刚与虢国讲和,虞人能相信我吗?"

荀息道:"主公可以密令北边守将向虢国挑衅,虢国守边官员一定会责备我们,我们就以此为借口发兵。"献公采纳了荀息的计策,晋、虢两国随即刀兵相见。

献公见战事已起,问荀息道:"现在攻打虢国不愁无名,那该用什么东西贿赂虞国呢?"

荀息说:"虞公贪婪,最喜爱玉璧和宝马。主公不是有垂棘之璧、屈地产的宝马吗?有这两件东西,虞公必定落入我们的圈套。"

荀息见献公有点舍不得,接着说:"虞国接受您的重宝,必让我们借道攻打虢国,虢国没有虞国的支援肯定会被我军灭亡。虢国既亡,虞国也不能单独存在,两件宝物不还是您的吗?您只不过把宝贝暂时寄放在他那里而已。"

这时大夫里克插言道:"虞国的宫之奇和百里奚,是两个贤臣,二人料事如神,如果他们劝阻虞公怎么办?"

荀息道:"虞公贪婪愚蠢,虽有劝谏,他也不会听从。"献公于是便将二宝交付荀息,让他到虞国行贿。

虞公开始听到晋国借道伐虢,十分恼怒,但一看见玉璧、宝马不由得喜上眉梢。他手抚玉璧,眼盯宝马,问荀息:"这是你们的国宝,为什么要送给我呢?"

荀息从容地回答道:"我家主公敬慕您的贤能,畏惧您的强大,不敢独吞二宝,所以将它们献给您,以求贵国上下欢心。"

虞公道:"嗯,是这样……你们一定有求于我吧?"

"虢国屡次侵扰我国边境,我家主公想借道贵国出兵向虢国问罪。这次出征,我国如果侥幸取胜,所得战利品全归贵国所有,我们愿与贵国永结盟好。"荀息道。

虞公大喜,刚要答应,宫之奇在一旁劝道:"主公不能答应啊!晋国吞并了不少国家,独独不敢加兵虢、虞两国,正是因为我们两国是盟国,唇齿相依。虢国今天被灭,明天就会轮到我们!"

虞公说:"晋国国君不惜重宝,与我结交,我为什么还舍不得一条尺把宽的道路呢?晋国比虢国强大十倍,失去虢国而得到晋国,有什么不好?退下!不要干预我的大事!"执意答应了晋国的要求。宫之奇料定虞国难逃灭国之祸,又怕虞公因为他的进谏而加害他,便率领全族老幼逃出了虞国。

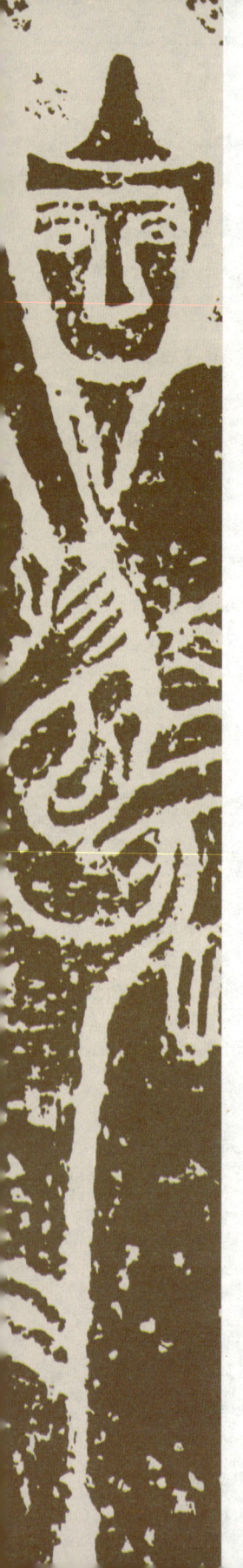

晋献公于是便派里克为主帅、荀息为副帅，带领四百辆兵车讨伐虢国。并派荀息再次出使虞国，把出征的日期告诉虞公。虞公受了晋国重宝，又想借晋国力量捞上一把，便提出要与晋联手进攻虢国。荀息顺势道："虢公与犬戎在桑田大战，贵国同虢国是盟友，您可以谎称去增援虢公，把晋军带入虢国的下阳关，就是帮了晋国的大忙了。"荀息和虞公都知道，虢国都城虽建在上阳，但其国家的门户却在下阳，下阳一破，大军就能长驱直入，虢国也就危险了。

虞公听从荀息的计谋，亲自率领一百辆兵车来到下阳，说要去增援虢公。下阳守将舟之侨信以为真，开城门让虞公入关。战车一进城门，车中藏着的晋军武士便一齐发难，要闭关已来不及了，里克趁机统兵直入，一举夺得下阳。舟之侨兵败投降了晋国，里克让他作向导，向上阳进发。

虢公在桑田得到晋军攻破下阳的消息，急忙撤军返回都城上阳，随即被晋军包围。上阳被围困了几个月，城中粮草耗尽，士卒疲惫不堪，百姓哭成一片。虢公无计可施，便连夜率家眷向周朝京城逃去。里克率军入城，并将虢国的府库宝藏尽数装入车中，把其中十分之三连同抓获的美女献给了虞公，虞公见晋人言而有信，十分高兴。

里克一面派人报告献公，一面假托有病，不能率军回国，把军队驻扎在上阳城下。虞公不时赐药、慰问，很是关心。

一月之后，虞公正在自己都城宫殿里饮宴，探马来报，说晋献公见晋军久不回师，怕晋军伐虢有失，特领兵前来接应，现已到都城之外。虞公连忙亲自出城迎接，两国君相见，彼此致以敬意，献公随即约虞公到箕山围猎。在春秋时候，围猎要动用军队，所谓围猎其实是军事训练，借围猎可以显示

一个国家的军事力量。虞公为了向晋国炫耀武力,便将城中的军队全部带了出去。围猎中,忽然有人报城中起火,虞公便告辞回城。

虞公赶到城下,只见城上插着晋国旗帜,城头上一员晋将向虞公道:"虞公昨日借道给我晋国,今日又借城给我们,多谢了!"原来,晋献公约虞公围猎,引出虞国兵马,另派人乘虚而入,夺了虞国都城。

虞公怒不可遏,下令攻城,被城上晋军打退。正在此时,有士卒来报:"后军已被晋兵截住击溃,晋国大军即刻就到。"虞公进退两难,只好俯首称臣,做了晋国俘虏。虞国也被晋灭亡了。

晋国吞并了虢、虞两个国家,在地理上掐住了秦国向东扩展的咽喉,对以后秦、晋两国争霸产生了很大影响。

第五套 并战计

并战计包括：偷梁换柱、指桑骂槐、假痴不癫、上屋抽梯、树上开花、反客为主六计。

并战计是指敌我双方势均力敌，所具备的条件相当，双方处于相持不下的一种战场形势。其中任何一方都不存在速战速决的可能性，也不可能有运用其他计谋取胜的机会。在这种形势之下，就得妙思攻守之计，按本篇六计中所讲的频更其阵、警以诱之、静不露机、假之以便、借局布势、乘隙插足，来达到自己的预期目标。

偷梁换柱

□ 第二十五计

……计名由来

一般认为"偷梁换柱"来源于商纣王"托梁换柱"的传说。据传，商纣王力大无穷，一次随其父帝乙游览花园，欣赏牡丹。行至飞云阁，帝乙见到飞云阁一根柱子断了，致一梁塌下，心中很不高兴。纣王见状，于是"托梁换柱"，用手托住梁，直到下人更换好柱子才松开，把一座飞云阁修好了。又《红楼梦》第九十七回描述王熙凤设计以薛宝钗冒充林黛玉与贾宝玉成婚时，也说过"偏偏凤姐想出一条偷梁换柱计"。按照前人的解释，此计的本意是，在同友军一道作战时，要找机会将其主力兼并，加以控制。但从此计原文看，也可理解为在与敌军作战时，设法将其主力调开，然后抓住其弱点，进行攻击，战而胜之。同时还有人认为此计与常说的"调包计"相似。

既济卦

既济卦为六十四卦之中第六十三卦。既济卦的卦象为上坎下离，象征向火上泼水。以水救火，自然平安无恙。本卦就是寓意事情已经成功，但最终会有变故。

频更其阵[1]，抽其劲旅[2]，待其自败，而后乘之[3]。曳其轮也[4]。

采取措施频繁变更友军的阵形，抽调出他的主力部队，等待其自行败退，然后再乘机加以控制。这就像《周易·既济·象传》所说的，控制了车轮，也就控制了车的运行。

【原文注释】

〔1〕频：频繁、不断地。其：指示代词，这里代指友军。阵：古代的作战队形。

〔2〕抽：抽调，调动。劲旅：精锐部队，主力部队。

〔3〕乘之：乘，乘机。乘之，指乘机加以控制。

〔4〕曳其轮：曳，拖住。语出《易·既济·象传》："曳其轮，义无咎也。"意思是：只要拖住了车轮，便能控制车的运行，这是不会有差错的。

【前人批语】

阵有纵横[1]，天衡为梁[2]，地轴为柱[3]。梁柱以精兵为之[4]。故观其阵，则知精兵之所在。共战他敌时[5]，频更其阵，暗中抽换其精兵，或竟代其为梁柱；势成阵塌[6]，遂兼其兵[7]。并此敌以击他敌之首策也[8]。

○ 品画鉴宝

辎车（东汉）墓主人所乘坐的辎车。车舆两侧原悬有红色织物为幡，已佚。据《后汉书·舆服志》，官吏秩别二千石以上，乘车"朱两幡"。

布阵分东西南北，有纵有横。阵前后"天衡"阵位上的兵力是阵的大梁，阵中央"地轴"阵位上的兵力是阵的支柱。梁柱两个阵位上排列的都是精锐部队。所以，观察阵形，就能知道主力部队在什么位置了。在与友军联合布阵、共同出战时，应该频繁地变换友军阵形，暗中抽换其精锐部队，甚至是以我军的部队取而代之占领梁柱的位置。这样，它的阵势就必然会垮塌，于是我便可乘机将友军控制。这是兼并此敌（即友军），以击败另一股敌人（本来的敌人）的上策。

【批语注释】

〔1〕阵有纵横：古代作战要布好战斗队形，阵形按东、西、南、北方位，其中的队列有纵有横。

〔2〕天衡为梁：天衡，战阵部位的名称，指位于阵前后的队列。梁，房屋的大梁。这里是指布阵时，天衡位的军队相对于整个阵形具有大梁的作用。

〔3〕地轴为柱：地轴，战阵部位的名称，指位于阵中心的队列。柱，房屋的柱子。这里是指布阵时，地轴位的军队相对于整个阵形具有支柱的作用。

〔4〕梁柱：指天衡和地轴两个阵位。

〔5〕共战：与友军共同作战。

〔6〕势成阵塌：势成，指对己方有利的形势已经形成。阵塌，指友军的阵形已被我方频更其阵而搞乱了。

〔7〕兼其兵：兼，兼并，吞并。兼其兵，此处指把友军的主力兼并归己控制。

〔8〕并此敌以击他敌之首策：此敌，这里是指原来的友军。他敌，这里是指原来与友军共同对付的敌军。首策，上策。全句意为，这是兼并友军以击败敌军的上策。

偷梁换柱

□ 经典实例

韩信破魏之战

秦朝灭亡后,项羽自称"西楚霸王",大封诸侯。受封的贵族们都想割据自立,恢复秦统一前,各国分立的局面,于是借口分封不公,纷纷起兵反对项羽。齐地的田荣第一个起兵,自立为齐王。项羽大怒,亲自率军征讨。田荣死后,他弟弟田横又立田荣的儿子田广为齐王,继续抗击项羽,楚军陷于持久作战之中。

被封为汉中王的刘邦乘机明修栈道,暗渡陈仓,夺取了关中地区,接着先后迫降了河南王申阳、韩王郑昌、魏王魏豹、殷王司马,然后集中五十六万大军直扑项羽的政治中心彭城(今江苏徐州)。项羽正在齐地与田横、田广作战,后方防备空虚,刘邦因此一击得手。项羽听说彭城丢失,亲率三万精锐骑兵连夜赶回来救援,把汉军杀得大败,刘邦狼狈不堪地逃回荥阳。项羽尾追而至,楚汉双方在荥阳形成对峙的局面。这一年是公元前204年。

彭城之战后,项羽认识到刘邦才是自己最大的敌人,决定彻底消灭汉军。原来投降刘邦的诸侯王见项羽雄风依旧,而刘邦却损失了数十万大军,又纷纷转而投靠项羽,连田横也放弃了反楚立场,同项羽和解。

汉军形势严峻,刘邦问张良下一步该怎么办,张良说:"楚军枭将英布、彭越都与项羽有矛盾,大王可以联合他们两个;而汉军将领中只有韩信一人可以委以大任。大王平定天下,就全靠他们三个了。"张良的

韩信(?—前196年)字重言,淮阴(今江苏省淮安市淮阴区码头镇)人,西汉开国功臣,初属项羽,后归刘邦。中国历史上伟大军事家、战略家、统帅和军事理论家。中国军事思想『谋战』派代表人物。

○ 品画鉴宝
雁足灯（东汉）　上端为灯盘，中柱有三歧枝将盘托起，足蹼置于一折沿扁盘内。

计划是使英布在南面牵制项羽，令彭越骚扰楚军后方。刘邦采纳张良的建议，不久便策反了英布和彭越。

正在这时，魏王豹起兵叛汉。在刘邦大败于彭城之后，魏王豹同其他诸侯一样，觉得刘邦不是项羽的对手，自己应另寻出路。恰巧一个叫许负的江湖术士给魏王豹的妻子算命，说她生的儿子可以做天子。魏王豹听说后，想："既然我儿子可以当天子，那我肯定也是天子了。"于是，野心膨胀起来，随即定下了脱离刘邦的决心。公元前204年5月，魏王豹借口探望生病的母亲离开了荥阳。他一渡过黄河就树起了反汉的大旗，发兵严守各个渡口，断绝与刘邦的往来，并与项羽联系，约定共同对刘邦作战。项羽大喜，立即派楚将项它，协助魏王豹，配合其正面攻势，从右翼打击汉军。

魏据河东三郡五十二县，有相当实力，西进可以威胁关中，扰乱刘邦的后方；南下可以切断关中与荥阳的联系，与项羽形成夹击荥阳的局势，对刘邦威胁很大。刘邦派郦食其（lì yì jī）去劝说魏王豹，希望他能回心转意。魏王豹对郦食其说："刘邦傲气十足，对我像对自己的奴婢一样，我再也不想见到他了！"刘邦见劝降不成，便决定对魏王豹使用武力。

8月，刘邦以韩信为大将，曹参为步兵主将，灌婴为骑兵主将，由韩信负责指挥，发兵进击河东。魏王豹为了防御汉军的进攻，调集重兵于蒲坂（今山西永济西蒲州镇），企图阻止汉军自蒲坂渡河。蒲坂对汉军来说，是最重要的黄河渡口。但魏军在沿黄河北上的其他渡口，如夏阳（今陕西韩城东南）一带等地，却防备薄弱。

韩信侦察了魏军的部署，深思熟虑之后，命令道："灌将军率骑兵在蒲坂对面集结，要大张旗鼓地征用所有能找到的船只，伪装出我军主力要由蒲坂渡

曹参（？—前190年）

字敬伯，沛（今江苏沛县）人，西汉名将。他是继萧何后的汉代第二位相国。

韩信破魏作战经过图

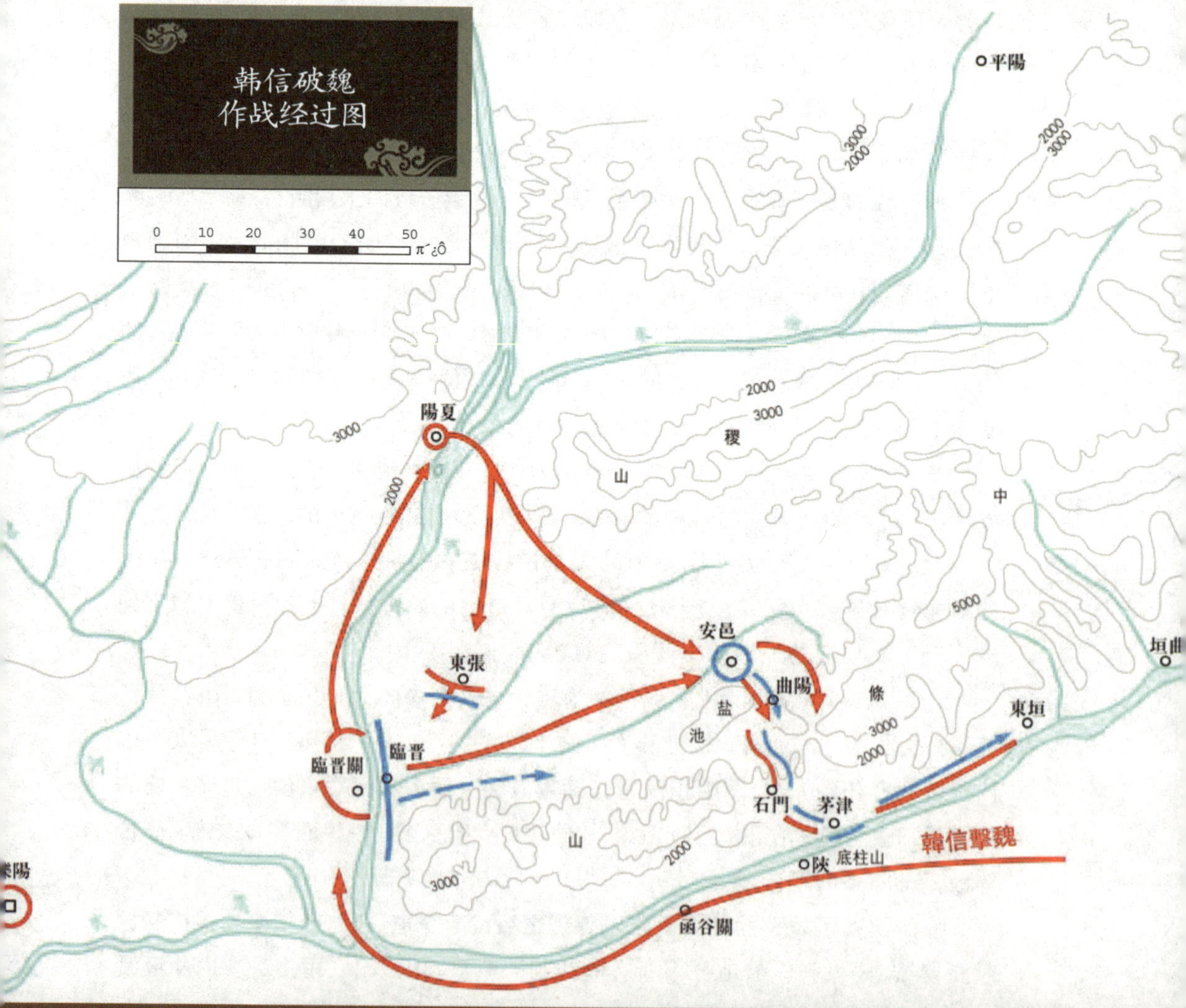

河的假象，一定要逼真，骗过魏军。如果发现蒲坂魏军撤退，就立刻渡河，发动进攻。"

韩信停了一下，接着向曹参道："曹将军与我率步兵北上，不知意下如何？"灌婴和曹参并非主将，又深知韩信用兵如神，都表示同意这个计划。

当天夜里，韩信与曹参率汉军主力偷偷地向北进发，行军一百多里后，到达了夏阳。

"曹将军，我们就在这儿渡河！"韩信下令停止前进，然后对曹参说。

"可是，这儿没有船只，我们难道游过去不成？"曹参道。夏阳的船也被征调到蒲坂了。

"哈哈，曹将军不必担心，我早就想好了。我们可以砍伐树木，做成'木罂'，用它来渡过黄河。渡河后，曹将军立即直击安邑（今山西夏县西北），切断魏首都平阳与蒲坂之间的联系和他们的粮道，不得有误！"韩信真是算无遗策，一切尽在他掌握之中。汉军很快做成了很多"木罂"，接着利用这种口小腹大的木桶顺利渡过了黄河，魏军毫无觉察，因为夏阳原有的一点守军也被调到蒲坂去了。

曹参渡河后，按韩信的命令直扑安邑。魏王豹把精力都集中在了蒲坂，而后方重镇安邑却兵力薄弱，疏于戒备。曹参轻而易举地达到了战役的目的。魏王豹正亲自驻守蒲坂，听说安邑失守，立刻率军驰援，他也知道安邑的重要性。灌婴见对岸魏军撤走，马上渡河，尾追魏军。魏军进至安邑城下，魏王豹指挥军队攻城，此时韩信已亲率主力赶到，魏军久攻不下。不久，灌婴的骑兵杀至，从背后向魏军发起进攻，城内汉军趁势杀出，前后夹击，魏军大败。魏军残部向东南逃窜，韩信令曹参追杀，最后汉军在东垣（约在今山西垣曲西）全歼魏军，俘虏了魏王豹。接着，韩信挥师北上，攻占平阳，全部占领魏地，消灭了黄河以北的一大割据势力。

韩信破魏解除了刘邦的侧翼威胁，破坏了项羽的右翼进攻计划。后来，韩信又破代、灭赵、降燕、攻齐，占领了整个北方，完成了对项羽的战略包围。最终汉军围歼楚军于垓下，取得了楚汉战争的胜利，再次统一了中国。韩信伪造渡河假象，把魏军主力牵制于蒲坂，正是运用了"偷梁换柱"之计。

指桑骂槐

□ 第二十六计

……计名由来

"指桑骂槐"是说表面上骂张三实际上是骂李四,比喻间接地对别人进行批评、指责。指桑骂槐原为一句民间谚语,如《红楼梦》第十六回描写王熙凤向贾琏发牢骚时说:"错一点儿,他们就笑话打趣;偏一点儿,他们就指桑骂槐……"第六十九回:"除了平儿,众丫头媳妇无不言三语四,指桑骂槐,暗相讥刺。"指桑骂槐用到军事上,是指驾驭部下的一种方法,即通过惩罚个别人,旁敲侧击,惩一戒百,以警告全军,最终达到树立权威,严明军纪,统一号令,提高部队的战斗力的目的,也可以指打击一个敌人,震慑其他对手。

师卦

师卦为六十四卦之中第七卦。师卦的卦象为上坤下坎,象征地下水流汹涌。本卦喻示矛盾可以畅通无阻地解决,以至逢凶化吉。

○ 品画鉴宝　师汤父鼎(西周)

大凌小者[1]，警以诱之[2]。刚中而应，行险而顺。

强者驾驭弱小者，需要用警告的方法进行诱导。这就是《易·师》卦所说的，适当表现得强硬严肃、果敢刚毅，可以得到拥护，赢得人们的敬服。

【原文注释】
[1] 凌：凌驾，控制。
[2] 警以诱之：警，警告。诱，诱导。全句意为，用警告的方法进行诱导。

【前人批语】
率数未服者以对敌[1]，若策[2]之不行，而利诱之，又反启其疑。于是故为自误，责他人之失，以暗警之[3]。警之者，反诱之也[4]。此盖以刚险驱之也[5]。或曰：此遣[6]将法也。

率领平常还没有信服你的部队去与敌人作战，如果管治不住他们，而用金钱财物去诱惑他们，反而会引起他们的疑心。这时，可以故意造成一些失误，然后去责备别人，借以暗示警告那些不服管治的人。这种警告是从反面进行诱导，是一种以刚猛险毒的手段驱使人们服从管治的谋略。有人说：这是一种驾驭部将的方法。

【批语注释】
[1] 数：屡次，引申为一贯、一向。
[2] 策：鞭策，可引申为管治。
[3] 暗警之：暗示警告他们。
[4] 反诱：从反面进行诱导。
[5] 以刚险驱之：刚险，刚猛险毒。驱，驱使，驱赶。全句意为，用刚猛险毒的手段去驱使他们。
[6] 遣：驾驭。

三十六計之指桑罵槐

指桑骂槐

经典实例

曹操除恶

东汉后期，在古都洛阳，一批东汉最大的豪强地主，过着荒淫糜烂的寄生生活。那一眼望不到边的良田，成了外戚（皇帝的母族和妻族）的花园、猎场；一连几十栋都是宦官的豪华宅邸。他们奴役着成千上万的奴婢，搜刮了无数的金银珍宝。豪强地主的两大集团——外戚和宦官，轮流把持着东汉王朝的统治权，作威作福。到了东汉第十一代皇帝——灵帝时，宦官集团独掌大权。他们依权仗势，为非作歹，把一个洛阳城弄得乌烟瘴气，昏天黑地。

当时，洛阳城分为东西南北四个部。每部有一个负责治安的官员，叫作部尉。在洛阳城里，这不过是一个小官，那些豪强，根本不把他们放在眼里。部尉的衙门年久失修，破旧不堪。

可是，洛阳北部尉的衙门这天与往常大不相同。两扇大门刚涂上朱红的油漆，焕然一新。朱红大门的两边，各高挂着十几根簇新的五色大棒，有手腕那么粗，红的，绿的，蓝的……十分显眼。

○ 品画鉴宝
吹竽俑（东汉）　泥质灰陶，捏制。该俑体态生动，造型饱满，具装饰性。

路过这里的人，看到这个新鲜景象，十分诧异。渐渐地，聚集在衙门口的百姓越来越多，不一会儿，两个兵士扛出一块木牌，竖在大门正中间。上面写着一道口气强硬的禁令："为了维护城北治安，禁止夜行。如有违犯者，不论平民豪强，一律用五色棒严惩。"

下面署名是"洛阳北部尉令"。

大家看到这个禁令，不免七嘴八舌小声地议论起来："新部尉刚到任，就出了这道禁令，来势可不小

○ 品画鉴宝
绿釉陶水榭（东汉） 亭式水榭，红陶绿釉。西汉时期，经济发展，达官显贵、富商大贾竞相兴建园林，点缀楼、堂、亭、榭，以便居住、眺览。

哇！""嗨，这样也好。那些豪强再也不能在夜间到处横行了。"一个吃过豪强亏的小贩说："你看这几根大棒真厉害，谁要是挨个三五十下，准完蛋。"

旁边有个老人摇头苦笑说："我看不过是新官上任三把火，虚张声势罢了。"

这时，有人轻声嘘了一下："别说了，新部尉出来了。"

几个小吏拥着一个青年官员从衙门里缓步走出来。这个官员约摸二十来岁，中等个子，身体结实，眉宇间显出一副沉着、果断的神态。他在门口兜了一个圈子，观察了一下门前刚布置的五色棒和禁令，向左右小吏微微点头，表示满意。

这个年轻官员，便是新任北部尉曹操。

曹操早就知道洛阳城里治安混乱的情况。他雄心勃勃，决心在城北地区强化法令，改变混乱的局面，尤其是改变豪强在洛阳城为非作歹的局面。因此，他一上任，就命令手下人把衙门修整一新，叫工匠连夜赶造了二十多根五色大棒，悬挂在大门两旁，并且出了这道"夜禁令"。

当晚，曹操又派了一队兵士在城北一带巡夜，专门搜索违犯夜禁的人，并且吩咐，只要遇到夜行的，不管什么人，都把他抓来审问。

深夜，北部尉衙门的大厅里，还是灯火通明，曹操坐在几案旁，一面阅读兵书，一面在等待着巡夜队的汇报。三天过去了，巡夜的兵士回来，总是说外边平安无事，他觉得情况有点可疑。难道凭一道禁令，那些平时在夜间胡作非为的豪强，就会老老实实地销声匿迹了吗？想到这里，他站了起来说："明天我去巡逻。"

这时，有一个掌管文书的老吏说："部尉，我看你不必亲自去了，他们巡逻还不是一样。再说，过去的部尉从来不巡夜。"

曹操说："过去的事我不管，'夜禁令'是我下的，我要亲自去查一查。"

第二天深夜，上弦月已经下去了。洛阳城北，除了远处还有几点灯火外，已是黑洞洞的。四下里静悄悄的，偶然传来了几声打更声和狗叫声。

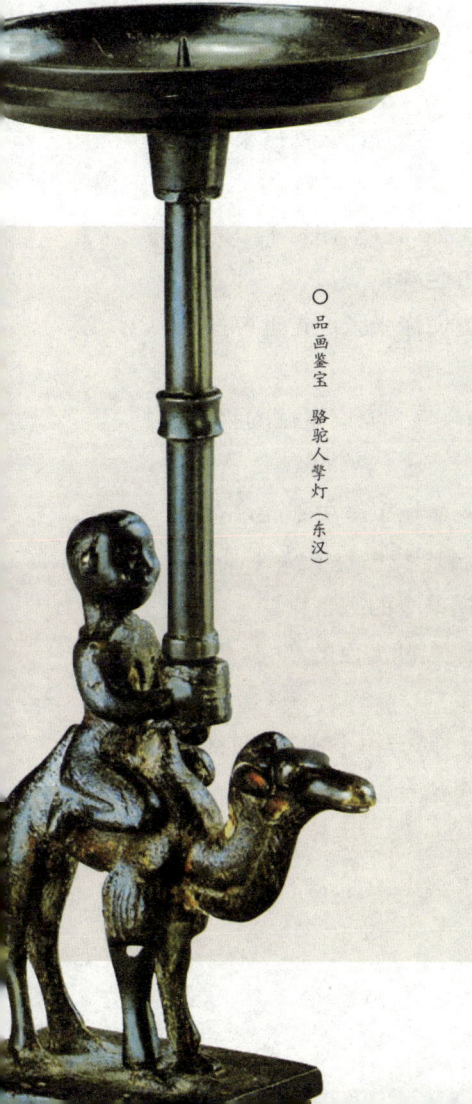

○品画鉴宝　骆驼人擎灯（东汉）

街头转角外，闪出了七八个人影，两个家兵打着灯笼，后面骑在马上的是一个年约五十、穿戴华丽的人，长得獐头鼠目，满脸横肉。那人喝得醉醺醺的，和随从的几个宾客正在大声地谈论："曹操这小子下了'夜禁令'，能把我怎么样？"

旁边一个宾客谄媚地接口说："这种芝麻大的官儿，也想管到我们蹇大人身上来！哼，那些夜巡的兵士，见了您的影，早就躲得远远的了！"

这个被称作蹇大人的，是汉灵帝宠幸的宦官蹇硕的叔父，一般人称他为蹇叔。这个老家伙依仗他侄儿在朝廷的权势，兼并土地，欺压百姓，横行霸道，无恶不作，是洛阳北部的一个出名的大恶霸、地头蛇。他白天干尽坏事不算，还经常在夜间喝足了酒，带着一批爪牙在外面强抢民女，当地百姓视如瘟神一般。

这天晚上，他们一伙又想闯入一家民宅抢夺民女，正在持刀破门时，曹操亲自带领巡夜队伍赶到了。

蹇叔身边几个眼尖的爪牙，一看势头不妙，滑脚溜走了，另外几个也吓得面如土色。只有蹇叔，仗着酒劲，仍旧满不在乎，嘴里还乱骂："哪里来的小子，胆敢找到老爷我头上来了！"

几个兵士呆住了。曹操喝令道："把他抓起来！"

二十多个兵士一拥而上，把这个老家伙五花大绑捆了起来。

蹇叔虽然被反绑着，却依然盛气凌人，一双贼眼骨碌骨碌翻动，干瘪的嘴唇斜撇着。

曹操见了他那种嚣张的样子，大喝一声："你为什么违反夜禁，闯入民宅？"

蹇叔恶狠狠地叫嚷："你一个区区部尉，有什么资格来审问我！"

曹操强抑着心里的怒火，冷笑几声说："看来你是不会老实招供了。"随即吩咐兵士："来人，拿五色棒！"

当兵士去取五色棒时，旁边的老吏慌慌张张地走近曹操身边。

"部尉，"老吏轻声说，"这个人是当今皇上宠臣蹇硕的叔父，部尉要对他用刑，恐怕……"

曹操冷笑起来："禁令要么不设，既然设了就决不允许有人随便违犯。任凭他是皇亲国戚、三公九卿，我也要依法处理。我今天就是要杀一儆百，叫这些豪强知道禁令的厉害！"

说着，他转身向蹇叔怒喝："好一个当朝大臣的叔父，你既然存心触犯禁令，就饶不得你了！"

当十几个兵士拿着五色大棒在大厅两旁挨个排开的时候，蹇叔的骄横气焰顿时一扫而空。他脸色蜡黄，两腿发软，跪倒在地。

"看在我侄儿的面上，饶了我吧！"蹇叔哀求着，声音已经发抖了。

○ 品画鉴宝
彩绘陶翼兽（汉） 此器外形是虎的变形。虎加上翼，体中有一方形孔，可能是插物固定之用，还待研究考证。

曹操一拍惊堂木："你依仗权势，漠视禁令，必须严惩。"接着命令兵士："给我狠狠地打！"

兵士们平时惧怕蹇硕威势，敢怒不敢言。今天见新部尉一声令下，立刻将蹇叔按倒在地，挥舞起五色大棒，一阵痛打。那个作恶多端的蹇叔开始还嗷嗷乱叫，挨到三十棒光景时，连求饶的声音也听不见了。

第二天，洛阳北部的大街小巷，人们都传播着部尉棒杀蹇叔的事，大家都为洛阳城少了一个大恶霸拍手称快。尤其是那些平日依仗权势的豪强，也不得不在表面上收敛一下他们的蛮横行径。

曹操利用指桑骂槐的计谋，树立了自己的威信，从此以后，洛阳城里的治安秩序渐渐好了起来。

假痴不癫

□ 第二十七计

……计名由来

"假痴不癫"是由"装疯卖傻""装聋作哑"等俗语转化而来的。用于政治谋略，就是韬晦之术，在形势对自己不利之时，在一定时期内，故意装作愚蠢、呆痴，隐藏自己的才能，掩盖内心的政治志向，避免引起政敌的警惕；私下里却积极准备，等待时机，以实现自己的目的。三国时期，曹操与刘备青梅煮酒论英雄的故事，就是个典型的例证。刘备早已有夺取天下的抱负，只是当时力量太弱，根本无法与曹操抗衡，而且还处在曹操的控制之下，所以每日只是饮酒种菜，装作不问世事、胸无大志的样子。一天曹操请他喝酒，席间曹操问刘备谁是天下英雄，刘备列了几个名字，都被曹操否定了。刘备道："那么请问谁是当今的英雄呢？"曹操道："天下的英雄，只有我和你两个人罢了！"一句话吓得刘备心惊胆颤，以为曹操了解自己的政治抱负，手中的筷子不由自主地掉在地下。幸好此时天空中一阵炸雷，刘备忙说自己被雷声吓掉了筷子，将内心的恐慌遮掩过去。曹操见状，大笑不止，认为刘备连打雷都害怕，成不了大事，便放松了对刘备的警惕。后来刘备摆脱了曹操的控制，终于成就了一番事业。此计用在军事上，指的是虽然自己具有相当强大的实力，但故意不露锋芒，显得软弱可欺，用以麻痹敌人，骄纵敌人，然后伺机给敌人以措手不及的打击。

屯卦

屯卦为六十四卦之中第三卦。屯卦的卦象为上坎下震。象征雷雨交加的天象。本卦寓意凶险，但"屯"又指植物萌生。故此卦万物初始时步履维艰，但终究会欣欣向荣。

三十六計之假痴不癲

○ 品画鉴宝

夔纹钺（商） 二里岗文化时期的青铜钺内一般无穿，此钺内特长，是为了与钺身平衡，别具一格。

宁伪作不知不为[1]，不伪作假知妄为。静不露机[2]，云雷屯也[3]。

宁肯装作无知而不采取行动，也不冒充聪明而轻举妄动。要保持沉静而不泄露真实动机。如同《易·屯》所说的，雷电在冬季积聚不发，待机而动一样。

【原文注释】

[1] 伪作：假装，佯装。
[2] 静不露机：静，平静，沉静。机，这里指真实动机。
[3] 云雷屯：语出《易·屯·象》："雷，屯，君子以经纶。"茅草破土初出叫作"屯"。屯卦有阴阳相争不宁之象，象征着事物生长十分艰难。

【前人批语】

假作不知而实知，假作不为而实不可为，或将有所为。司马懿之假病昏以诛曹爽[1]，受巾帼、假请命，以老蜀兵，所以成功。姜维九伐中原，明知不可为而妄为之，则似痴矣，所以破灭。兵书曰："故善战者之胜也，无智名，无勇功。"当其机变未发时，静屯似痴[2]，若假癫，则不但露机，则乱动而群疑。故假痴者胜，假癫者败。或曰："假痴可以对敌，并可以用兵。宋代，南俗尚鬼[3]。狄武襄征侬智高时，大兵始出桂林之南，因佯祝曰："胜负无以为据。"乃取百钱自持，与神约："果大捷，则投此钱尽钱面也。"左右谏止："倘不如

意，恐沮师。"武襄不听。万众方耸视，已而挥手一掷，百钱皆面。于是举兵欢呼，声震林野。武襄亦大喜，顾左右，取百钉来，即随钱疏密，布地而贴钉之，加以青纱笼护，手自封焉。曰："俟凯旋，当酬神取钱。"其后平邕州还师，如言取钱，幕府士大夫共视，乃两面钱也。

假装不知，而实际上非常明白；假装不行动，而实际上是不允许现在行动，或是要耐心地等待时机成熟时再行动。三国时司马懿假装患病，神志不清，从而诛杀了曹爽。接受了诸葛亮"赠送"的妇人服饰,却并不因受到侮辱被激怒,假装上表请战而拒不出战,以疲劳蜀军,从而取得胜利。姜维九伐中原,明知不可能成功却偏要轻举妄动,那就是真的痴了,其失败是必然的。《孙子兵法》说:"善于用兵的人,打了胜仗,却没有智慧的名声,也没有骁勇的功劳。"当时机还不成熟时,他们会保持沉静,丝毫不露声色。如果假装疯疯癫癫,不仅会泄露机密,还会因其轻举妄动而引起部众的猜疑。有人说:"假装疯癫既可以用以对敌,也可以用来指挥自己的军队。"宋代,南方的风俗崇尚鬼神。狄青率军征讨侬智高,大军进至桂林以南时,狄青便假装祷告说:"这次出征胜负还不知道啊!"说罢便取出一百个钱用手拿着,与天神相约:"如果此次出征能取得胜利,就让撒在地上的钱全都正面朝天!"左右的人劝狄青说:"这样做不行,倘若不能如愿,恐怕会影响部队的士气!"狄青不听。士兵们一个个耸立观看。狄青挥手一掷,一百个钱竟然全部正面都朝天。人们齐声欢呼,声音响彻林野,狄青自己也非常高兴,随即又招呼左右侍从取一百个钉子来,按照钱落在地上的位置,把钱钉在地上,再用青纱笼罩,并亲手把纱罩封好,说道:"等到凯旋归来,一定要酬谢天神,把钱取回。"后来,狄青平定邕州,班师回来去取钱时,幕僚们一看,才知道原来钱的两面都是正面!

【批语注释】

〔1〕司马懿:三国时期的军事家、政治家,字仲达,河内温县(今河南温县西)人,善谋略。

〔2〕静屯似痴:像屯卦所要求的那样,沉静得近乎痴呆。

〔3〕南俗尚鬼:南俗,南方的风俗。尚鬼,崇尚鬼神。

○ 品画鉴宝
山西朔县崇福寺武士像(明) 武士叉开双腿,紧握双拳,有拼斗之意,黄绿搭配的服装十分醒目,人物造型出神入化,比例精当,十分逼真。

假痴不癫

□ 经典实例

朱棣装疯夺位

公元1398年5月，朱元璋病逝。皇太子朱标早逝，皇太孙朱允炆(rì)继承了皇位，改年号为建文，他就是建文帝。

朱允炆虽然当上了皇帝，但他总是提心吊胆，因为叔叔们分守各地，根本不把他放在眼里，尤其是镇守北平（今北京）的四叔叔朱棣，在各亲王中，拥兵最多，势力最大。

一天，建文帝把他的老师黄子澄请到宫中，问道："先生，您还记得从前在东角门说的话吗？"黄子澄慌忙回答："臣至死不敢忘记！"建文帝重重地叹了口气，心事重重地说："以先生之见，我现在该怎么办呢？""臣这就去找兵部尚书齐泰商议此事！"

这是怎么回事呢？原来，朱允炆被立为皇太孙之后，见叔叔们都不看重他，就和老师黄子澄谈起了这件事。他在东角门问黄子澄："爷爷还在，叔叔们就敢这样傲慢地对待我。爷爷不在了，我怎样才能制服这些叔叔们呢？"黄子澄回答说："各亲王虽然拥有军队，但兵力毕竟有限，不能跟朝廷的力量相比。如果亲王发动叛乱，朝廷就可以派大军讨伐。皇帝讨伐叛臣是合情合理的，一定会大获全胜，请皇上不必忧虑。"

其实，他当时说这些话都是安慰朱允炆的，黄子澄心里也清楚，制服这些亲王谈何容易！现在，朱允炆已经当上了皇帝，这些问题尖锐地摆在了面前。面对皇帝的问询，黄子澄不得不慎重考虑了。

黄子澄找到齐泰，对他说了建文帝的心事。齐泰说："现在亲王中要数朱棣的力量最大，如果要削藩，必须先铲除朱棣。"

黄子澄紧锁双眉，摇了摇头，说："朱棣早有准备，如果先拿他开刀，势必会引起大乱。我们不如先从其他亲王下手，除掉那些和朱棣关系密切的亲王。周王是朱棣的亲弟弟，应该首先把他的藩号削掉。"

齐泰同意黄子澄的这种办法，他们计划一定，就马上报告了建文帝。

恰巧，这时有人控告周王谋反，建文帝就派大将李景隆带兵进军开封，趁周王不备，包围了周王府。周王被擒，被押到了京城。建文帝下令废除周王的封爵，把他贬为庶人，发配到云南。

在审理周王谋反案的时候，另外一些亲王，如湘王、代王等也都被牵扯进来，建文帝对他们或废或关，不到一年的时间，就先后削除了五个藩王的爵位。

朱棣看到这种情况，心里也害怕了。为了能够躲过这场灾祸，他决定实行装疯卖傻的计策。

主意一定，朱棣就打乱自己的头发，披上一件破破烂烂的衣服，一边哈哈大笑，一边往街上跑去。他的身后跟着一群看热闹的孩子。朱棣跑到了一家小饭馆里，抓起肉来就吃，端起酒来就喝，并且还把一些吃的东西分散给围观的孩子。朱棣满街乱跑，累了就躺在地上睡觉，府里的家人来拉他回家，他就对家人连打带骂。第二天整个北平城里没有人不知道朱棣疯了。

北平城里有两个人，一个叫张昺（bǐng），一个叫谢贵，他们都是建文帝派来监视朱棣的。他们听说朱棣疯了，都不相信，就决定亲自到朱棣家里看看虚实。

这一天，张昺和谢贵来到了朱棣家里。此时天气非常炎热，两个人累得热汗直流。可他们一看，不由得大吃一惊。原来，朱棣身披一件大皮袄，坐在一个火炉旁边，身子还冷得瑟瑟发抖呢！

他们二人急忙上前给朱棣请安："王爷，身体可好？"

"你们还没有吃饭？"朱棣故意答非所问，"来呀，备酒！"

张昺、谢贵看到这种情况，以为朱棣真的疯了，就慌忙起身告辞，写了一份密折，派人送到京城。

但朱棣并没有因此而幸免。过了不久，建文帝下了一道圣旨，剥夺了朱棣的爵位，下令逮捕朱棣手下的官吏，并派大军向朱棣居住的北平进发。

朱棣也急忙召集自己手下的将官，对他们说："朝廷上出现了黄子澄、齐泰两个小人，他们挑动皇帝杀戮亲王，真是罪该万死！今天我朱棣被迫起兵，希望各位将军随我前去除掉这两个奸贼！"众将齐声应是。

朱棣（1360—1424年）
即明成祖。为朱元璋第四子，于1399年发动"靖难之役"，夺取了政权，登基为帝。1402—1424年在位，年号永乐。

朱棣久经沙场，智勇双全，他率领的军队势如破竹，很快就控制了北平一带的广大地区。

起初，建文帝派耿炳文讨伐朱棣，但耿炳文被朱棣打得几乎全军覆没。不久，建文帝召回了耿炳文，让李景隆来指挥三军。

朱棣听说李景隆挂帅，不由得哈哈大笑。他说："李景隆本是个素不知兵的小辈，让这样的人指挥军队，我朱棣必胜无疑了。"他突然心生一计，对众将官说："如果我朱棣亲自镇守北平，李景隆决不敢轻易来攻。现在永平（今河北卢龙）吃紧，我先带兵去救援永平，他一定前来攻城，那时我再回师北平，咱们内外夹击，李景隆必定大败。"

李景隆果然中了计。他得知朱棣率兵去营救永平，真是喜不自禁。他认为朱棣一走，城内必定空虚，这样一来，北平便唾手可得了。哪想到自己正中了朱棣的计谋，被朱棣的军队打得大败。李景隆连夜逃回了德州。

这样一来，朝廷的军队大伤元气，朱棣的军队更加锐不可当。不少守将一见朱棣大军杀来，不是弃城逃跑，就是开门投降。

公元1402年5月，朱棣出动奇兵迅速攻进了南京。南京城里一片混乱，宫内发生大火，建文帝从此失踪。

燕王朱棣运用"假痴不癫"计，为保自身，不惜装疯卖傻，装病在家，秘密地积聚力量，扫清了北平的外围。而后又引诱李景隆多次上当，结果大胜朝廷的军队，从而一举登上了皇位。

上屋抽梯

□ 第二十八计

……计名由来

东汉末年，荆州刺史刘表的儿子刘琦与其继母不和，恐遭陷害，向刘备求救。当时刘备正依附于刘表。刘备便派诸葛亮到刘琦家中，刘琦乘机哀求诸葛亮说："继母屡次加害，非要置我于死地，目前我的处境十分险恶，请先生相救。"诸葛亮因为事关刘琦母子之情，外人不便插手，所以表示拒绝。刘琦再三恳求无效，便邀请诸葛亮到他住所的楼上观赏一部古籍。诸葛亮爱书，听说有古籍，非常高兴，便答应了。诸葛亮随刘琦登上一间小楼，却并不见藏书。就在这时，刘琦便双膝跪下，承认自己事出无奈才把诸葛亮骗上楼来，再次请求诸葛亮指点出路，拯救性命。诸葛亮埋怨刘琦不该欺骗他，要下楼离去，可楼梯已被抽走了。刘琦又再三哀求说："先生担心事情泄露，现在这里只有我和您两个人，再没有别人知晓，您可以放心了。"又要拔剑自刎。诸葛亮只好给他出了一条计策，叫他借鉴历史上"申生在内而亡，重耳在外而安"的经验，利用黄祖新亡，江夏一时无人守御的机会，向刘表请求屯兵江夏，如此便可以离开继母，脱离危险了。刘琦按照诸葛亮的计谋行事，果然灵验。这则故事就是"上屋抽梯"之计的由来。

噬嗑卦

噬嗑卦为六十四卦之中第二十一卦。噬嗑卦的卦象为上离下震，象征天雷地火，纷争怨怼。此卦喻指办事不利，如鲠在喉。须当机立断方可化解。

假之以便[1]，唆之以前[2]，断其援应，陷之死地[3]。遇毒，位不当也[4]。

故意暴露给敌方某种破绽，诱使它（盲目）前进，然后再截断其应援之路，就能陷敌军于死地。这就是《易·噬嗑》所说的，使敌人处于不利地位而难以脱身。

【原文注释】

[1] 假之以便：假，假给。便，便利，引申为破绽。
[2] 唆之以前：唆，唆使，引申为诱使。
[3] 死地：中国古代兵法用语，指非经死战难以脱离之地。
[4] 遇毒，位不当也：语出《易·噬嗑》，噬嗑的本意为食干肉，干肉虽小而坚，不易咀嚼，食之可能伤到牙齿。噬嗑卦象征形势严峻险恶。

【前人批语】

唆者，利使之也。利使之而不先为之便，或犹且不行。故抽梯之局[1]，须先置梯，或示之梯。如慕容垂、姚苌诸人怂秦苻坚侵晋[2]，以乘机自起。

什么是唆？就是以利去诱使敌人上圈套。但是，如果只是以利益诱使而不给他以某种方便，敌人还是不会上当的。所以，使用上屋抽梯的骗局，也必须先给梯子，或者示意梯子在哪里。就像当年慕容垂、姚苌怂恿前秦苻坚进攻东晋，以求乘机自己扩张势力、自立为王所做的那样。

【批语注释】

[1] 局：骗人的圈套。
[2] 如慕容垂，姚苌诸人怂秦苻坚侵晋：公元382年，前秦苻坚要讨伐东晋。绝大多数大臣都表示反对。只有鲜卑族的慕容垂和羌族的姚苌表示支持，他二人的真实意图是借机削弱前秦的实力，从而摆脱其控制。383年，秦晋淝水一战，秦军大败，实力严重受损。慕容垂借口到邺城祭莫先人陵墓，同时安抚河北，脱离苻坚控制，在中山（今河北定县）自立为帝，建立燕国，史称后燕，后来曾一度攻破前秦首都长安。姚苌则在渭北自称大将军、大单于、大秦天王，势力发展很快。后来在五将山杀死苻坚，占取长安，自立为秦皇帝，国号大秦，史称后秦。

上屋抽梯

□ 经典实例

沙丘之变

在秦始皇统一中国以后,李斯由廷尉升为丞相,官职越来越高,权势越来越重,名声也越来越大。在统一战争和巩固中央集权制的过程中,李斯是秦始皇的左右手,他提出了许多建设性的意见,做了大量的工作,就连秦始皇东巡郡县,也多由李斯随行,记载秦始皇历史功绩的不少刻石的文辞,也是由李斯执笔的。这一方面说明,当时李斯是坚决执行秦始皇的法家路线的;另一方面也说明,秦始皇对李斯是十分信任和重用的。李斯的儿子娶了秦始皇的公主为妻,女儿也嫁给秦公子,李斯真是"富贵极矣"。

李斯的长子李由做了三川郡(今河南西部,治所在今洛阳东北)郡守。有一次,李由回咸阳探亲,李斯在家里大设酒宴,朝廷百官都去祝贺,门前的车马数以千计,盛极一时。李斯触景生情,感慨万端。他志得意满地说:"我听荀子说过:'事情最忌讳好过了头。'我本来是一个普通百姓,竟做了丞相,可以说富贵到了顶点!但是,物极必反,盛极则衰,我还不知道自己会落个什么结局呢。"这段话表现了李斯在改变了社会地位富贵已极的时候,对自己前途茫然莫测的矛盾心理,说明他的斗争精神已经在消退。

李斯的结局究竟怎样呢?这要从沙丘之变谈起。

公元前210年,李斯随从秦始皇出巡到沙丘(今河北平乡东北)时,秦始皇突然病危,便命令赵高写了一封诏书,让大儿子扶苏赶回咸阳办理丧事。这时,扶苏正在上郡(今陕西北部)监督蒙恬的军队。诏书

○ 品画鉴宝

铠甲武士俑（秦） 此俑胎为泥质灰陶，质地细腻坚硬。武士虽身穿战甲却未戴头盔，当时称之为"科头锐士"，不依靠装备，以健壮善跑的身体冲入敌阵，常使敌人见之闻风丧胆。

还没有发出，秦始皇就去世了。这件事只有胡亥、李斯、赵高和几个亲信宦官知道。因为秦始皇死在外面，太子又没有确定，李斯恐怕声张出去发生变故，便严密封锁了这个消息。这样做，完全是正确的。

秦始皇死后，以赵高为代表的旧贵族便蠢蠢欲动。地主阶级中央集权面临着一场严重的威胁。

赵高原是赵国的旧贵族，他对秦始皇灭掉赵国怀恨在心，发誓要报仇，伺机复辟。秦始皇死时，赵高正做中车府令，同时兼管皇帝的玉玺印信。他故意扣留了秦始皇给扶苏的诏书，准备立胡亥当皇帝。胡亥是秦始皇的第十八个儿子，赵高曾当过胡亥的老师，胡亥也把赵高视为心腹。赵高立胡亥，实际上是要立一个年幼无知的傀儡，自己好篡夺最高权力，为所欲为。

但是，要立胡亥，就必须通过李斯。李斯身为丞相，掌握着最高权力。没有李斯的同意，胡亥是上不了台的。当时，在朝廷内部，李斯是能揭露赵高、粉碎复辟阴谋的唯一的一个人。但是，由于李斯的软弱和妥协，他并没有这样做。

为了让胡亥上台，赵高就去劝诱李斯。他首先编造谎言，对李斯说："诏书和玉玺都在胡亥手里，确定谁当太子都在你我一张嘴。"李斯表示拒绝，骂赵高说的是"亡国之言"。接着赵高就挑拨李斯同蒙恬的关系，威胁李斯，说李斯处处不如蒙恬，如果立了扶苏,扶苏就一定让蒙恬当丞相,到那时,扶苏是不会让你带着封爵告老还乡的。随后,赵高又抓住李斯的弱点,用高官厚禄引诱李斯。赵高对李斯说:"如果你照我的话办,立胡亥为太子,就会永远封侯。否则就要祸及子孙,令人寒心!希望你早拿主意,转祸为福。"

赵高软硬兼施,威逼利诱,说得李斯一把鼻涕一把泪地"仰天长叹"。李斯本来就贪恋"富贵极矣"的社会地位,总想保全已经到手的既得利益,所以面对着赵高的威胁,一再妥协退让,终于听信了赵高。对赵高的复辟阴谋,李斯缺乏认识,丧失警惕。这充分暴露了李斯作为地主阶级政治家的严重局限性。

然而,李斯的妥协,只不过是赵高复辟的开始。

不久,赵高毁掉了秦始皇的遗诏,逼死了扶苏,杀害了蒙恬,立胡亥为二世皇帝。赵高当上了郎中令。在宫中左右秦二世,操纵政权。赵高上台后,立即改变了秦始皇的法家路线,推行一条"兴灭国,继绝世,举逸民"的复辟、倒退的儒家路线。他更改法律,大赦天下,实行"收举余民,贱者贵之,贫者富之,远者近之"的反动政策,极力扶植被打倒的奴隶主贵族,听任他们在咸阳街头弹冠相庆,作威作福,疯狂打击新兴地主阶级,进行阶级报复,对执行过秦始皇法家路线的大臣,大肆清洗,血腥镇压。蒙恬的弟弟蒙毅也惨遭杀害,右丞相冯去疾、将军冯劫被逼自杀,相连坐者不计其数。就连秦始皇的公子、公主也难于幸免,搞得宗室震恐,"群臣人人自危,欲叛者众"。赵高的复辟,加重了对农民的剥削和压迫,给劳动人民带来更加深重的灾难。兵役徭役没有止境,赋税越来越多。许多农民被迫离乡背井,有的又重新沦为奴隶。激起了人民的反抗。

○ 品画鉴宝
云纹瓦当（秦）纹饰对称，四朵云纹为主饰，内饰网纹，构图简单而美观。

公元前209年，陈胜、吴广领导的农民大起义爆发了，革命风暴席卷全国。各地的六国旧势力也趁机纷纷叛秦，拥兵自立。当时，陈胜派吴广率军西进，围困荥阳（今河南荥阳）袭击三川郡。李由无法抵御，只好全力固守。与此同时，由周文率领的另一路起义军数十万人，一直打到咸阳附近的戏水。后来秦朝派大将章邯击败起义军，暂时解除了威胁。但是，起义的烈火已烧逼全国，秦朝的统治面临着严重的危机。

李斯对赵高的所作所为和当时的局势，深感不安。他曾多次要求进谏，被秦二世拒绝，秦二世反而把吴广攻打三川郡，李由不能抵御的责任，归咎于李斯，并责备李斯身为丞相，为什么让起义军如此"猖狂"。李斯心里很害怕，唯恐失掉自己的爵位和俸禄，便给秦二世上了《劝行督责书》。

在《劝行督责书》里，李斯一面劝秦二世要坚持申不害、韩非和商鞅提倡的法制，要"独制（统治）于天下"，防止大权旁落，不要被人所左右；主张用严刑峻法监督和控制群臣，这样臣下就会奉公守法，不敢作乱，天下就会安宁，国家就可以富足；一面却提出，这样做秦二世就可以满足自己的欲望，君主就会尊贵。

《劝行督责书》是李斯为挽救秦朝危机所做的最后努力，是李斯法家思想的产物。李斯希望秦二世坚持法治，继续贯彻秦始皇的法家路线，并暗示秦二世要警惕赵高篡权，提醒秦二世要防止赵高的复辟活动，这是正确的。但是，李斯的《劝行督责书》又迎合了秦二世恣意淫乐、长享天下的欲望，并包含着镇压劳动人民的一面，这完全是地主阶级本性决定的。

当时，秦二世昏庸无能，被赵高耍得团团转。他不可能领会李斯的良苦用心，也没有采纳李斯维护中央集权、防止赵高复辟的进步主张。他看了李斯的《劝行督责书》很高兴，果然刑法更严，凡是征税多的，他就认为是好官，杀

○品画鉴宝 战袍军吏俑（秦）

人多的他就认为是忠臣。当时，路上的行人有一半是受过刑的，死人更是堆积如山。秦二世认为这就算是能"督责"了。李斯的《劝行督责书》虽然保全了自己，但是秦王朝的危机却日甚一日。

赵高因为杀人过多，唯恐朝中大臣在秦二世面前揭发他，便劝秦二世深居宫中，不要跟大臣们见面。秦二世一味追求声色酒肉，再次听信了赵高。结果，秦二世被架空，一切政事都由赵高一人决定。对此，李斯当然不满，希望能进见秦二世，但又苦于没有机会。赵高知道后，假惺惺地对李斯说："你如果能劝诫皇帝，我一定为你留意。有机会，就来通知你。"

赵高是有阴谋的。过了几天，赵高趁秦二世跟宫女们饮酒作乐玩得正开心的时候，派人去通知李斯说："这会儿皇帝有空，请赶快去上奏。"李斯信以为真，赶忙到宫门求见。秦二世正玩在兴头上，哪里肯接见李斯呢？李斯一连碰了几次钉子。

秦二世认为李斯是故意打扰他，跟他为难，很生气。他对赵高说："我平时经常有空，李斯不来；偏偏我正玩的时候，李斯就来捣乱。这不是看不起我，故意跟我作对吗？"赵高趁机对秦二世说："这太危险了！沙丘之谋，李斯是参与的。现在陛下做了皇帝，李斯还只是个丞相，没有再高升。我看呀，他是想'裂地而王'！况且，李斯的长子李由是三川郡守，陈胜这帮人都是李斯家乡附近的人，所以这帮盗贼才敢如此横行。他们经过三川郡时，郡守李由不肯派兵出击。我早就听说李斯父子跟陈胜等人书来信往，勾勾搭搭。因为我不知详情，所以没敢向陛下报告，再说丞相在外边，权力比陛下还要大哩！"秦二世信以为真，准备查办李斯，并派人到三川郡去调查李由勾结陈胜的罪状。

李斯碰壁以后，知道上了赵高的当。后来又听说秦二世在调查李由私通起义军，心里才恍然大悟。

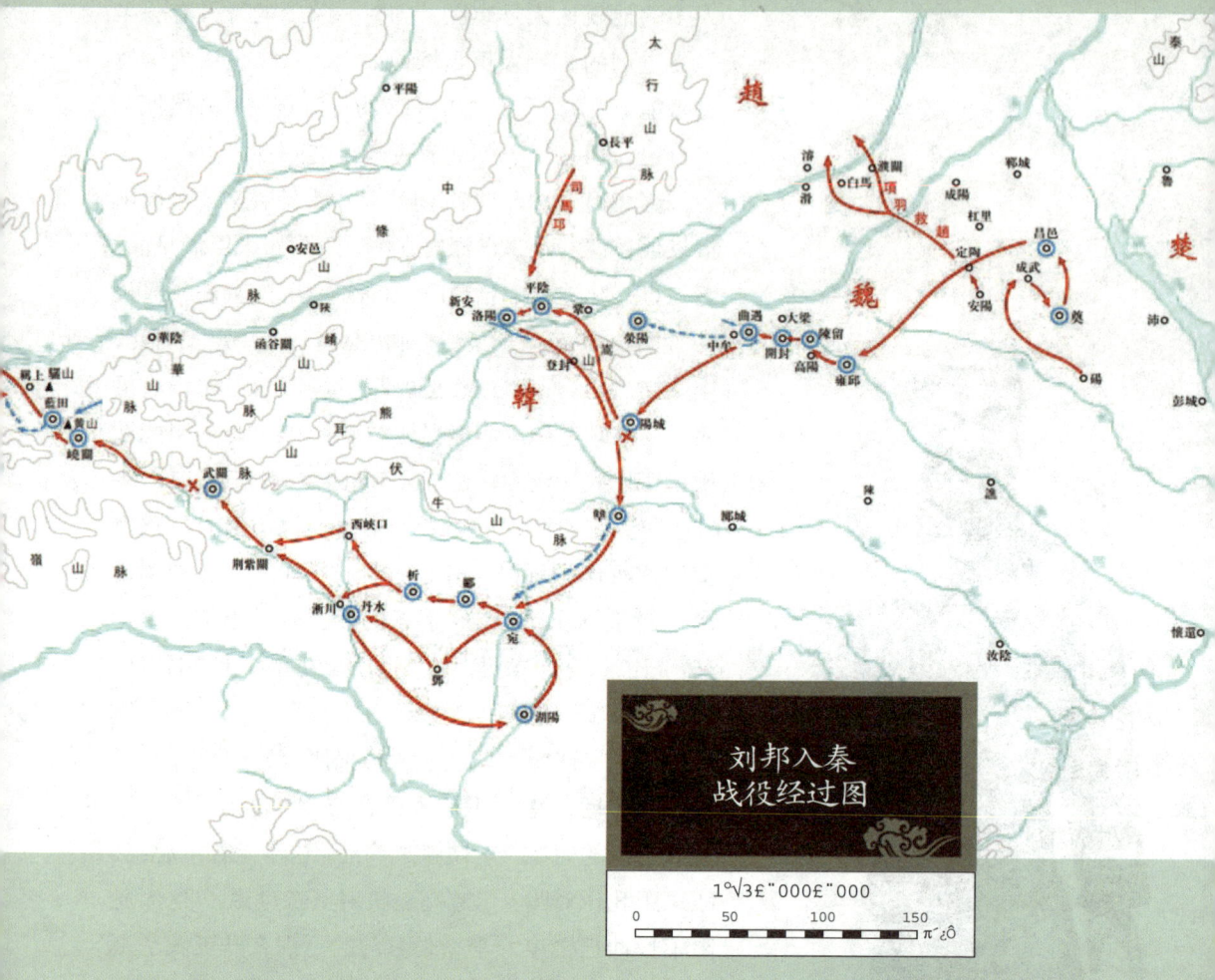

刘邦入秦
战役经过图

　　李斯非常气愤，又无法见到秦二世，便给秦二世上书，揭发赵高的罪行。奏说赵高弄权，"擅利擅害，与陛下无异"，指出赵高有好邪之心，叛逆之行，如不及时防范，赵高就会作乱。但是，秦二世受赵高蒙蔽已深，不但不听李斯劝告，反而认为赵高对自己一片忠心，说赵高精明强干，既了解地方的人情，又能顺迎自己的意志，是不容怀疑的。他对赵高不但没有警惕，反而害怕李斯谋害赵高，就把这件事告诉了赵高。赵高便进一步诋毁李斯说："李斯最嫉恨的就是我赵高。我一死，他就可以杀君谋反了！"秦二世一听，勃然大怒，立刻把李斯逮捕入狱，并派赵高亲自负责审讯。李斯被套上了刑具，关进了监狱。沙丘之变以来，一幕一幕的往事，展现在他的面前，严酷的斗争事实教育了他。这时，他才认识到秦二世"行逆于昆弟（兄弟）"，"侵害忠臣"，"大为

(修)宫室，厚赋天下"，以致造反的人越来越多，已经占据了秦朝的半个天下，秦朝的灭亡已经无法挽回。

李斯被赵高严刑拷打，百般折磨，忍受不了痛苦，只好"供认"了"谋反"的罪行。但是，李斯仍然寄希望于秦二世，幻想他能省悟过来，并赦免自己。这当然是不可能的。

李斯给秦二世上书，陈述了自己追随秦始皇三十多年立下的功绩，用满腔血泪歌颂了法家路线的正确，表明自己忠心耿耿，决无反意，想以此感动秦二世。可是，赵高这时党羽成群，一手遮天，李斯的上书，落到了赵高手里，被甩在一边。赵高骂道："囚犯哪能上书！"

为了不使李斯翻供，赵高派人装成秦二世的使者，对李斯轮番审讯。李斯不知是假，便诉说真情，结果是一顿毒打。经过十余次这样的审讯，李斯被打得死去活来，哪里还敢说真话！等到秦二世真的派人去复审时，李斯以为跟前几次一样，还是赵高的爪牙，只好乱供，不敢再申辩了。秦二世听了使者的回报，以假为真，高兴地说："要不是赵高，我差一点儿叫李斯给卖了！"

秦二世派去调查李由罪状的使者到达三川郡时，李由已被起义军杀死。赵高便编造了许多李由谋反的罪状，以此陷害李斯。后来，李斯被判处了死刑。

公元前208年初冬，北风呼啸，落叶满天。奴隶主复辟势力的刽子手们，把李斯押赴刑场。李斯回过头来看了看他的二儿子，说："我想跟你一道，再牵着黄狗，出上蔡东门猎逐狡兔，还能办到吗？"说罢，父子相对痛哭。就在这一天，李斯在咸阳街头被腰斩，全家大小全被杀害。这是当时复辟与反复辟斗争尖锐激烈的表现。

李斯死后，赵高做了丞相。事无大小，都决定于赵高。权势极重，他给秦二世献上一只鹿，硬说这是马。秦二世的亲信也都慑于赵高的权势，随声附和，说是马，没有一个敢说这是鹿的。指鹿为马的故事，说明了当时的形势，以李斯为代表的地主阶级没有能制止复辟势力的反扑，使赵高更加飞扬跋扈，为所欲为。第二年，赵高便逼死了秦二世，立子婴为秦王。

这时秦末农民大起义风起云涌，所向披靡。公元前206年10月，刘邦率领农民起义军直捣咸阳，子婴无力抵抗，不得不向刘邦投降，维持了十五年的秦朝，终于被农民起义的革命洪流所推翻。猖獗一时的赵高复辟势力并不能阻挡历史车轮的前进。赵高政权仅仅维持了三年，就被农民起义的浪潮击得粉碎。

赵高就是这样运用上屋抽梯的计策，杀死李斯另立秦王的。

树上开花

□ 第二十九计

……计名由来

"树上开花"的原意是说，本来不开花的树木，却可以人为地制造一些假花装点上去，让不知情者一眼看去，难辨真假，以为真的是鲜花挂满枝头呢！此计用在军事上是指通过以各种办法，制造种种假象来壮大自己的声势，以迷惑敌军，从而达到己方的目的。刘备起兵之初，与曹操交战，多次失利，又没有自己的根据地，只能依附于刘表。曹操领兵南下进攻刘表，大军直指宛城。刘备不敌，只能率军民退守江陵。由于有众多老百姓跟随行动，所以刘备军撤退的速度非常慢，被曹军先头部队追上，刘备再次败逃，令张飞在长坂桥阻击曹军渡河，掩护主力撤退。张飞兵力弱小，无论如何也抵挡不住曹操的大队人马。张飞便命令所率骑兵都到桥后树林子里去，砍下树枝，绑在马尾巴上，然后骑马在林中往复奔跑，以扬起地上的沙尘，张飞则独自横枪立马站在长坂桥上。曹军追到，见只有张飞一人，又见河对面树林里尘土飞扬，以为定是诸葛亮设下了埋伏，便停止追击。刘备从而得以顺利撤退。张飞虚张声势，吓退曹军，充分体现了"树上开花"的精义。

渐卦

渐卦为六十四卦之中第三十九卦。渐卦的卦相为上巽下艮，象征山上长满了郁郁葱葱的树木。山上树林茂密，山与树相得益彰。因此本卦寓意事物在循序渐进中发展。

借局布势[1]，力小势大[2]。鸿渐于陆，其羽可用为仪也[3]。

借助可为己用的局面，布成有利的阵势，虽然力量小，但声势却变得很浩大。这就是《易·渐》所说的，当雁阵在天空飞行的时候，强大的气势来自它丰满的羽毛。

【原文注释】

[1] 借局布势：局，局面。势，阵势。全句意为，借助某种可为己用的局面，布成一定的阵势。

[2] 力小势大：力，力量，这里是指军队的实力。势，指军队的声势。全句意为，兵力小而声势却很大。

[3] 鸿渐于陆，其羽可用为仪：语出《易·渐》。鸿，大雁。渐，渐进。陆，通"逵"。这里是指大雁在高空云际渐渐飞行，它那美丽丰满的羽毛，使它更显得雄姿焕发，这是值得人们效法的。把它用于军事，就是用树上开花之计使本来实力弱小的军队显得声势浩大。

○ 品画鉴宝
驭车出行图（东汉） 此图描述了墓主人生前的社会交往、驭车出行的场面。是当时旬邑风土人情的真实写照。

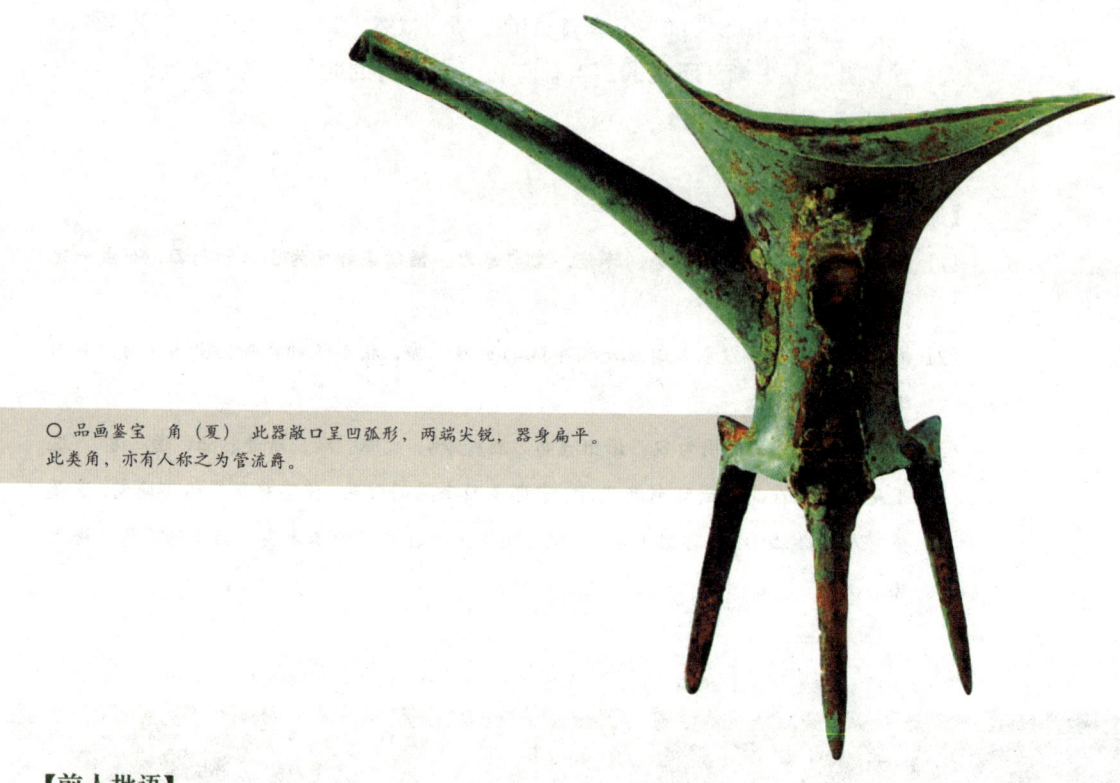

○ 品画鉴宝　角（夏）　此器敞口呈凹弧形，两端尖锐，器身扁平。此类角，亦有人称之为管流爵。

【前人批语】

　　此树本无花，而树则可以有花。剪彩粘之，不细察者不易觉。使花与树交相辉映，而成玲珑全局也[1]。此盖布精兵于友军之阵，完其势以威[2]敌也。

　　这棵树本来没有花，却可以让它变得有花。剪一些彩花粘在树上，不仔细观看的人不易察觉，这样便可以使美丽的花朵与树枝树叶相辉映，形成一个巧妙逼真的完整的花树。这就是把精锐部队安置在友军的阵地上，形成一个完整强大的阵式，以威慑敌军。

【批语注释】

〔1〕玲珑：灵巧的，巧妙的。
〔2〕威：威慑。

张良（？－前186年）
字子房，汉初三杰之一。战国晚期韩国人。传为汉初城父人。先世原为韩国贵族。汉朝建立，封留侯。刘邦曾赞其"运筹帷幄之中，决胜于千里外，子房功也"。

树上开花

□ 经典实例

张良妙计安太子

张良是汉高祖最重要的谋臣，在楚汉战争中，他运筹帷幄，决胜千里，立下殊勋。汉朝建立后，左右大臣多为山东（指函谷关以东）人，力主定都洛阳，张良则认为洛阳周围不过数百里，乃是四面受敌之地，不是建都的适宜场所，而关中沃野千里，地形封闭，乃是金城千里，天府之国。刘邦采纳了他的建议，定都长安。此后，朝端无事，张良因体弱多病，便闭门不出，练习气功。

忽有一日，吕后的弟弟建成侯吕泽派人把张良强邀到自己家里，说："你一直是皇上的谋臣，现在皇上想改立太子，你还能在家高枕安卧吗？"原来，刘邦非常宠爱戚夫人，想废掉早在做汉王时就被立为太子的吕后的儿子刘盈，改立戚夫人的儿子赵王刘如意为太子。大臣们多次谏争，所以刘邦迟迟未下决断。吕后为此事焦虑不安，却想不出一点办法。有人对她说："张良善于谋划，而且皇上很信任他。"听了这话，吕后便让吕泽强邀张良问计。张良知道了这些情况，说："过去皇上在危急之中，接受了我的计策；现在天下安定了，皇上因自己的爱欲想易太子，这是骨肉之间的事情，就是有像我这样的一百个人，又有何用呢？"吕泽软磨硬逼说："无论如何也要想一个计策。"张良说："这件事难以凭口舌之利争辩。皇上想招纳而又招纳不来的，天下只有四个人。这四个人年纪都很大了，都以为皇上轻慢侮人，故逃匿在山野之中，发誓不做汉臣。但是，皇上非常看重这四个人。现在你如果能不怕耗费金玉璧帛，让太子亲笔写信，派一个能言善辩的人前去恭请，这四人大概会来的。他们来了，奉以为太子宾客，时时随从太子入朝，让皇上看见他们，皇上必问，一问知道是那四个大贤人，这对太子必会有所帮助。"吕后听了，立刻让吕泽按张良所言，派人带着太子书信，卑辞厚礼，把四人请下山来，供养在吕泽家里。

公元前196年，英布造反，正赶上刘邦患重病，便想让太子带兵攻讨。四个人商议说："我们来是保护太子的。太子带兵，处境就危险了。"于是找到吕

○ 品画鉴宝
车马出行图（东汉） 图中绘出了汉代官府车马出行的盛况，车队整齐，宛似一人。

○ 品画鉴宝
灰陶角抵俑（汉）此器表现了中国古代体育竞技角力比赛中选手的健与美。

泽说："太子带兵，有功劳也不能再提高地位了，无功而返，从此就有祸事了。而且军中诸将，都是跟随皇上平定天下的枭将，现在让太子率领他们，就像让羊率领狼一样，他们必不肯尽力，无功而返是必然的。我们听说过'母爱者子抱'这样一句话，现在戚夫人日夜服侍皇上，赵王如意常抱在皇上面前，皇上说'总不能让不肖之子位居爱子之上'，这不是明摆着是要改立太子吗？你要赶快让吕后找机会向皇上泣涕进言说：'英布是一员猛将，善于用兵，现在诸将都是陛下故旧，让太子率领他们，就像羊率领狼一样，必不肯尽力，让英布知道了这些情况，必定鼓行而西，直捣长安。陛下虽然患病，也应卧在辎车中亲征，诸将才不敢不出力。'"吕泽当夜就去见吕后，吕后找一个机会，按照四人的话向刘邦哭诉一番。刘邦说："我也觉得竖子没能力带兵，还是我自己去吧。"于是率兵而东。张良强撑病躯，到刘邦军营说："我理应随陛下出征，可病得太重了。英布的士兵剽悍，不要与他们硬战。陛下去了，应当让太子做将军，监督关中兵马。"刘邦说："就按你的话办。你虽然重病在身，还是要尽力辅佐太子。"

第二年，刘邦得胜回到长安，病得更厉害了。他自知将不久于人世，更加急迫地要改立太子。张良进谏，不听。叔孙通博引古今，力陈不能易太子，刘邦表面上答应了他，内心还是想易太子。一天，刘邦举行宴会，太子侍坐。四个人跟随太子之后，他们都八十多岁了，头发胡须都白了，但衣冠甚伟。刘邦感到奇怪，问："你们是什么人？"四人趋前，自报姓名，乃是东园公、角里先生、绮里桑、夏黄公。刘邦大吃一惊，说："我派人访求你们数年，你们都躲避我，现在你们为何跟随我的儿子呢？"四人都说："陛下轻视士人，每加辱骂，我们义不受辱，故尔逃匿山野。听说太子为人仁孝，恭敬爱士，天下的人都愿意为太子赴汤蹈火，所以我们就投奔了太子。"刘邦说："就烦请你们调

○ 品画鉴宝

汉殿论功图（明）刘俊／绘 该画取材『汉殿论功』典故。汉高祖刘邦初立，功臣争功殿上，甚至剑砍殿柱。叔孙通于是说高祖召鲁地诸生，规定朝仪，进退有节，高祖大喜，以为如此始知皇帝之尊。

护太子。"四人祝寿毕，快步离去。刘邦目送四人，召戚夫人，指着四人说："我想废掉太子，这四个人却辅助他，太子羽翼已成，难以动摇了。"并作歌道："鸿鹄高飞，一举千里。羽翮已就，横绝四海。横绝四海，当可奈何！虽有矰缴（zēng zhuó），尚安所施！"歌毕，戚夫人唏嘘流涕，刘邦起身离去，中断宴会。太子转危为安，保住地位。不久，刘邦去世，太子登基做了皇帝。

在册立太子的问题上，尽管从周代就形成了立嫡立长的原则，但这一原则能否真正被遵循，还是因时因事因人而异。历朝历代，围绕太子之位总是不断发生明争暗斗，祸起萧墙的惨剧不绝于史。刘邦虽然早在战胜劲敌项羽之前就按照惯例，立嫡妻吕雉之子刘盈为太子，但他认为刘盈过于柔弱，不像自己，所以不喜欢刘盈。后来他宠爱年轻貌美的戚夫人，觉得戚夫人所生的儿子刘如意刚毅果敢，与自己相类，便想寻机废掉刘盈，改立刘如意为太子。刘邦是君，刘盈是臣；刘邦是父，刘盈是子；刘邦身经百战、老练敢为，刘盈生长宫中、幼稚软弱；刘邦拥有决定一切的权力，刘盈虽贵为太子却没有自己的武装力量。在这种局势下，刘邦为刀俎，刘盈为鱼肉，刘盈似乎只能听凭刘邦的宰割了。刘邦并没有隐瞒自己改立太子的意图，满朝文武俱知，一些开国元勋和直言

○ 品画鉴宝 牛耕图（东汉）图中描绘了中国古代农耕生活的场景，是中国作为农业之国的管窥。

敢谏之士也曾力劝刘邦不要废太子，刘邦一概听不进去，很显然，文武官员在这件事上无法构成对刘邦的制约力量。如何才能保住刘盈的太子地位，当这个棘手的问题摆到足智多谋的张良面前时，他也颇费踌躇。按道理说，君主有了过错，臣下只有劝谏一条路，但张良深知，尽管自己是刘邦最重要的谋臣，为汉朝的建立立下赫赫功勋，然而现在已时过境迁，他的话不再有举足轻重的影响。特别是在皇家的内部"私事"上，更难发挥作用。就是他和满朝文武一齐进谏，恐怕也难扭转皇帝的心意，弄不好还会引起皇帝的猜疑，认为臣下结党营私，那样后果将不堪设想。在无现实力量可以利用的情况下，张良周密思索，想出一条树上开花的妙计：这就是与刘邦玩心理战，让刘邦相信太子已深深博得天下百姓的爱戴和拥护，人心所向，不可拂逆。倘若一意孤行，废黜太子，天下百姓必然会伤心失望，还可能生出不可预料的事变。为了制造这种效果，张良想起了"商山四皓"，这四个人并不是想获得政治地位，只不过是因为刘邦对儒生一向傲慢无礼，甚至向儒冠中撒尿，名声太坏，他们怕投靠过来受到侮辱，故尔逃匿山林。刘邦数次聘请，坚不肯就。太子有仁厚之名，如果卑辞厚币迎请，他们是会下山的。皇帝请不到的人，太子却可以请到，这已证明了太子名声是何等的好，太子的影响是何等的大，太子是何等的拥有民心的拥戴。果然，毫无实力、只有虚名的四位白发苍苍的老翁一下山，竟似有了神秘的力量，他们的一番话，胜过满朝文武官员的万千谏言，刘盈的太子地位转危为安，从此安如磐石，稳若泰山。张良因势利导，化虚为实，真乃千古一大智人！

○ 品画鉴宝

骑俑（东汉），护卫骑兵俑之一，全队共十七骑，马四足立地，健硕激昂，骑士俑跨坐其上，抬头挺胸，右手持戟，面容威严。

反客为主

□ 第三十计

……计名由来

"反客为主"从军事角度看主要有两方面意义:一是原本以盟友为"主",以我为"客",经过运用计谋,使我逐渐取得对盟友的领导权、支配权,此种意义上的"主""客"指同一集团内部的支配与被支配地位;二是敌军处于主动、有利的地位,为"主",我方处于被动、不利的地位,为"客"。经过运用运筹斗争,我方逐渐由被动变为主动,反客为主,此种意义上的"主""客"指敌对双方的主动与被动、有利与不利的关系。关于本计由来大体有三种说法:一是据《李卫公问对》载:"臣较量主客之势,则有变客为主、变主为客之术。"二是杜牧注《孙子兵法》载:"我为主,敌为客,则绝其粮道,守其归路。若我为客,敌为主,则攻其君主"。三是《三国演义》第七十一回,法正对黄忠讲的一段话:"夏侯渊为人轻燥,恃勇少谋。可激励士卒,拔寨前进,步步为营,诱渊来战而擒之。此乃'反客为主'之法。"

○ 品画鉴宝
鸢鼎(商)敞口,口上一对立耳,直腹而深,三圆柱形实足。

乘隙插足，扼其主机[1]，渐之进也[2]。

有机会就插足进去，掌握其首脑机关和要害机关，就像《易·渐》所说的，循序渐进，最终取得成功。

【原文注释】

〔1〕主机：关键性部位、部门。

〔2〕渐之进也：语出《易·渐·象》："渐之进也，女归吉也，进得位，往有功也。"《易经增注·下经·渐》的解释为："天下事动而躁则邪，静而顺则正。渐则进而得乎贵位，故行有功。"大意是，凡事行动盲目而急躁，就会走入邪途；冷静而顺乎客观规律，就会登上正道。

【前人批语】

为人驱使者为奴[1]，为人尊处者为客[2]，不能立足者为暂客[3]，能立足者为久客。客久而不能主事者为贱客[4]，能主事则可渐握机要，而为主矣。故反客为主之局[5]：第一步须争客位，第二步须乘隙，第三步须插足，第四步须握机，第五步乃成为主。为主，则并人之军矣。此渐进之阴谋也。如李渊书尊李密，密卒以败[6]；汉高视势未敌项羽之先[7]，卑事项羽，使其见信而渐以侵其势[8]，至垓下一役，一举亡之。

受主人驱使的人是奴仆，受主人尊敬的人是客人。不能在主人家站住脚的是暂时的客人，能够站住脚的是长久的客人。长期为客却不能参与主事的是地位低贱的客人，能够主事并且可以逐渐掌握大权就成为主人了。所以，"反客为主"局势的演变，第一步必须争取到当客人的资格，第二步要会找机会、钻空子，第三步必须插足进去，第四步须掌握大权，第五步就变成了主人。做了主人，便可以将别人的军队并为己有了。这是一个循序渐进的计谋。就像当年李渊给李密写

○ 品画鉴宝

『卫』字瓦当（西汉） 瓦色青灰，居中篆书一『卫』字，字体俊秀，其观赏价值。为未央官内卫尉寺或城垣、宫门之卫屯区庐上的遗物。

信，对他大加尊崇，最后李密终于被李渊打败。再如当年汉高祖刘邦在自己的实力还不能与项羽抗衡时，便卑躬屈膝地侍奉项羽，使其相信自己，然后再逐渐削弱项羽的势力，最后在垓下一战，把项羽彻底消灭了。

【批语注释】

〔1〕奴：奴仆，奴隶。

〔2〕尊处：尊敬地对待。

〔3〕暂客：暂时的客人。

〔4〕贱客：地位低下的客人。

〔5〕局：诈谋。

〔6〕李渊：即唐高祖（566－635年），陇西成纪（今甘肃秦安）人。公元617年，李渊在隋朝太原留守的职位上起兵反隋，攻取长安，次年称帝，建立唐朝。李密（582－618年）：字玄邃，京兆长安（今属陕西）人，隋末瓦岗军首领。后因反唐被李渊所杀。

〔7〕汉高：即汉高祖刘邦（前256－前195年），字季，沛县（今属江苏）人，故亦称之为沛公。公元前206年，刘邦率军攻占咸阳，推翻秦朝统治。同年，项羽入关，大封诸侯王，刘邦被封为汉王，占有巴蜀、汉中之地。不久便与项羽展开楚汉战争，并于前202年，战胜项羽，建立西汉。项羽：即项籍（前232－202年），下相（今江苏宿迁西南）人。反秦领袖，自立为西楚霸王。在楚汉战争中，被刘邦击败于垓下（今安徽灵璧南），突围到乌江（今安徽和县东北）后自杀。

〔8〕侵：侵蚀，引申为削弱。势，势力，实力。

反客为主

□ 经典实例

刘秀略定河北

西汉末年，王莽篡汉，建立新朝，由于王莽措施不当，导致天下大乱，农民起义风起云涌，各地豪强地主也乘机起兵。王匡、王凤、马武等领导的绿林军，是各军事集团中最为强大的一个。绿林军将领于公元23年2月推举汉朝宗室刘玄为皇帝，沿用汉朝国号，建元更始，同年5、6月绿林军在昆阳歼灭新朝主力四十二万。刘邦的九世孙刘縯、刘秀兄弟在昆阳之战中表现出极强的政治与军事才能，赢得了崇高的威信。刘玄嫉贤妒能，杀死刘縯，刘秀则把杀兄之仇深埋于心，运用假痴不癫之计，骗得了刘玄的信任，于10月被任命为破虏将军、大司马，前往安抚河北各州郡。

河北地区土地肥沃，人口众多，地势北高南低，利于向中原地区发展，从战国时期开始就是兵家必争之地。刘秀相中了这块宝地，要据之为己有，作为根据地，并暗自定下了"延揽英雄，务悦民心，立高祖之业，救万民之命"的目标，意思就是招揽人才，顺应民心，再兴汉室。可是这谈何容易！当时河北地区有拥兵百万的铜马、青犊等农民起义军，又有自立为帝、占据河北大部土地、实力雄厚的王郎，而刘秀却只有很少的随从人员，缺兵少将，根本无法与当地势力对抗。但刘秀运用反客为主的策略，仅用一年半时间就平定了河北。他是怎样做的呢？

刘秀打着更始政权的旗号，每到一地就抚慰当地百姓，除去贪官污吏，任用能人贤士，废除王莽苛政，释

刘秀（公元前6—公元57），字文叔，即汉光武帝，东汉王朝的建立者。南阳蔡阳人。父刘钦曾任济阳、南顿县令母樊娴都。

○ 品画鉴宝
脊瓦（西汉） 西汉长安城宫殿建筑上的遗物。条状，浅灰色，内有阳文篆书十二字："延年益寿，与天相待，日月同光"，为当时吉语，字体流丽匀圆，具很高的观赏价值。

放狱中囚徒，这些措施大得人心。民众自觉地杀牛献酒，犒劳刘秀，但刘秀一律不接受，进一步取悦了民心。王郎感到了威胁，便悬赏捉拿刘秀。此时刘秀正在蓟县（今北京西南），听到这个消息，便派人到蓟县城里募兵，打算进行武装抵抗，可蓟县人说："就凭你们这么几个人，还想与王郎较量，真是自不量力！"竟没有一个人应募。刘秀手下的耿弇(yǎn)建议道："渔阳（治所在今北京密云西南）太守彭宠是您老乡，上谷（治所在今河北怀来东南）太守耿况是我父亲，有这两个郡的兵力，我们不用怕王郎！"于是，刘秀一面派耿弇联络彭宠和耿况，一面北上向信都（今河北冀县）进发，因为信都太守任光曾随刘秀参加昆阳大战，对刘秀敬仰之至。和戎太守邳肜(pī róng)探听到刘秀的行踪，也赶往信都，此人也是刘秀的拥护者。刘、任、邳三人在信都相会，都十分高兴，邳肜对刘秀说："王郎无德无能，手下一群乌合之众，虽然声势很大，但在河北根基不稳，明公一定能占据河北，并以此为基地成就王业。"这更坚定了刘秀的决心。

刘秀有了立足之地后，很快就招募了一支四千多人的军队。接着，发布檄文说："大司马刘秀率百万大军，前来剿灭王郎。"这当然是编造的。王郎统治残暴，河北一带吏民早有怨言，听说刘秀打过来了，纷纷奔走相告。刘秀利用河北人心大乱的时机，一连攻下了王郎的几个县。这时候，耿纯带两千人来投降，他见到刘秀后说："明公用恩德感召，镇抚河北，大得人心，我带领全族前来投靠，愿全心全意追随您！"这说明刘秀深得河北民心，反客为主已初见成效。

○ 品画鉴宝　俑方阵（汉）

这时，耿弇已经与上谷和渔阳取得联系，并说服耿况和彭宠合兵一处，攻打王郎，耿彭联军一口气打下二十二个县，然后归顺了刘秀。这批人当中的吴汉、景丹、盖延日后都成为东汉统一中国的得力干将。

刘秀力量大增，便展开了对王郎的全面进攻，巨鹿是第一个目标。但巨鹿城小而坚，刘军攻打了一个月也没拿下来，耿弇建议刘秀道："明公不如直接攻打王郎的都城邯郸，邯郸一破，巨鹿也就唾手可得了。"刘秀采纳了这个建议，亲自率军直扑邯郸，经过二十多天的战斗，终于将其攻破，杀死了王郎。

○ 品画鉴宝　兵马俑（西汉）　此图为在徐州发现的西汉早期彩绘兵马俑坑。

是役之后，刘秀手握重兵，威震河北，已经从一个客人发展成了大半个主人。这时耿弇又进谏说："现在更始当政，诸将在山东等地胡作非为，皇亲国戚在长安城里横行霸道。老百姓相对比之下，甚至开始怀念起王莽了，说明更始帝也长不了。明公现在手握重兵，只要一声令下，就可立取天下，还望明公早做决断。"这正是刘秀的目标，但他心里很清楚，河北还有百万农民起义军，不消灭他们，就不能说是河北真正的主人。于是，刘秀开始着手对付农民军，他的第一个目标是铜马军。

刘秀命吴汉、耿弇以大将军的名义征发了十个郡的骑兵作为主力进攻铜马

○ 品画鉴宝
鎏金中国大宁博局纹镜（西汉）圆钮，柿蒂钮座。镜表面鎏金，铭文工整。

○ 品画鉴宝
执伞男俑（西汉）此俑踞坐，椎髻，身披巾，双手执伞，伞周沿系小铃。

　　军，刘秀军连战连捷，大批战败的农民军投降。刘秀对投降的铜马军将领一律封侯，一些地主豪强出身的将领对农民军成见很深，因此不支持刘秀的做法，而农民军将士心里也不踏实。刘秀就命令投降的铜马军将领继续统率本部人马，还轻车简从到各部慰问，使得农民军将士感动万分，他们说："明公对我们如此信任，我们为他赴汤蹈火，在所不辞！"农民军真心归顺之后，刘秀再把他们分给刘军诸将，诸将也都没有了怨言。刘秀这种恩威并施，军事打击与政治诱降相结合的手段，最大限度地争取、瓦解了农民军，使自己的军队一下扩充到几十万人。因此，刘秀也被称为"铜马帝"。

　　刘秀平定铜马农民起义军后，又用同样的办法收编了青犊、上江、大彤、铁胫等农民军十多万人。至此，河北全部平定，刘秀成了真正的主人。公元25年6月22日，刘秀在河北鄗城（今河北柏乡）称帝，仍以汉为国号，年号建武，正式建立了东汉政权。之后，刘秀以河北为根据地，经过十一年的征战，到公元36年，终于重新统一了中国。

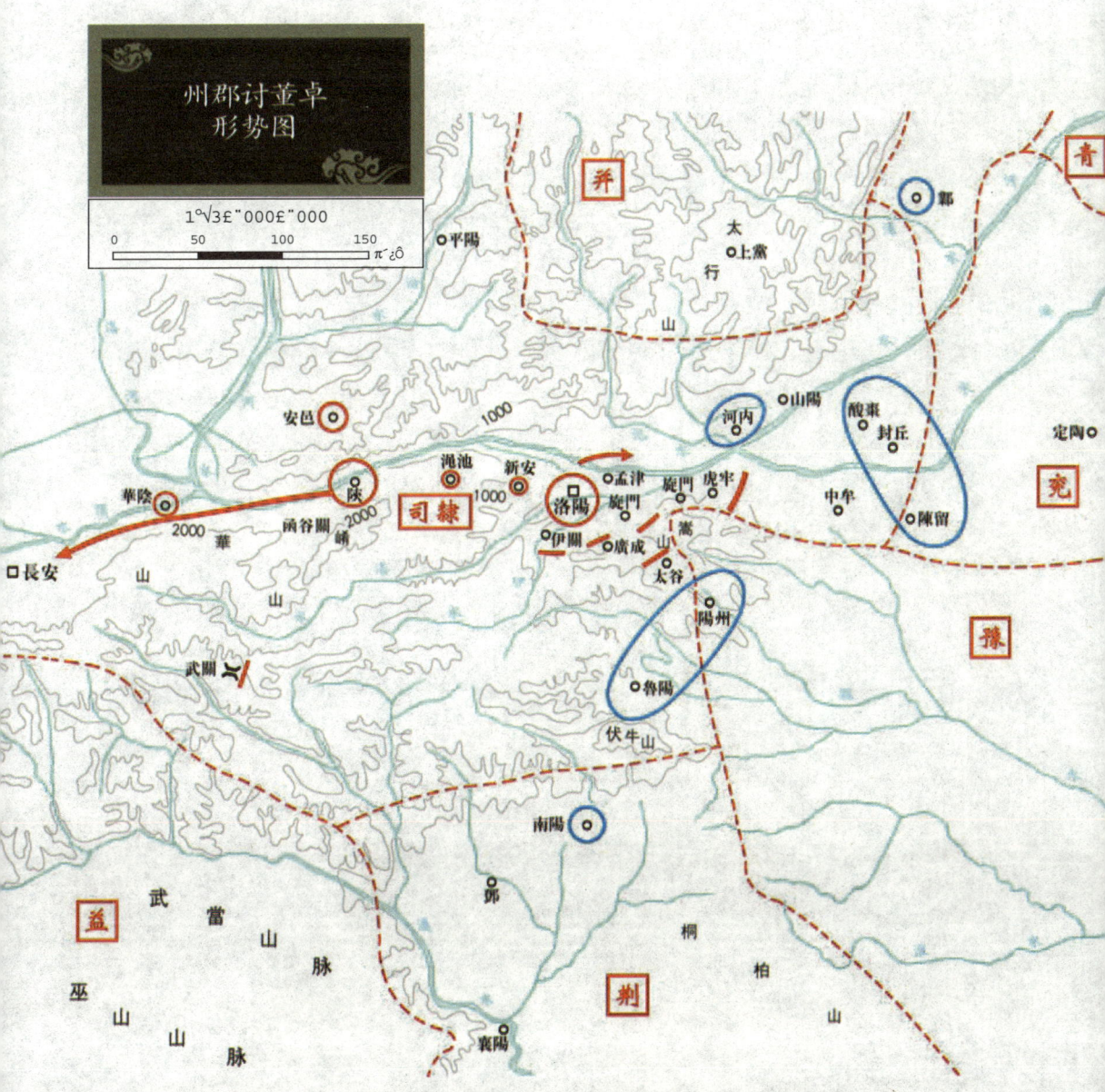

第六套 败战计

败战计包括：美人计、空城计、反间计、苦肉计、连环计、走为上六计。败战计是作战中敌众我寡的一种战略现象，也就是自己处于劣势、被动的局面，且面临其他许多未知因素，虽经努力也很难挽回败局。本篇六计正是介绍败中求胜的妙法，使处于危难的当事者从中悟出道理和精髓，即使大势已去，失败已成定局，很难扭转，也可采取上策之计即『走』计，从而保全自己，伺机再起，这就是此篇计谋的真正目的和精华之处。

美人计

□ 第三十一计

……计名由来

《武经七书》之一的《六韬》最早对"美人计"进行了理论上的总结与概括。其中的《文伐》篇中说:"养其乱臣以迷之；进美女、淫声以惑之；遗良犬马以劳之……"另外,《韩非子·内储说下》中也有记载:"遗之屈产之乘,垂棘之璧,女乐二人,以荣其意而乱其政。""荣其意"正是美人计想要达到的效果,"乱其政"则是美人计的最终目的。而在实践中真正运用美人计,比理论上的总结更早。夏朝时少康就曾:"使女艾间浇",其事距今已有4000多年。

○ 品画鉴宝
雷纹壶(商) 侈口,长颈,鼓腹,圈足,有盖,菌钮。器饰曲折雷纹与龙纹,盖上饰兽面纹。

○ 品画鉴宝
孟蜀宫妓图（明）唐寅／绘　此图工笔重彩画宫妓四人，衣着华贵，云鬓高耸，青丝如墨，头饰花冠，互相对语，无衬景。

兵强者，攻其将；将智[1]者，伐其情[2]。将弱兵颓，其势自萎。利用御寇，顺相保也[3]。

敌人兵力强大，就要对付它的将领；敌军将领英明多智，就要设法动摇他的意志。将领斗志衰退，部众士气消沉，战斗力自然就会萎缩。这就是《易·渐》卦上所说的，利用敌人的弱点暂时抵御敌人，用顺从的策略保全自己。

【原文注释】

〔1〕智：英明，足智多谋。
〔2〕情：情绪，精神，意志。
〔3〕利用御寇，顺相保也：语见《易·渐》卦："象曰……利用御寇，顺相保也。"御，抵御。寇，敌人。顺，顺从。保，保存，保全。全句意为，利用敌人的弱点抵御他，以顺从的策略保全自己。

【前人批语】

兵强将智，不可以敌，势必事之[1]。事之以土地，以增其势，如六国之事秦[2]，策之最下者也。事之以布帛，以增其富，如宋之事辽、金[3]，策之下者也。惟事之以美人，以佚其志[4]，以弱其体，以增其下之怨，如勾践之事夫差，乃可转败为胜。

○ 品画鉴宝
四兽纹镜（东汉） 主题纹饰为四个变形兽纹，两两相对，置于四个小区内，神态各异。

　　敌人有强大的兵力和足智多谋的将帅，不能和它硬拼，势必要侍奉屈服于它。割让自己的土地来侍奉敌国，只会增强它的实力，如同战国时期六国侍奉秦国那样，这是最下等的策略。进贡金银布帛以侍奉敌国，只会使其更富有，如同宋先后侍奉辽、金那样，这也是下策。只有将美女进献给敌人，消磨其斗志，削弱其体质，增加其部下的怨恨，如同越王勾践侍奉夫差那样，才能转败为胜。

【批语注释】

〔1〕事：侍奉。

〔2〕六国之事秦：战国中后期，秦国不断攻打韩、赵、魏、楚、燕、齐六国，六国纷纷割让土地，以换取秦国退兵。

〔3〕宋之事辽、金：北宋真宗景德元年（1004年）与辽签订"澶渊之盟"，规定北宋每年向辽纳银10万两、绢20万匹。南宋高宗绍兴十一年（1141年）与金签订"绍兴和议"，规定南宋每年向金纳银25万两，绢25万匹。

〔4〕佚：安逸。这里作使动词用，为使安逸，引申为消磨。

美人计

□ 经典实例

王允计杀董卓

东汉后期，宦官、外戚和士大夫官僚的夺权斗争愈演愈烈。公元189年汉灵帝死后，外戚何进联合地方豪强袁绍火并了宦官蹇硕，立刘辩为汉少帝。不久，何进又被张让所杀。地方实力派董卓趁袁绍进京诛杀宦官之机，率领西凉兵马，借保护、支持汉少帝之名，控制了洛阳的局势。然后，他利用手中的兵权，胁迫文武百官废除少帝，立陈留王刘协为汉献帝。董卓自任太尉，随即又出任相国，一时间权倾当朝。董卓放纵手下将士在洛阳城里烧杀抢掠，对百官也是"顺我者昌，逆我者亡"。天下人无不对董卓恨之入骨，必欲诛之而后快。

公元190年，袁绍联合孙坚、孔融等各地军阀，组成十万联军，讨伐董卓。但是联军内部矛盾重重，再加上董卓手下猛将吕布骁勇善战，很快就兵败散去。战后，董卓将整个朝廷西迁到地形更为有利的长安，继续胡作非为。

司徒王允是一个有正义感的人，很想为汉室和天下百姓除去董卓。讨董联军战败之后，他上朝时装作没事，一回家就琢磨如何下手，可怎么也找不到一条可行之策。

一天晚上，月色甚好，王允拄着手杖到花园散步，想排遣一下心中的烦闷。忽然看见一女子坐在凉亭里长吁短叹，王允认出是貂蝉，便怒声训斥她道："贱人，三更半夜在此长吁短叹，是不是有什么私情！"

貂蝉是个孤儿，自小被王允收养在家，教以歌舞，

○ 品画鉴宝

鎏金羽人器座（东汉）　此器通体鎏金，手持一中空长方体，圆柱体的连体插物架，既具装饰性又有实用价值。

貂蝉
东汉末年司徒王允的歌女，国色天香，于是王允借此女挑拨董卓、吕布父子感情，从而诛杀了窃国贼董卓。

当时年方二八，长得花容月貌。这时看见王允发怒，貂蝉急忙跪下说道："贱妾怎敢有私情！"王允又问："既然没有私情，又为何长吁短叹？"貂蝉说道："大人请听妾身的肺腑之言！"王允说道："你不要有什么隐瞒，把一切如实告诉我。"貂蝉于是说道："妾身自幼蒙大人收养，并训练歌舞技艺，大人的恩德，妾身没齿难忘。妾身近来见大人终日愁眉不展，想必是为了国家大事，妾身身份卑微，又不敢请问。今晚妾身又见大人坐立不安，无心睡眠，妾身不能为大人分忧解难，便在这里长吁短叹，不想却被大人看见，还请大人宽恕。倘若大人有用得着妾身的地方，尽管吩咐下来，妾身赴汤蹈火，万死不辞！"

王允皱眉想了一想，忽然想出一条计策来，不禁以杖击地，长叹一声，感慨地说道："不想大汉王朝的命运竟然在你手中！你跟我来，我们去画阁里面商谈。"王允把貂蝉带到画阁之中，将阁中之人尽数逐出，让她坐下，然后纳头便拜。貂蝉大惊失色，急忙跟着跪下，问道："大人何故如此！"王允答道："请你可怜天下苍生吧！"王允说罢，泪如泉涌，情绪激动，难以克制。貂蝉见状，毅然说道："刚才妾身已经说过，只要大人吩咐下来，妾身赴汤蹈火，万死不辞！"王允跪在地上，将整件事情和盘托出："如今百姓身处水深火热之中，朝中君臣势如垒卵，危在旦夕，除了貂蝉你，没人能够解救天下苍生！奸贼董卓专权，将要篡夺帝位，朝中文武百官，根本无计可施，无能为力。董卓有一义子名叫吕布，此人骁勇异常，无人能敌。据我观察，董、吕二人都是好

○ 品画鉴宝
牛灯（东汉）灯体水牛状。背部中央有一圆孔，上置带柄灯盘，设半筒形镂空壁罩，造型美观。

色之徒。如今我想先将你许给吕布，然后献于董卓，而你则在二人之间挑拨离间，务使他们父子反目成仇，借吕布之手杀掉董卓，为天下除去一大祸害，重新辅佐朝廷，安定大汉天下。这一切都是你的功劳，不知道你肯否答应？"貂蝉毅然应允，说道："妾身说过为了大人可以万死不辞，现在就请大人将妾身献给他们，妾身自有道理！"

第二天，王允拿出家里珍藏的几颗夜明珠，请来技艺超群的工匠，让他打制了一顶金冠，将明珠镶嵌在金冠之上，然后派人秘密送给吕布。吕布非常喜欢这顶金冠，于是亲自前往司徒府上拜谢。王允准备好精美的酒菜，等吕布到来时，王允亲自出门迎接，将吕布带到后堂，并让他在上座坐下。吕布有点受宠若惊，说道："吕布不过是相府的一员武将而已，司徒大人是朝中重臣，何以如此错敬在下？"王允说道："当今天下，将军之外，还有谁称得上英雄！王允并非敬重将军的职位，而是敬重将军的才华啊！"吕布听了这一番话，欣喜异常。王允则不失时机地频频敬酒，同时满口称赞太师董卓以及吕布的功德。吕布听了更是豪兴大发，于是放开怀抱喝酒。这时，王允叱退左右家仆，只留下几名侍女斟酒。酒兴大发之际，王允喊道："叫孩儿出来见见吕布将军！"没过多久，两个丫环扶着貂蝉走了出来，貂蝉已经经过细心的浓妆，因而显得更加娇艳欲滴，妩媚动人。吕布一见，惊为天人，忙问这是何人。王允说道："这是小女貂蝉，将军错爱，枉驾来此，王允与将军之间不异于至亲，因此才叫女儿出来拜见将军。"王允说完，又叫貂蝉为吕布斟酒。貂蝉闻言就给吕布敬酒，借机眉目传情，暗送秋波，把吕布弄得神魂颠倒。王允假装酒醉，说道："貂蝉孩儿务必要请将军多喝几杯，我们一家以后多要依靠将军照顾呢！"吕布便请貂蝉入座，貂蝉假意推辞，要回内堂。王允说道："将军是为父至交好友，不必如此见外，孩儿便坐何妨。"貂蝉闻言坐于王允身侧。吕布只是目不转睛地盯着貂蝉，至于王允具体跟他说了些什么，根本不曾注意。又喝了几杯酒之后，王允指着貂蝉说道："我想把此女送给将军为妾，将军可愿接纳？"吕布早有此念，听王允这么一问，急忙起身道谢："若是真能如此，吕布当效犬马之报！"王允说道："将军天下人杰，小女能侍奉将军，正是她的福气。等我选一吉日，亲自将小女送到将军府上。"

过了几天，王允又请董卓前来赴宴。酒过三巡，王允拍了拍手，一队歌女上来起舞助兴。董卓一下子就发现了舞女中的貂蝉，看了半晌，开口问道："那女子叫什么名字？"王允答道："那是我府上的歌女，名叫貂蝉。王允想把此女送给太师，不知太师可愿接纳？"董卓大喜，顺水推舟地说："那我可就恭敬不如从命了，哈哈哈哈！"随后王允便命人将貂蝉送去董府。

吕布听说之后，勃然大怒，骑马执戟来到王允家里，质问王允道："王司徒已把貂蝉许配于我，怎么又给董卓送去？"王允忙道："将军不要生气，董

○ 品画鉴宝

绿釉陶水亭（东汉）水亭位于圆形水池之中，池周环绕人物动物。亭分两层，四阿顶，脊端与檐角均饰禽鸟。整个亭结构细密，汉代尚不多见。

大人听说你我结亲之事，因此前来将貂蝉接走，说是要亲自为你们完婚。他是将军的义父，这也合情合理啊！"吕布转怒为喜，谢罪而去。

　　第二天，吕布在太师府中打听，结果不见任何动静，吕布心中疑惑，便去询问府中丫环。丫环对他说："太师昨晚与新人共寝，至今尚未起身。"吕布闻言大怒，潜入董卓卧室窥探消息。当时貂蝉正在窗下梳妆，忽然看见窗外池水之中映着一个人影，貂蝉知道那人定是吕布，于是故意皱起眉头，装出一幅忧愁抑郁的样子，又以罗帕擦拭眼泪。吕布窥探良久，方才出去。过了片刻，吕布再次入府。这时董卓坐在中堂之上，看到吕布进来，就问吕布："外面有何动静？"吕布答道："并无动静。"然后侍立董卓身旁。董卓用餐之时，吕布偷偷观望后堂，发现绣帘之内有一人时时向外观望，微微露出半张脸，以目传情。吕布知道是貂蝉，不由得神魂颠倒，情难自禁。董卓看到吕布这种情况，心中有了疑念，于是说道："奉先若有他事，不妨先出府去。"吕布不得已，只好快快而退。

　　一日，吕布陪董卓上朝，董卓与献帝商谈政事。吕布趁机提着方天画戟偷溜出来，骑着快马前往太师府上。吕布将马系在门前，提着方天画戟进入内堂，最后找到了貂蝉。貂蝉对他说道："将军且去后园中的凤仪亭等候貂蝉。"吕布提着方天画戟，来到凤仪亭外，在栏杆下等候貂蝉。过了一会儿，吕布看见貂蝉分花拂柳，款款而来，风姿绰约，宛如月宫仙子。貂蝉见到吕布，眼泪扑簌簌落了下来，她哭泣着说道："我虽然不是司徒大人的亲生女儿，但是司徒大人待妾身却有如己出。那日与将军相会，得蒙将军允许让我侍奉将军，我已经心满意足了。谁知太师又起不良之心，将妾淫污，妾身恨不得一死了之，只恨未能与将军再见一面，因此才我忍辱偷生，苟活至今。如今有幸得见将军，妾身心愿已了。妾身已非清白之躯，不能侍奉英雄，不忍苟活人世，如今妾身愿死于将军面前，以死明志！"貂蝉说罢，手扶着栏杆，就要往荷花池里跳去。吕布急忙一把抱住貂蝉，说道："我早就知道你的心意，只恨不能与你交换心意啊！"貂蝉说道："妾身今生不能成为将军的妻子，只有寄希望于来生了！"吕布说道："我吕布今生若不能娶你为妻，就不算是当世英雄！"貂蝉又说："妾身在此度日如年，还望将军见怜，早日搭救妾身，好让妾身脱离苦海！"吕布说道："我今次偷空前来，只恐老贼见疑，现在必须快快赶回了！"貂蝉拉着吕布的衣襟说道："将军如此惧怕老贼，妾身再无重见天日之希望了！"吕布说道："且容我想出一个办法再说。"说罢，提着方天画戟就要离开。貂蝉说道："妾身在深闺之中，就已久闻将军的威名，如雷贯耳，以为当今天下，说到英雄豪杰之士，当以将军为第一人。谁知如今将军反而要受他人牵制，束手束脚，不得自由！"貂蝉说完这一番话，顿时泪如雨下。吕布羞惭之极，重新放下方天画戟，回过身来，把貂蝉拥在怀里，好言相慰。两人依偎在一起，情意绵绵，难舍难分。

却说董卓在金殿之上，回头一看不见吕布，心中起疑，当下辞别献帝，登车回府。在府门口看到吕布的宝马，一问守门的小吏，小吏答道："温侯已经进入内堂了。"董卓在内堂找不到貂蝉，问了丫环之后，又来到后花园。董卓一入后花园，就看到二人依偎在一起。董卓大喝一声，就往凤仪亭冲去。吕布大惊，仓惶而逃，连方天画戟都来不及拿起。董卓抢了方天画戟，用力掷出。吕布将方天画戟击落在地，顺手拿起，然后奔出府去。董卓追赶不及，回来质问貂蝉："你竟敢与吕布私通！"貂蝉哭着说道："贱妾不敢！妾身正在观赏荷花，吕布闯了进来，言语相戏，妾欲投水自尽，却被那厮抱住，幸好太师及时赶到，不然妾定将失身于他！太师一定要为我做主啊！"

董卓咬牙切齿地要杀吕布，谋士李儒劝道："太师不可因小失大！吕布天下无敌，太师还用得着他，不如趁机把貂蝉赐给吕布，那么吕布定然死心塌地地为太师效力了。"董卓一想也是，要是没有吕布，前番袁绍等人起兵之时，早就攻入洛阳了，但若要把貂蝉赐给吕布，董卓又实在舍不得。他问了问貂蝉，貂蝉自是哄得他神魂颠倒，于是董卓便把此事放在了一边。从此以后，董卓虽然依旧任用吕布为亲将，但是两人之间却有了不可化解的隔阂。

吕布把董卓强娶貂蝉之事告诉王允，王允假装大吃一惊，说道："想不到太师竟是如此寡廉鲜耻之人！太师不仅淫污我的女儿，而且霸占将军的妻子，这件事真要为天下人所耻笑了！唉，不过天下人并不会嘲笑太师，而会嘲笑老夫和将军啊！老夫年纪老迈，无能为力，根本不足挂齿。只可惜将军天下人杰，盖世英雄，却也遭受此等屈辱……"吕布怒气冲天，拍案大吼："要不是有父子之情，我一戟就要了他的狗命！"王允趁机火上浇油地说："将军自姓吕，太师自姓董，有何父子之情？太师掷戟之时，难道还念及父子之情吗？"一句话点醒梦中人，吕布当即发誓要杀董卓报仇。

后来，王允、吕布等人合谋设计董卓，说献帝将要禅位于董卓。董卓乘车上殿，吕布、李肃等人随行，这时突然冲出大队人马，刺伤董卓，董卓回头大喊："吾儿奉先何在？"吕布在车后大喝一声："奉诏讨贼！"一戟刺中董卓的脖子，董卓当场毙命。

十万大军都除不去的董卓，最终却死在貂蝉手里，足见美人计的威力了。

空城计

第三十二计

……计名由来

据《三国志·蜀志·诸葛亮传》记载：蜀国第一次攻魏之战中，诸葛亮派魏延率主力东进，攻打司马懿，自己亲率万人驻守阳平。司马懿率二十万魏军迎击，却与魏延军错开了道路，没有遭遇。魏军行至距阳平六十里处，司马懿听得到了诸葛亮在阳平城中，且兵少力弱的情报，便向阳平城杀来。城中蜀军将士得知魏军倾刻即至，而魏延率领的大部队相距已远，救援不及，都惊慌失措，不知该怎么办。诸葛亮从容不迫地命令军队偃旗息鼓，不准随便走出帐营，又令人大开城门，叫几个老头儿在街上洒扫。司马懿领兵攻至城下，见此情景，判断诸葛亮一定在城中设了埋伏，遂不敢进城，带领大军离开了阳平。司马懿知道诸葛亮一生谨慎稳重，不肯冒险，而诸葛亮棋高一着，利用司马懿的惯性思维，在万不得已的情况下，冒了一次险，并取得了成功。这一战例经过罗贯中的渲染，就成为在中国妇孺皆知的"空城计"的故事。空城计的计名就来源于此。

○ 品画鉴宝　黄觚（商）此为商代盛行的饮酒器。

解卦

解卦为六十四卦之中第四十卦。解卦的卦象为上震下坎，象征水面之上雷声隐隐。水为静，雷为动，一动一静之间，预示了万物静极而动，萌萌复苏之态。

○ 品画鉴宝
突目面具（商） 长方形面部，额正中用补铸法安装有额饰，勾云状，外卷角。眉眼描黛，口唇涂朱。

虚者虚之[1]，疑中生疑[2]；刚柔之际[3]，奇而复奇[4]。

本来兵力虚弱，又故意把虚弱的样子显示在敌人面前。让敌人在狐疑中更生狐疑。这就是《易·解》卦中所说的，在敌众我寡、双方力量相差悬殊的紧急关头，可以用奇而又奇的计谋，摆脱强敌的威胁。

【原文注释】

[1] 虚者虚之：前一个"虚"意思是空虚，指军事力量弱小。后一个"虚"用作动词，意思是显示虚弱的样子。

[2] 疑中生疑：前一个"疑"指可疑的形势。后一个"疑"指怀疑，疑惑。全句意为，面对可疑的形势更产生了怀疑。

[3] 刚柔之际：敌我双方实力悬殊的时刻。

[4] 奇而复奇：奇而又奇，奇妙之中更加奇妙。

【前人批语】

虚虚实实，兵无常势[1]。虚而示虚，诸葛而后，不乏其人。如吐蕃[2]陷瓜州[3]，王君焕死[4]，河西汹惧[5]。以张守珪为瓜州刺史[6]，领余众，方复筑州城。版幹裁立[7]，敌又暴至，略无守御之具，城中相顾失色，莫有斗志。

守珪曰："彼众我寡，又疮痍之后，不可以矢石相持，须以权道制之。"乃于城上置酒作乐，以会将士。敌疑城中有备，不敢攻而退。又如齐祖珽[8]为北徐州[9]刺史，至州，会有陈寇，百姓多反，珽不关城门，守陴者[10]皆令下城，静坐街巷，禁断行人，鸡犬不乱鸣吠。贼无所见闻，不测所以，疑惑人走城空，不设警备。珽复令大叫，鼓噪聒天，贼大惊，登时走散。

用兵作战，常常是虚虚实实，没有固定的方式。本来处于劣势，更把不加防备的样子显示给敌方，自从诸葛亮以来，运用这条计谋的不乏其人。如唐玄宗开元年间，吐蕃攻陷了瓜州，守将王君㚟战死，整个河西一带老百姓非常恐慌。此时，张守珪被任命为瓜州刺史。张到任后，率领军民修复城墙，刚固定好筑墙的夹板木桩，敌人突然来进攻，城中没有任何防御器械，军民们大惊失色，斗志全无。守珪说："敌众我寡，上次战争的创伤还没有修复，不能用武力同敌人对抗，必须用计。"于是，他便在城上摆好酒席，与将士们饮酒作乐。吐蕃人见此情形，怀疑城中有伏兵，不敢进攻，便撤围而去。又如，北齐祖珽任北徐州刺史，刚到任，就碰上南陈大军入侵，许多民众发动叛乱，归附陈军。祖珽命令大开城门，同时令守城士兵下城，静坐在街巷里，街道上禁止行人通行。全城寂然无声，鸡不鸣，狗不叫。陈军来到城下既不见人影，也听不见声音，怀疑这是座空城，正当敌人迷惑不解之际，祖珽命令士兵擂鼓呐喊，声音震天动地。陈军大惊，四散而逃。

【批语注释】

〔1〕兵无常势：用兵没有固定的方式。《孙子·虚实篇》："故兵无常势，水无常形。"

〔2〕吐蕃：唐时国名，属藏族。

〔3〕瓜州：今甘肃安西县。

〔4〕王君㚟：字威明，唐代瓜州常乐人。玄宗开元年间任河西陇右节度使，因击败吐蕃有功，升大将军。后吐蕃攻陷瓜州，回纥等部叛乱，君㚟战死。

〔5〕河西：今甘肃省河西走廊。

〔6〕张守珪(guī)：陕西人，唐玄宗开元年间为瓜州刺史，官至辅国大将军。

〔7〕版幹(gàn)裁立：版，夹板。幹，筑墙夹板两头所立的木桩。裁，通"才"。

〔8〕祖珽(tǐng)：字孝征，北齐时范阳人，曾任北徐州刺史。

〔9〕北徐州：北齐州名，治所在今安徽凤阳东北，辖蚌埠、凤阳、定远、嘉山等地。

〔10〕陴：城干墙上的女墙，即城墙或屋顶上的矮墙。

空城计

□ 经典实例

叔詹空城退楚军

公元前677年,楚文王去世,留下妻子息妫(guī)和两个儿子,长子熊囏(jiān)继承了王位。熊囏喜欢游猎,不理政事,当了三年楚王,无所作为。文王次子熊恽富于才智,为息妫宠爱,在民众中也有一定威信。公元前671年,他趁熊囏出猎,将其杀死,并骗母亲说哥哥是病死的。息妫虽然怀疑,但也不想深究,便指使大臣们拥立熊恽为君,是为楚成王。楚文王的弟弟子元被封为令尹,也就是宰相,辅佐成王。

这个子元是个阴谋家,文王一死,他就想篡位,还想霸占息妫。息妫生得眼似秋水,面若桃花,是当时举世闻名的美人,有"桃花夫人"之称。只是大臣斗伯比正直无私、才智双全、威信素著,子元才不敢造次。至于熊囏、熊恽两个,一来年轻,二来又是晚辈,他全没放在眼里。

公元前666年,斗伯比病死,子元再也没什么忌惮。他在王宫之旁建起一座馆舍,每日在里面歌舞奏乐,净是些靡靡之音,想以此来挑逗息妫。息妫听到外面日夜笙歌不断,便问宫女:"宫外乐舞之声是怎么回事啊?"宫女回答道:"那是令尹新建的馆舍。"息妫立刻明白了子元的用意,于是说:"先君经常亲自舞枪弄棒,练习武艺,又训练军队,四处征战,各诸侯国纷纷前来朝贡。先君去世后,楚国雄师有十年没到过中原了。令尹不图进取,反而日日在未亡人身旁演奏这些乐曲,真是不可理喻!"说完,又让宫女把这些话传给子元。

○品画鉴宝

黄君孟壶（春秋）此器口微侈，鼓腹，圈足，通体宽扁，兽面桥形耳。口沿下周铭文：『黄君孟自作行器，子子孙孙则永宝宝。』

子元听了以后，心想："原来她是在想图霸中原，怪不得我费尽心机，一点效果也没有。既然知道你的心思，那就好办了。我马上就去讨伐郑国，让你看看我的本事。我凯旋班师之际，就是迎娶桃花夫人之时。"不久，子元就发兵车六百乘，自己亲率一部为中军，斗御疆、斗梧为前队，王孙游、王孙嘉为后队，浩浩荡荡向郑国杀来。

郑国当时的国君是郑文公，听说楚军就要杀过来了，急忙召集文武群臣商议对策。六百乘兵车在当时是很大规模的军队了，楚国志在必得，郑国岂敢马虎？大臣们意见不一，你一言、我一语，争论十分激烈。

大臣堵叔首先开口说道："楚军人数众多，气势又盛，我们郑国军队不是他们的对手，我看不如暂且求和。"

师叔听了堵叔的话很不满意，开口道："我们刚刚与齐国结成盟国，何不一面坚守，一面派人去齐国请求支援。齐军一到，楚军必败。"郑国是个中等国家，又地处中原四战之地，所以与邻国结盟，借助盟国力量自保，是他们的传统国策。

"我看就让我带领军队出城与楚军决一死战。楚军劳师远征，我们以逸待劳，一定能战胜他们。"世子华是个年轻的大臣，血气方刚，坚决主战。这时候，叔詹道："我基本同意师叔的意见。依臣愚见，楚国不久就会退兵而去的。"

郑文公听了感到不可理解，问道："这一次楚军子元亲自担任主将，兴师动众，怎么可能退兵呢？"叔詹道："楚国发兵攻打其他国家，从来没有动用过六百乘兵车。对付我们郑国，哪里用得到这么多兵力？子元只不过是为了稳操胜券，抖抖威风，讨楚文王夫人息妫的欢心罢了。然而他一心求胜，就一定害怕失败。楚军来了，我自有退敌的办法。"

正在商议，探马飞报："楚军攻破桔柣（zhì）关，直奔皇城而来。其先头部队已经越过城郊，就要杀到城下了。"

郑国群臣一下子乱了起来，他们没想到楚军行动这么迅速。堵叔慌慌张张地说："现在已经来不及再商议了，摆在前面有两条路，一是讲和，讲和不成，我们就走第二条路，暂时到后方的桐丘去避一避。"

"不用害怕，我自有妙计。"叔詹大声说。于是，郑文公把指挥的全权交给了叔詹。

于是，叔詹命一部分士兵埋伏在城内，然后下令大开城门，让老百姓正常活动。

斗御疆率楚军前锋部队抵达城下，只见城头上也没什么动静，城里街道上行人不断，全无惧色，心中疑惑，对斗梧说："郑国如此闲暇，必有诡计，想骗我们入城。我们暂时不要行动，等令尹来了再做商议。"于是楚军离城五里安营下寨。

不久，子元大军也到了，斗御疆把情况如实汇报了

○ 品画鉴宝

人首蛇身玉饰（春秋）1983年，河南光山黄君孟夫妇合葬墓出土，两件形制相同，体扁平，椭圆形。

一番。子元亲自爬到一座小山丘上向郑国城里观望，只见城内到处埋伏着郑军，正严阵以待呢，他暗想："郑国计谋深不可测啊！万一失利，有什么面目回去见文夫人啊！还是探听一下虚实，再做计较吧！"

第二天，后队王孙游派人来报告说："齐国联合宋国、鲁国起大军救郑，已经在路上了。"子元听后大吃一惊，对诸将说："诸侯如果截断我们的归路，我方腹背受敌，一定会受到损失。现在我们直捣郑国都城之下，可以说已经取得了全胜。"接着，便暗传号令，人衔枚，马摘铃，连夜撤军而去。因怕郑军追击，又令保持军营原样不动，以迷惑敌人。

第二天早上，郑国大臣们到城上巡视。叔詹向楚营望了一会，忽然高兴地说："楚军已经退去了。"其他人见楚军旗依然插在那儿，当然不信。叔詹接着说："楚营上空群鸟飞翔觅食，要是楚军尚在，鸟儿是不敢的！可惜的是子元会摆他的空营计，却识不破我的空城计。"正在这时，有人报上了楚军退走的消息。众人终于口服心服了。

子元回到楚国，便派人对息妫说："令尹全胜而回！"息妫早就知道了实情，不冷不热地说："那应该先去祭祀祖先啊，告诉我一个未亡人干什么？"子元讨了个没趣。

过了一阵，子元强行住入王宫，并谋篡位。熊恽暗中联合一些忠臣，突然发难，将王宫包围，处死了子元。这个权倾一时的奸相，美人没得到，反而丢了性命，留下千古骂名。

○品画鉴宝

透雕佣矛（春秋）形体较大，骹作圆筒状，上刻铭文："佣之用矛"，经考证，佣即楚庄王五儿子王子午，也就是子庚。

反间计

□ 第三十三计

……计名由来

"反间计"来自于《孙子》。《孙子·用间篇》对间谍的种类与运用,进行了专门的论述。他将间谍分为五类:因间、内间、反间、死间、生间。关于反间,孙子指出:"反间者,因其敌间而用之。"《十一家注孙子·用间篇》中把反间解释为:"敌有间来窥我,我必先知之,或厚赂诱之,反为我用,或佯为不觉,示以伪情而纵之,则敌人之间,反为我用也。"总之,反间这种计谋,就是利用或收买敌方派来的间谍,使其为我所用。反间计很早就被运用于政治军事斗争,此类战例不绝于史。

○ 品画鉴宝
虎形饰件(商)此器为一饰物,造形夸张生动。

比卦

比卦为六十四卦之中第八卦。比卦的卦象为上坎下坤,象征遍布湖泽的大地。水与地之间的相互依赖,阐述了相亲相辅,宽宏无私,精诚团结的道理。

○ 品画鉴宝

三牛三鸟尊（商） 方唇，束颈，斜肩，腹斜直，下腹斜收至底，底平。下圈上端有三个镂孔和一周凸弦纹；下端为双身虎纹组成的兽面纹，两侧填以夔龙纹。

疑中之疑[1]。比之自内，不自失也[2]。

利用敌人给我方布下的疑阵，反过来给敌方设疑。这就像《易·比》卦所说的，有来自敌人内部的辅助，我就能取得胜利，而不会受到损失。

【原文注释】

[1] 疑中之疑：在疑阵中布置疑阵。
[2] 比之自内，不自失也：语出《易·比》卦："象曰：比之自内，不自失也。"比，辅助。意谓有来自敌人内部的辅助，所以攻击敌人是有把握的。

【前人批语】

间者[1]，使敌人自相疑忌也；反间者[2]，因敌之间而间之也。如燕昭王薨[3]，惠王自为太子时[4]，不快于乐毅[5]。田单乃纵反间曰[6]："乐毅与燕王有隙，畏诛，欲连兵王齐。齐人未附，故且缓攻即墨[7]，以待其事。齐人惟恐他将来，即墨残矣！"惠王闻之，即使骑劫代将[8]，毅遂奔赵。又如周瑜利用曹操间谍，以间其将，亦疑中之疑局也。

间谍，就是使敌人内部自相怀疑、猜忌。反间，就是利用敌人派来的间谍，反过来离间敌人。如战国时燕昭王死后，继位的燕惠王从当太子时，就对乐毅

三十六計之反間計

不满。田单利用他们之间的这种矛盾，派间谍到燕国散布谣言说："乐毅与燕惠王不和，害怕被杀，想借攻齐为名，联合齐国，自立为齐王，因为齐国民众还没有归附于他，所以他不急于攻下即墨，以便等待时机成熟时再采取行动。目前齐国人最担心燕王改派别的大将来，那样，即墨城早就被攻破了。"燕惠王听信谣言，派骑劫代替乐毅为大将。乐毅只好逃往赵国。又如，三国时周瑜利用曹操派来的间谍，去离间曹操与其大将的关系，也是利用敌人布设的圈套，反过来给敌人布设圈套的计谋。

【批语注释】

〔1〕间：间谍。

〔2〕反间者：即指反间计，就是利用敌人的间谍为我服务的一种计谋。

〔3〕燕昭王：战国时燕国国君，公元前311年即位。公元前284年，以乐毅为将，攻下齐国七十多座城池。薨：诸侯死亡叫薨。

〔4〕惠王：燕昭王的儿子，公元前279年即位。

〔5〕乐毅：战国时燕国名将。燕昭王时受重用，因破齐有功，封于昌国（今山东淄川东北），号昌国君，后逃亡赵国。

〔6〕田单：齐国名将。临淄（山东临淄东北）人。公元前279年，大破燕军，收复为燕所占的七十多城，被封为相国。

〔7〕即墨：地名，今山东平度东南。

〔8〕骑劫：燕国将领。勇而少谋。

○ 品画鉴宝
立鸟（战国） 尖嘴向下弯曲，昂首，高冠耸立头顶，双翅微张，翅尖上翘，曲线十分完美。

反间计

□ 经典实例

群英会蒋干中计

在东汉末年的军阀混战中,曹操凭借他出色的政治、军事才能,越战越强,基本统一了中国北方地区。但他壮志不已,想靠强大的军事实力和"挟天子以令诸侯"的政治优势进攻南方的割据势力,统一整个中国。当时,荆州与曹操的领地接壤,距离他最近。这一地区控制着长江中游,沿长江逆流而上可以进攻益州(四川)刘璋,顺流而下则可攻江东孙权,战略地位十分重要。况且荆州牧刘表年事已高,只图自保,庸碌无为,所以曹操把第一个目标选定在荆州。

公元208年7月,曹操集结步、骑兵大举南下。刘表深感形势严峻,马上收缩兵力,组织防御,派刘备扼守战略要地樊城——当时刘备正依附于他。8月,刘表没来得及指挥荆州保卫战就病死了,他的小儿子刘琮由于母亲蔡氏的宠爱,得到母舅蔡瑁、水军将领张允等人的支持,从而取得了继承权。刘琮是个懦弱无能之辈,没什么主见,在曹操的威逼利诱和主降派大臣们的劝说下,投降了曹操。刘备也被曹操击溃,退走夏口(今湖北汉口)。

曹操逼降荆州、击败刘备后,声威大震,又收编了刘表的军队,包括众多水军,实力大大增强,于是他集结马、步、水军二十三万,号称八十三万,拟乘胜进攻孙权,同时彻底消灭刘备。孙权决心保卫江东,便任命周瑜为大都督,统一指挥前线军事,并联合刘备,共同对付曹操。

208年的冬天,曹操发动攻势,他命令蔡瑁、张允

周瑜(公元175年—210年) 三国时期吴国将领,杰出的军事家。字公瑾,庐江舒县(今安徽庐江西南)人。美姿容,精音律,多谋善断,胸襟广阔,人称周郎。公元208年赤壁之战中大败曹军,奠定三分天下基础。后图进中原,不幸早逝。

○ 品画鉴宝 彩绘对棍图漆盘（三国）

为前锋，自为后队，顺流而下，向东吴扑来。周瑜派兵迎敌。两军在三江口江面上遭遇，一场混战，曹军大败。

曹操见初战不利，大怒，要以军法处置蔡瑁、张允二人。蔡瑁说："丞相明鉴！荆州水军久不操练，北方军兵又不习水战，所以才导致失败啊！"曹操见说得有理，便饶了二人，并命令他们负责训练水军。蔡、张二人深谙水战。他们建起水寨，大船在外，小船在内，荆州水军在外，北方士兵在内，加紧训练，日夜不辍。

周瑜得到这个情报后，心中不安，想："我方的优势正在善于水战，如果让蔡瑁、张允二人练成精锐水军，那我东吴取胜的把握就小了。一定要想办法除掉这两个人。"

曹操召集文武官员商议军情，问道："我方初战不利，诸位可有什么破敌良策啊？"话音未落，蒋干走出来，说道："启禀丞相，我自幼便与那周瑜是同窗好友，愿意出使江南，凭三寸不烂之舌，说服周瑜归顺投降。"曹操大喜，便命他即刻启程。

○ 品画鉴宝

青瓷五联罐（三国） 此器巧夺天工，将五个观看歌舞、杂技的人物形象巧妙地制作成五支瓶管，造型新颖，别具匠心。

　　蒋干只带着一个书童，和两个划船的仆人，驾一叶小舟渡江来见周瑜。周瑜正在帐中与诸将议事，听门人通报，十分高兴，对诸将低声耳语，安排一番。众人心领神会，应命而去。

　　周瑜领着数百人亲自去营门迎接蒋干，一见面，蒋干就说："公瑾别来无恙！"周瑜哈哈一笑，道："子翼辛苦，远路而来，可是为曹操当说客啊？"蒋干吃了一惊，随即说道："你我二人，久不相见，特来叙旧，怎么怀疑起老同学了？公瑾若是信不过，我自当告退。"周瑜道："开个玩笑，何必当真呢？"遂与蒋干携手入帐，并传令江东文武官员与蒋干相见。

　　不一时，众人到齐，周瑜一一介绍完毕，说："今日同窗好友特来拜访，一定要开怀畅饮，一醉方休。席间如有提及曹操与东吴之事者，立即斩首！"并让大将太史慈执剑站在一旁，当监酒官。宴会开始，众人觥筹交错，好不热闹。酒至半酣，周瑜拉着蒋干来到帐外，指着东吴士兵和堆积如山的粮草说："当年寒窗苦读之时，真没想到会有今天。现在我东吴兵精粮足，我主孙权言必听，计必从，纵使苏秦、张仪复生，口若悬河，舌如利剑，也不能劝我投降！"说罢，又拉蒋干回到大帐，继续饮酒。蒋干心中暗暗叫苦，不知该如何开口。

　　宴会进行到深夜，周瑜大醉，得意地说："今天江东英杰济济一堂，可以称为'群英会'啊！再喝，再喝……"蒋干推辞说："我已经不胜酒力了。"周瑜便命令撤席，对蒋干说："你我二人多年不见，今天一定要同榻而眠，一诉离情。"说着拉蒋干入寝帐休息。

　　周瑜和衣而卧，呕吐狼藉。蒋干满腹心事，如何睡得着！鼓打二更，屋里点着的蜡烛已烧掉一半。蒋干躺在床上，四处观望，见桌子

○ 品画鉴宝
青瓷镇墓兽（三国）体肥、足壮、短尾，立于一块粗绳纹青砖之上。

上有一堆文书，又见周瑜鼻息如雷，便起身偷偷翻阅。忽然他发现一封信，信封上写着"蔡瑁、张允谨封"。蒋干大惊，急忙抽出信来，仔细观看，信中写道："我等降曹，实在是迫于形势。现在我们已经赚北方军困于水寨之中，等有机会，定取曹贼首级，献于阁下。"忽然，周瑜在床上模模糊糊地说："子翼，数日之内，我叫你看曹操人头！"细看时，原来是周瑜在说梦话，蒋干把书信揣到怀里，重新上床躺下。

大约四更左右，有人找周瑜汇报军情。蒋干忙假装熟睡，只听见周瑜问："床上人是谁？"一人把昨天之事大概说了一遍。周瑜十分后悔地说："开战已来，我滴酒不沾，这次大醉，不知是不是说了不该说的话。"接着二人到帐外议事，由于声音不大，蒋干只听到"蔡、张二位将军说眼下还不能下手"一句。周瑜回到帐中，轻轻推了推蒋干，见其"睡"得正香，便脱衣就寝。

蒋干偷了信，怕被发现，周瑜一睡着，他便爬起来，偷偷回到了曹营。见到曹操，把经过讲述一遍，又把书信呈上。曹操看了大怒，立刻下令将蔡瑁、张允二人斩首示众。二人人头刚落，曹操便明白过来，大叫："不好，这是周瑜小儿的反间之计……"正如曹操所料，以上正是周瑜精心设计的骗局。

周瑜除掉了曹操手下会训练水军，指挥水战的将军，为日后的胜利打下了基础。

苦肉计

□ 第三十四计

……计名由来

"苦肉计"最早见于《吴越春秋》卷二《合庐内传第四》：吴王阖闾派刺客专诸刺杀了吴王僚，夺取了王位。但吴王僚的儿子庆忌在卫国，此人有万夫不当之勇，阖闾担心他会联合其他国家来报仇，因此想除掉庆忌。伍子胥向阖闾推荐了要离。要离建议道："您可以诬陷我有罪，砍断我的右臂，在街市上烧死我的妻子儿女，再放我逃跑，我就可以取得庆忌的信任了。"阖闾依言行事。要离跑到卫国，果然得到了庆忌的信任，并找机会杀死了庆忌，为阖闾除去一大心病。这是典型的以自残自害的方式，取"信"于敌，以达到自己目的的"苦肉计"。三国时周瑜打黄盖，南宋时王佐断臂劝降陆文龙用的都是苦肉计。

○ 品画鉴宝
黄夫人禹（春秋） 禹为古代炊器，或作为丧礼时用的一种瓦瓶。

人不自害，受害必真；假真真假，间以得行。童蒙之吉，顺以巽也[1]。

人一般不会自我伤害，因此一旦受到伤害，往往会被认为是真实的。如果能把假的做得像真的一样，敌人就会相信是真的，而不会有所怀疑。这样，离间之计就可以实行了。《易·蒙》卦中说，幼童稚昧无知，只要顺着他，他就会听你摆布。

【原文注释】

[1] 童蒙之吉，顺以巽也：出自《易·蒙》卦："象曰：童蒙之吉，顺以巽也。"意思是说，不懂事的孩子单纯幼稚，顺着他，他就会听你摆布。

【前人批语】

间者[1]，使敌人相疑也；反间者，因敌人之疑，而实其疑也[2]。苦肉计者，盖假作自间以间人也[3]。凡遣与己有隙者以诱敌人[4]，约为响应，或约为共力者，皆苦肉计之类也。

离间，就是利用敌人的内部矛盾，使其互相猜忌；反间，就是利用敌人猜疑的心理，而设法使其怀疑的事情得到证实。苦肉计，是假装自己内部有矛盾，以便于打入敌人内部进行间谍活动。凡是派遣与自己一方有矛盾的人去引诱敌人，作为内应，或约定协同动作的，都属于苦肉计之类的计谋。

【批语注释】

[1] 间者：此处指离间。

[2] 因敌人之疑，而实其疑也：因，利用。实，证实，证明。全句意为，利用敌人猜疑的心理，设法使其怀疑的事情得到证实。

[3] 假作自间以间人：假装自己内部有矛盾，去离间敌人。

[4] 遣与己有隙者以诱敌人：派与自己有矛盾的人到敌方去引诱敌人。

苦肉计

◻ 经典实例

要离刺庆忌

公元前526年，春秋时期，吴国国王夷末（也叫余昧）撒手西去。他的弟弟僚按照兄终弟及制的惯例，登上了国王的宝座。夷末的儿子公子光心中不服，认为应该按父死子继的原则，由自己来继承王位，于是他便开始蓄谋夺权。

公子光文武双全，富于心计。他一方面通过勇敢作战，屡立战功，捞取政治资本；一方面大力拥护吴王僚，骗取信任，使其放松警惕；同时广泛结纳贤士，培植党羽，密谋策划，为夺位作具体准备。楚国大臣伍子胥因在国内遭到迫害，前来投奔公子光，被待为上宾。伍子胥知恩图报，在得知公子光想夺王位后，便推荐了刺客专诸。公元前515年，公子光趁吴王僚派吴军主力攻楚，国内空虚之机，派专诸刺杀了吴王僚，当上了吴国国王，号为吴王阖闾（hé lǘ）。

阖闾掌权后的第一件事就是铲除吴王僚的残余势力，而他的第一个目标就是庆忌。庆忌是吴王僚的儿子，有万夫不当之勇，传说他能追上奔跑的野兽，抓住空中的飞鸟，接住迎面射过来的箭。当时，庆忌正在卫国。

阖闾找来伍子胥，对他说："我听说庆忌正在卫国联络诸侯，要替父报仇，弄得我吃不好饭，睡不好觉。上次专诸刺杀吴王僚就是你的计谋，你对我的情谊太深了，这次我还想把对付庆忌的事情交给你。"

伍子胥道："我既然效力于大王，您的命令我当然要执行。我所看重的，是一个地位低下的人，名叫要

○ 品画鉴宝
龙纹鼎（春秋） 直耳，深腹，有扉棱，蹄形足。腹、耳饰龙纹，足饰兽面纹。

离，我希望大王能让他去执行这次任务。"阖闾让伍子胥把要离带来给他看看。

伍子胥找到要离，带他入宫面见吴王。阖闾见要离身高不满五尺，瘦小枯干，躬腰驼背，根本不像个勇士，不禁大失所望，不冷不热地问要离道："你是哪里人啊？"

要离恭敬地回答道："回大王，我住在国都以东千里以外的地方。我虽然渺小无力，迎风就倒，背风就趴下，但我愿意替大王出力。"

阖闾低头沉思，要离知道吴王是不信任自己，就主动说道："大王是担心庆忌吧？我能杀了他！"

"庆忌现在虽然穷途末路，依附于诸侯，但他的地位并不低于诸侯手下的武士。你一个平民百姓，很难接近他。即使你能接近他，也杀不了他，庆忌的勇猛我想你是听说过的。你还是回家去吧！"阖闾说。

要离挺胸昂首道："我听说贪图天伦之乐，不为国君效力，就是不忠；只爱自己的小家，而不为国君除忧解患，就是不义。我不想做个不忠不义之人，大王还是派我去吧。"

阖闾听他这么一说，不禁对眼前这个毫不起眼的人肃然起敬，但还是不想让要离白白送了性命，便问道："那你想怎么办呢？我想听听你的计划。"

要离道："您可以找个理由治我的罪，砍断我的右手，然后我便逃出吴国。您再以我逃跑为名，把我的妻子、孩子抓起来杀掉。这样一来，我就有机会接近庆忌，他也会相信我了。"阖闾听到这个苦肉计，觉得可行，便同意派要离行动。虽然这显得很残忍，但对于一个急于巩固王位的君主来说，牺牲一家老百姓又算得了什么？

于是，阖闾找了个莫须有的罪名，斩断了要离的右手，并罚他做奴隶。要离逃走，阖闾接着就把他的妻子、孩子抓起来，烧死后扔在街上示众。要离在各诸侯国流浪，到处讲述自己的"冤屈"，不久天下人都知道了这件事。

一天，要离来到卫国，求见庆忌。庆忌也听说了他的"悲惨"经历，很同情这个老乡，就接见了他。见面后，要离假装不知庆忌与阖闾也有杀父之仇，说道："阖闾这个无道昏君，诬陷我有罪，砍断了我的右手，烧死了我全家，我和他有不共戴天之仇。我了解吴国的虚实，以公子的勇力，一定可以擒获阖闾。您是嫉恶如仇的好人，我想请您回吴国一趟，替我报仇。"庆忌早想回国报仇，但没有几个诸侯愿意帮他，凑不起一支军队，所以一直不敢行动，听要离这么一说，便欣然同意。

三个月以后，庆忌带着要离和十几个手下携带兵器，返回吴国。众人来到长江边，乘船顺流而下。这一天，风大浪高。要离知道自己力气小，便特意坐在上风向，以便借助风力。船行至江心，要离见庆忌正出神地向远处观望，便抓起长矛，用尽全身的力气刺了过去。庆忌感到胸口一凉，低头看时，只见矛头深入半尺，鲜血正汩汩流出。"哈哈……"庆忌一声狂笑，伸手抓住要离，将其头按入水中，随后又把要离拎起来，放在膝盖上，如同对付一只小鸡。"哈哈，真是一个天下勇士，竟敢对我下手！"随从要杀要离，庆忌拦住，道："我已经不行了，这人也是天下勇士，一天怎么能死两个勇士呢？让他回吴国吧，以表彰他的勇敢和忠心。"说完气绝身亡。

一行人继续向吴国进发，走到江陵，要离再也不肯走了，他呆呆地望着滚滚江水，忧伤地自言自语道："杀死自己的家人报效君主，是为不仁；为新君而杀故君之子，是为不义；我毁了自己的品行，还贪恋生命，更是不义，身背这三种恶行，还有什么面目去见天下之人呢？"说完，纵身跳入江中，庆忌的手下忙把他救上船，对他说："你不应该死，准备回去接受吴王的爵位俸禄吧！"要离并不答话，拔剑自刎。

消息传到吴国，阖闾长出了一口气，想："这下我可以放心做大事了。"后来阖闾发展生产、改革政治、训练军队，打败了强敌楚国，让北方的齐国、晋国也感到了压力，成为中国历史上一个颇有作为的君主。

○品画鉴宝 虎头短剑（春秋）

连环计

□ 第三十五计

……计名由来

《兵法圆机·迭》中说:"大凡用计者,非一计之可孤行……百计迭出,算无遗策,虽智将强敌,可立制也。"大意是,单用一个计谋不一定能成功,如果采用两个以上的计谋,环环相扣,算无遗策,那么敌人智谋再高、力量再强也能制服他。连环计计名多见于古代的小说和戏剧,例如《元曲选》中的杂剧《锦云堂暗定连环计》,又如《三国演义》第八回"王司徒巧施连环计,董太师大闹凤仪亭"。连环计在战争中多有运用,在三国时的赤壁之战中,孙刘联军先以反间计除掉曹操手下善于指挥水战、训练水军的将领蔡瑁、张允;接着派庞统诈降曹营,怂恿曹操把战船用铁索勾连起来,表面上是帮助魏军克服不习惯于水上作战的弱点,真实目的则是使其遭到火攻时无法逃脱;随后周瑜又用苦肉计派黄盖诈降,火烧曹军,取得大胜。孙刘联军一计套一计,形成完整的谋略链条,显示了连环计的特色。

○ 品画鉴宝
几何纹簋(春秋晚期)此簋耳垂珥是中原铜器的风格,腹部纹饰又是南方几何印纹硬陶器纹饰的风格,南北合璧,别致生动。

将多兵众，不可以敌，使其自累[1]，以杀其势[2]。在师中吉，承天宠也[3]。

敌军兵多将广，不能与他硬拼，应当设法使敌人自相牵制，以削弱其力量。就像《易·师》卦所讲的道理：军队要想取得胜利，必须得到外部条件的辅助。

【原文注释】

[1] 自累：自相牵制。

[2] 杀：减弱，削弱。

[3] 在师中吉，承天宠也：语出《易·师》：" 象曰：在师中吉，承天宠也。" 师，军队。吉，吉祥，胜利。天宠，天助。

【前人批语】

庞统[1]使曹操战舰勾连，而后纵火焚之，使不得脱。则连环计者，其法在使敌自累，而后图之。盖一计累敌，一计攻敌，两计扣用，以摧强势也。如宋毕再遇[2]，尝引敌与战。且前且却，至于数四，视日已晚，乃以香料煮黑豆，布地上，复前搏战，佯败走。敌乘胜追逐，其马已饥，闻豆香，就食，鞭之不前。遇率师反攻之，遂大胜。皆连环之计也。

庞统怂恿曹操把战船用铁索连结起来，然后纵火焚烧，使船只无法逃脱。所以，连环计就是先使敌人自相牵制，然后实施攻击的策略。前一计使敌人自相牵制，后一计则攻击敌人，两计相扣，就能摧毁任何强敌。如宋朝的抗金名将毕再遇，曾经引诱敌人来战。他忽而前进，忽而后退，三番五次地缠住敌人。当天色已晚时，他就把事先用香料煮好的黑豆，撒在地上，然后再向敌营挑战，并假装战败而退。敌人乘胜追赶时，饥饿的战马闻到地上豆子的香气，便只顾抢吃豆子，即使用鞭子抽打，也不肯走了。毕再遇趁机展开反攻，大获全胜。这都是连环计的运用。

【批语注释】

[1] 庞统：字士元（179－214年），襄阳人，三国时刘备谋士，号"凤雏"，时与诸葛亮齐名。

[2] 毕再遇：宋代名将，兖州人。精通军事，善用谋略。《宋史》有传。

三十六計之連環計

连环计

□ 经典实例

子贡一箭五雕

子贡是孔子门下高徒之一，在孔门弟子之中，说到聪明才智，基本上没有谁能及得上子贡。孔子就曾经说过："在言语辞令方面，最突出的就是宰我和子贡。"宰我在历史上并没有多大影响，子贡却曾经叱咤风云，在春秋末年风云突变的历史舞台上，曾经上演了一出精彩绝伦的好戏。

话说孔子有一年外出游历，来到卫国，住在卫国贤人蘧（qú）伯玉家中。正在这个时候，孔子突然听说齐国大臣田常想要发动叛乱，但是因为忌惮鲍、晏诸家从中破坏，所以调动齐国军队，想要攻打鲁国。

孔子召集门下弟子，说道："鲁国，是我们父母先辈居住的国家，所以我们不能不去救援。我不忍心看到父母之国受到侵犯，所以想要前往田常那里游说一番，以便于救援鲁国。不知道你们之中有谁愿意出使齐国？"

听了孔子这一番话，子路上前请命，说道："请让我出使齐国吧。"孔子没有答应。

子张上前请命，孔子同样没有答应。

子石上前请命，孔子还是没有答应。

子路、子张、子石三人退了出来，对子贡说："现在老师想要前往田常那里游说，以便于救援鲁国，我们三个人请求出使齐国，但却都被先生拒绝，因此不能前往。现在正是你施展自己辩论才华的时机，你为什么不去老师那里请求出使呢？"

于是子贡进去拜见孔子，请求出使齐国，孔子毫

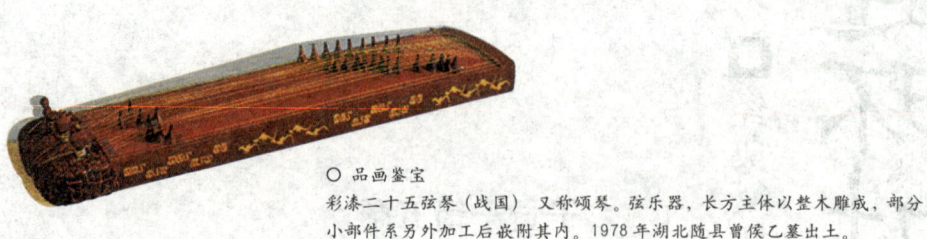

○ 品画鉴宝

彩漆二十五弦琴（战国）又称颂琴。弦乐器，长方主体以整木雕成，部分小部件系另外加工后嵌附其内。1978年湖北随县曾侯乙墓出土。

不犹豫地答应了子贡的请求。由此我们也能看出，子贡在这方面的才能，就连孔子都是极其看重的。

子贡于是前往齐国，游说田常："相国想要攻打鲁国，那实在太荒谬绝伦了。相国，你要知道，鲁国的城墙不仅单薄而且低矮；鲁国的国土不仅狭小而且贫瘠；鲁国的国君不仅愚蠢而且不讲仁道；鲁国的臣子不仅虚伪而且一无是处；鲁国的士兵以及老百姓又对行军作战之事痛心疾首，所以鲁国根本不可以前去攻打啊！"

田常看着子贡，越听越不明白，但是考虑到子贡的贤者身份，只好耐着性子听他说下去。

子贡接着说道："相国如果真要发兵攻打他国，那么不如攻打吴国。吴国的城墙不仅高大而且厚实；吴国的土地不仅宽广而且肥沃；吴国的兵甲不仅坚固而且很新；吴国的士兵不仅强悍勇敢，各种重型武器以及精良的兵器充满府库，而且各地都有精明能干的贤明大夫驻守，所以说吴国非常易于攻伐。"

田常越听越不对头，听到这里，勃然大怒，怒形于色，愤愤地说道："先生以为艰难的，在常人看来却很容易；先生以为容易的，在常人看来却很艰难。现在先生拿着这些道理来教训田常，这是什么道理！"

子贡说道："我曾听说，如果朝廷之内有忧患，必定要去攻打强国；如果朝廷之外有忧患，那才可以攻打弱国。我曾听说相国三次将要受封，都因为大臣反对而不能如愿，那就说明满朝大臣之中，还有不少人不愿听从相国您的号令啊！相国现在在调动军队外出作战，并让鲍、晏等人统帅军队，如果取得胜利，只会使得君主更加骄傲。要是打败了敌国，只会使得鲍、晏等人地位更为

○ 品画鉴宝 杏坛弦歌图（明） 图绘孔门讲学、弦歌不辍的盛况，将写实和写意结合。

○ 品画鉴宝
孔子圣迹图 圣门四科 （清）改琦/绘 圣门四科为德行、言语、政事、文学。出众弟子分别是颜渊、闵子骞、冉伯牛、仲弓；宰我、子贡；冉有、季路；子游、子夏。

尊贵，而相国却没有什么功劳。那么相国和君主之间的关系就会一天比一天疏远，而且也会与那些骄纵的大臣争权夺利。这种行为，在上只会让国君更加骄傲自大，在下则会使群臣更为放肆无礼，想要以此成就大事，绝对没有这种道理。如果国君骄傲自大，就不会将相国放在眼里；如果群臣放肆无礼，就会与相国争权夺利。对于相国来说，往上说则与国君之间有了嫌隙，往下说则与群臣之间明争暗斗。这样一来，相国在齐国的地位就岌岌可危了啊！所以我说，不如攻伐吴国。如果讨伐吴国不能取得胜利，那么兵力就会耗竭于外，大臣也因出征在外，使得朝中空虚，这样一来，相国往上说不会与国君有何冲突，往下说也不会得罪国人，凭借一个人的力量就可以控制齐国，除了相国，还有谁能做到？"

田常听了子贡这一番话，不由得拍案叫好，说道："确实不错！话虽如此，但是军队已在前往鲁国的路上，无缘无故中道撤回开往吴国，国中大臣就会有所怀疑，应当如何是好？"

子贡说道："相国暂且放缓行军速度，不要急着攻打鲁国。我这就前往吴国游说，让他们派遣军队救援鲁国，从而攻打齐国，这样您就可以发兵迎击了。"

田常答应了这一请求。

于是子贡前往南方，来到吴国，游说吴王夫差，说道："我曾听说：'推行王道之人不会灭掉诸侯国，推行霸道之人也不会有强大的敌手，千钧重量的物体，只要加入很少的分量，平衡就会为之打破。现在齐国拥有万辆战车，力量非常强大，却要私吞只有千辆战车的鲁国，以此来与吴国争强，我私下里替您感到担忧。而且您如果发兵救援鲁国，可以显扬自己的美好名声，从而安抚泗水以北的中原各国，惩罚暴虐的齐国，威慑强大的晋国，说到利益，没有什么能比这个更为重大的了。名义上是挽救了即将灭亡的鲁国，实质上却是阻止强大的齐国，并且使其陷于困境之中。所以拥有智慧的人，对于这一行动，是不会犹疑不定的。"

○ 品画鉴宝
孔子圣迹图 化行中都（清）改琦／绘　孔子被鲁定公任命为管理中都的长官，制定出了一套有关人民生活和丧葬所必须遵守的制度，这些政令实施一年后，各地方都认为合理而模仿实行了。

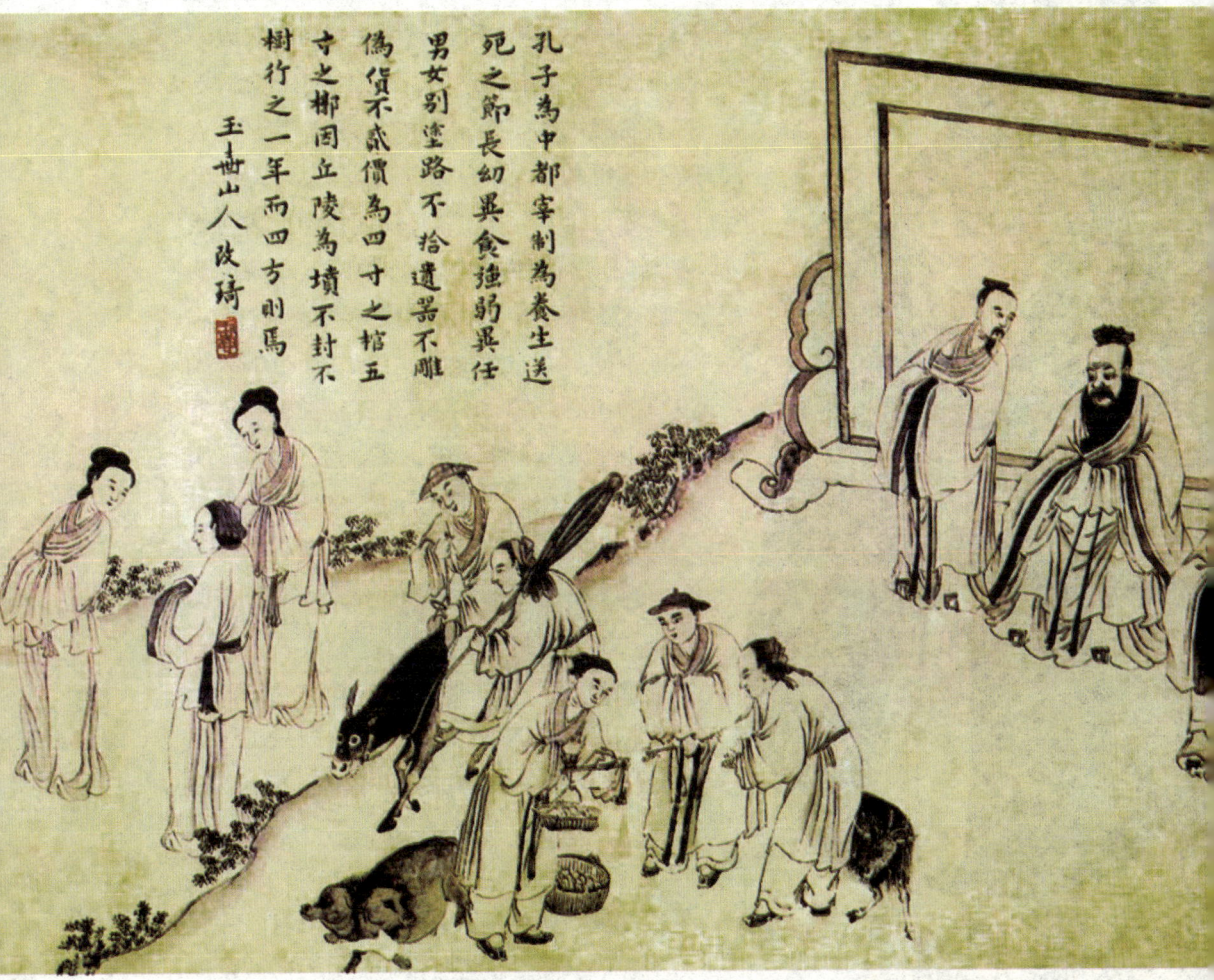

孔子（前551—前479年），名丘，字仲尼。春秋后期鲁国人，享年72岁，葬于曲阜城北泗水之上，即今日孔林所在地。曾修《诗》《书》，定《礼》《乐》，序《周易》，作《春秋》。其思想及学说对后世产生了极其深远的影响。

吴王说道："说得不错。但是我曾经跟越国打过一场大仗，使越王陷入困境之中，几乎身亡国灭。现在越王勾践休养身心，教导士卒，有报复吴国的心念。您还是等我攻灭越国，然后再去讨伐齐国吧！"

子贡说道："越国的力量不会超过鲁国，而吴国的强大也不会超过齐国，如果大王放弃攻打齐国，而去攻打越国，等到攻灭越国之时，齐国早就将鲁国吞并了。何况大王正以保存亡国、延续绝世这一名义作为旗号，却又放弃强大的齐国，而去攻打弱小的越国，这并不是勇敢的表现！拥有勇气之人不会回避困难，拥有仁德之人不会困守愁城，拥有智慧之人不会错失机会，拥有信义之人不会绝世独立。如今保存越国，以此来向天下诸侯显示自己的仁德，救援鲁国而去讨伐齐国，凭借这种威势慑服晋国，其他各国诸侯必定也会前来吴国朝见，这样一来，您称霸天下的事业也就能够达成了。而且如果大王真的担心越国，那么请允许我前去会见越王，让他派遣军队跟随大王，这一举动，实质上是让越国国内空虚，而名义上则是率领诸侯前去讨伐齐国。"

吴王听了之后，感到非常高兴，于是就让子贡出使越国。

越王来到郊外迎接子贡，并且亲自为子贡驾车，谦卑地说道："我们越国只是边远蛮荒之地，大夫您哪里值得郑重其事、自降身份地光临呢？"

子贡说道："我这次来到南方，是为了游说吴王，让他前去救援鲁国、攻打齐国，吴王心里其实非常愿意，只是担心你们越国

○ 品画鉴宝　孔子弟子图（宋）

背后偷袭，因此他说：'等我攻击灭越国之后，再去救援鲁国、攻打齐国吧。'如果真是这样，那么攻灭越国就是必然的事情了。况且，如果没有报复他人的心意，但却被人怀疑，那就叫作拙劣；如果有了报复他人的心意，却又让人知道，这就叫作危险；事情尚未发动，却已经被对方知道意向，这就叫作危亡。这三种情况，是举行大事的最大祸害。"

勾践听了之后，叩头下拜，恭敬地说道："我曾经不自量力地与吴国开战，结果被围困在会稽山上，这种仇恨已经痛入骨髓，我日日夜夜想要报仇，嘴唇为之干裂，舌头为之枯燥，只是想着要和吴王拼个你死我活，这就是我最大的心愿。如今大夫您来到这个地方，真是我的大幸，恳请大夫告诉我其中的利害关系。"

子贡说道："吴王夫差为人凶猛残暴，朝中大臣全都难以忍受，而且夫差好大喜功，肆意征伐，闹得吴国人困财乏，百姓痛恨君上，怨声载道，大臣心怀不轨，蓄谋发动内乱。伍子胥因为直言进谏而被诛杀，大宰伯嚭执掌政权，却又只顾阿谀奉承，这就是您报复吴国的最好时机。如今大王只要发兵辅佐吴王，迎合他好大喜功的志向，馈赠大量重金宝物，以此来取悦他的心意，同时又用谦卑的言辞来奉承他、推尊他，那么他必定就会前去攻打齐国。这就是古代圣人所说的委屈自己以此来实现自己的理想。如果他被齐国打败，那就是大王的福分；如果他战胜了齐国，那么他必定就会率领军队逼近晋国。我将会北上求见晋国国君，让他发兵和您一起攻打吴国，那时吴国的势力必定会被削弱。这样一来，吴王的精锐部队已在齐国消耗殆尽，而重兵又被晋国军队牵制，您可以趁吴王疲惫交困的时候攻打吴国，必定可以取得成功。"越王叩头拜谢子贡的指点，并且答应按照子贡所说的去做。同时越王赠送子贡大批金银，还有一把宝剑，两支良矛。子贡并未接受，辞别越王，重返吴国。

子贡回到吴国之后，向吴王报告此行结果，说道："微臣恭恭敬敬地将大王的话转告越王，越王听后惊恐异常，说到：'孤王不幸，年少之时父亲就已去世，不自量力地攻打吴国，因此得罪大王，大军战败，身受屈辱，苟延残喘于会稽山上，国内一片荒芜。幸亏大王仁慈，赐恩于我，使我能够继续祭祀祖先，大恩大德，至死不敢忘怀，又怎敢有什么不良企图啊？'"

五天以后，越王派遣大夫文种前来吴国，跪下叩头，对吴王说道："东海之滨服役于大王的臣子勾践派遣卑贱的臣下文种前来大王朝中，通过大王左右臣子传达大王。如今勾践听说大王替天行道，施行大义，征讨强贼，扶助弱国，围困暴虐的齐国，从而安抚周王室。因此，勾践如今已经征集国内所有三千士兵，前来侍奉大王。勾践也将亲自前来，披坚执锐，担任大王的先锋，冲锋陷阵，在所不辞。现在通过贱臣文种奉上先人珍藏的铠甲二十副，以及屈卢之矛、步光之剑各若干，以此作为对大王军队的祝贺。"

○品画鉴宝

玉剑（战国）青色，体扁平，全器作成一把连鞘的剑形，由首、茎、格、鞘、珌五节组成。此剑小巧，由多节连成，实属罕见。1978年湖北随县曾侯乙墓出土。

吴王听后非常高兴，又对子贡说道："越王想要亲自率领军队随我出征，我是否应该接受这一请求呢？"

子贡说道："万万不能这样。全部占用了他们的兵力，却又让国君随从出征，这种做法并不符合道义。现在大王可以接受越国馈赠的礼物，允许越国军队随行，但却要推掉越王随军出征的请求。"

吴王于是接受了越王派来的士兵，却谢绝越王亲自随从，于是吴王夫差亲自率领国内所有军队前去讨伐齐国。

子贡离开吴国之后，北上晋国，求见晋国国君，说道："微臣曾经听说：'计谋实现不曾确定，那就无法应付仓促而来的情况；军事事先不能辨明，那就无法战胜敌人。'如今齐国与吴国之间将要开战，如果吴国不能战胜齐国，那么越国就会趁虚而入；如果吴国战胜齐国，那么吴国大军就会兵临晋国，与大王争夺中原霸权。"晋国国君大惊失色，说道："那么应当如何对付？"子贡说道："厉兵秣马，整顿军队，以逸待劳就可以了。"于是晋国国君采纳了子贡的建议。

子贡离开晋国，返回鲁国。

再说吴国大军与齐军在艾陵大战一场，吴军大败齐国军队，俘虏了七位将军。吴王夫差不肯归国，果然率兵进军中原，威胁晋国，于是吴、晋两国军队在黄池一带遭遇。吴国、晋国争夺霸主地位，晋国军队袭击吴军，大败吴军。越王勾践得知这一消息之后，趁机偷袭吴国都城，大败吴军，并于此役之中杀了吴国太子。吴王仓促撤军回国，并与越军交战，结果大败。越王勾践直到此时尚无实力灭掉吴国，所以允许吴王夫差求和。十年之后，越王勾践再次战败吴军，吴王夫差身死国灭。勾践灭掉吴国之后，开始在东方称霸，成为春秋时期最后一位霸主。

所以子贡一出，鲁国因此得以保存，齐国因此国势大乱，吴国因此衰败而亡，晋国因此势力增强，而越国则因此称霸于世。子贡这趟出使，巧舌如簧，使得各国之间的形势随之大变。十年之中，五个诸侯国各有千秋，全都出现了命运大回转。子贡这一番连环计，真可以说是前无古人、后无来者了。

孔子说道："使得齐国动乱，从而保存鲁国，这是我最初的想法。至于使得晋国强大，而使吴国随之凋敝，最后又使吴国灭亡，而使越国称霸天下，却是子贡游说的结果！华丽巧妙的说辞将会损害信义，所以对于语言一定要慎重！"

走为上计

□ 第三十六计

……计名由来

"走为上"的要义在于己弱敌强时,要主动撤退,以保存实力。其策略思想来源甚早,《吴子·料敌》中说:"凡此不如敌人,避之勿疑,所谓见可而进,知难而退也。"在其他兵书中也多有论述,如《淮南子·兵略训》里讲:"实则斗,虚则走。"这里"实"指力量强大,"虚"指力量不足,也是强调实力不及就要"走"。《兵法圆机·利》中说:"避而有所全,则避也。""避"指主动撤退,"全"指保全,意思是如果撤退能保全力量,就应该撤退。

"走为上"的计名出自《南齐书·王敬则传》:"檀公三十六计,走为上计。"檀公即南北朝时南朝名将檀道济。《冷斋夜话》作"三十六计,走为上策"。在元明时期的戏剧、小说里常能见到这一说法,如《窦娥冤》第二折:"常言道的好,三十六计,走为上计。"又如《水浒传》第二回:"(王进之母对王进说)我儿,三十六着,走为上着。"

○ 品画鉴宝
鸟形玉双援戈(商) 鸟冠为一大一小弯形戈援,大援有靡齿和穿孔,可佩带。双援鸟冠巧妙奇特,琢工简练传神。

全师避敌[1]，左次无咎，未失常也[2]。

为了保全部队的实力，形势不利时就应主动撤退。正如《易·师》卦所说的，退却避敌并没有错，因为它没有违背用兵的一般法则。

【原文注释】

[1] 全师避敌：师，军队。全，保全。避，躲避，避开。
[2] 左次无咎，未失常也：语出《易·师》："象曰：左次无咎，未失常也。"左次：在军事上指军队向后撤退。古时兵家以右为前，左为后。全句意为，在不利的情况下，退却并不为错，也符合用兵的一般规则。

【前人批语】

敌势全胜，我不能战，则必降、必和、必走[1]。降则全败，和则半败，走则未败。未败者，胜之转机也。如宋毕再遇[2]与金人对垒，一夕拔营去，留旗于营，豫缚生羊悬之，置前二足于鼓上，羊不堪倒悬[3]，则足击鼓有声。金人不觉，相持数日，始觉之，则已远矣。可谓善走者也。

敌人占有绝对优势，我方无法取胜时，只有投降、讲和与退却三种选择。投降，是彻底失败；讲和，属于半败；退却则不是失败。没有失败，就有取胜的机会。比如宋代名将毕再遇与金军对垒，有一天晚上撤退，旗帜仍插在军营内，并把一些羊倒吊着，将羊的前蹄放在鼓面上。羊被倒挂着，十分难受，不停挣扎，其前蹄就把鼓敲得咚咚作响。金人几天后才发觉，这时宋军已经走远了。这可以说是善于退却的战例了。

【批语注释】

[1] 必降、必和、必走：只有投降、讲和、撤退。
[2] 见第三十五计注。
[3] 倒悬：悬空倒挂着。

走为上计

□ 经典实例

李泌归隐山林

公元755年，安史之乱发生后，唐玄宗逃到四川，太子李亨为了平定叛乱，在甘肃灵武即位当了皇帝，就是唐肃宗。当时，唐肃宗身边的文武官员不满三十人，整个临时朝廷什么都乱糟糟的。一些武将，也不大肯听指挥。唐肃宗坐卧不安，心想要光复社稷，多么需要有个能人来帮助他啊。

登基后的八九天，忽然侍者引了一位身着白衣、道士模样的人，风尘仆仆，入门而来。唐肃宗一见，大喜过望，不等来人开口，马上起身惊呼："先生终于来了！"说着，便迎来人入座，促膝叙谈起来。

这位白衣道士模样的人，就是李亨当太子时极亲密的师友，一位足智多谋的奇士——李泌。

李泌原是长安人，小时候很聪明，读了不少书。当时的宰相张九龄看到他写的诗文，十分器重他，称赞他是个"神童"。肃宗当太子的时候，长大了的李泌向唐玄宗上了一份奏章，对国家大事提了一些意见。唐玄宗看了很欣赏，召见他，想给他一个官职。他推说自己年轻，不愿做官。玄宗就要他和太子交个朋友。以后，他经常到东宫去，太子也特别喜欢接近李泌，把他当作老师看待。

后来，李泌看不惯杨国忠掌权，曾经写诗讽刺杨国忠。为了这个，他被杨国忠排挤出长安。他看到政局混乱，不愿受这个气，索性跑到河南颍阳隐居起来了。

当李泌听说安禄山叛乱，唐肃宗在灵武，朝廷正万分困难的情形后，想到肃宗跟自己的交情，加上自

唐玄宗（685—762年）即李隆基，又名唐明皇。唐睿宗李旦第三子，母昭成窦皇后。唐玄宗开元年间，社会安定、经济繁荣，史称"开元盛世"。

377

己也有济世救民的抱负，就日夜兼程赶来灵武为肃宗出谋划策。

唐肃宗看见李泌，就像得到宝贝一样高兴。那时候的临时朝廷，不那么讲究礼节。唐肃宗跟李泌就像年轻时候一样，进进出出，都在一起，大小事情，全都跟他商量。李泌有什么主意，唐肃宗没有不听从他的。

唐肃宗想封他当宰相，李泌可不愿意。他说："陛下待我像知心朋友一样，这就比当宰相的地位还尊贵了，何必非要我挂个名不可呢？"

肃宗见不能勉强他，也就算了。李泌在乡间隐居的时候穿的是布衣，到了灵武，还是那件旧的布褂子。

○ 品画鉴宝
马球竞技图（唐）此图形象刻画了中国古代体育中马球比赛的紧张场面。

有一次，李泌陪唐肃宗一起骑着马巡视军队，兵士们在后面，指指点点说："那个穿黄袍的是皇上，穿白褂子的是山里来的隐士。"

唐肃宗听到兵士们的议论，觉得这样太显眼了，就给李泌一件紫色的官服，硬要他穿上。李泌没办法，只好穿上。肃宗笑着说："你既然穿上了官服，还能没有个官衔？"说着，从袖里拿出一份诏书，任命李泌为元帅府行军长史（相当军师）。

李泌还不肯答应，唐肃宗说："现在国家困难，只好暂时委屈你一下，等平定叛乱之后，还是听你自由。"

那时候，郭子仪也已经到了灵武。朝廷要指挥全国的战事，军务十分繁忙。四面八方送来的文书，从早到晚没有间歇的时刻。唐肃宗命令把收到的文书，一律先送给李泌拆看，有特别紧要的，才送给肃宗。宫门的钥匙，由太子李俶（chū）和李泌两人掌管。李泌忙得连饭也顾不上吃，觉也没能好好睡。

唐肃宗一心想回长安，问李泌说："敌人这样强大，我们怎么办？"

李泌说："安禄山发动叛乱，真心帮他出力的是少数，其余都是被迫参加的。照我的估计，不出两年，就可以把他们消灭。"接着，他又给肃宗制订了一个军事计划，暂缓收复长安，派郭子仪、李光弼分两路进军河北，攻打叛军老巢范阳，叫叛军进退两难，再发动各路官军围攻，把叛军消灭。

第二年春天，叛军发生内讧，安禄山的儿子安庆绪杀了安禄山，自己称帝。要消灭叛军，这本来是个好机会。但是肃宗急于回长安，不听李泌的计划，把郭子仪的人马从河东调回，强攻长安，结果打了一个败仗。后来，郭子仪借了回纥（我国古代北方民族之一）的精兵，集中了十五万人马，才把

○ 品画鉴宝 持笏给使图（唐）图绘唐朝时使者们手持笏板朝见天子的形态，表情传神。

○ 品画鉴宝
献马图（唐）绘有两名控夫和一良马，反映了西北少数民族向唐王朝贡献良马的情景。整个画面极具写实性。

长安攻了下来。接着，又收复了洛阳，叛乱头目安庆绪逃到河北，史思明也被迫投降。

唐军收复了长安和洛阳，唐肃宗觉得心满意足，用骏马把李泌接到长安。

唐肃宗的宠妃张良娣和宦官李辅国，嫌李泌权大，早就互相勾结，想把李泌除掉。

太子李俶发现张良娣他们想害李泌，就告诉了李泌。李泌说："不打紧。我和皇上有约在先，等收复京城，我就归山，就没有事了。"这回，李泌见唐军收复两京，算是了却一个心愿，决心离开朝廷。

李泌看张良娣受宠，宦官李辅国权力越来越大以及中书令崔圆三人向皇上进谗言，迫害自己，为了明哲保身，他决定退隐山林，在退隐之前，他决定尽最后一次努力，保全自己爱护的皇太子李俶。有一天晚上，唐肃宗请李泌喝酒，并且留他一起睡。李泌趁机会就对肃宗说："我已经报答了陛下，请让我回家再做个闲人吧！"

肃宗说："我同先生忧患多年，应与先生同乐，您为何要离去呢？"

李泌说："臣有五不可留，愿陛下让我离去，免于一死。"

肃宗说："何谓五不可留？"

李泌说："我遇陛下太早，陛下任我太重，宠任我太深，我的功劳太高，事迹太奇，有此五虑。陛下不让我走，就是杀了我。"

肃宗说："先生为何怀疑我，朕又没有病狂，干吗要杀先生呢？"

李泌说："陛下不干杀我的事，我才敢请求归山，否则我怎么敢说？并且我说被杀，不是指陛下，是那五点原因。我想陛下，对臣这么信任，有些话尚且不敢说，等天下安定了，我哪敢再说什么？"

○ 品画鉴宝 仪卫图（唐）此图线条流畅，人物刻画细腻，通过肃穆的仪仗队列，烘托了墓主人高贵的身份。

安禄山叛变
双方战略形势图

　　肃宗说:"我知道了,先生要北伐,我不听从您的建议,您生气了。"
　　李泌说:"不是,我说的建宁王一事。"
　　肃宗说:"建宁王听小人的话,谋害兄长,想夺储位,我不得不把他赐死,先生还不知道吗?"
　　李泌说:"建宁王若有此心,广平王必怨恨他,可广平王每次与我谈话,都说弟弟冤枉,泪如雨下。况且以前,陛下欲用建宁王为天下兵马大元帅,我请

○ 品画鉴宝
白陶诞马（唐）通体皆白，如象牙雕刻，拔鬃、缚尾，虔首，右前蹄抬起。体健貌美，造型逼真。诞马，随仪从以备的散马。

改任广平王，建宁王要是想夺太子位，必恨臣，为什么他认为我是忠心，对我更加亲善呢？"

肃宗听到此，也忍不住泪，哭着说："先生说得对，我知道错了，但事情已经过去，我不想再听这事了。"

李泌说："我不是追究以前的责任，是为了让陛下警戒将来。当年则天后有四个儿子，错杀太子弘，立次子李贤为太子。次子贤内心忧惧，作《黄台瓜》词，想使则天后感动，但则天后不予理睬。李贤被废后，死在贬所黔中。《黄台瓜》词这样说：'种瓜黄台下，瓜熟子离离。一摘使瓜好，再摘使瓜稀。三摘尤可为，四摘抱蔓归。'陛下已经摘了一个瓜了，千万不要再摘了。"

肃宗惊讶地说："怎么会有这种事？我会把这首诗写在自己的绅带（大带子）上，时时警惕意外的情况出现。"

李泌深沉地说："陛下记在心上就行了，何必形诸于外呢？"

这次谈话后，李泌即入衡山，归隐泉林去了，由于他的话受到肃宗的重视，虽然张良娣、李辅国欲伤害太子，但太子最终还是受到了保护。

李泌像汉初的张良一样有眼光，他们二人都是功成身退，并且在退出政治斗争之时，还保护了太子，因此其结局都是圆满的。太子登上皇位后，对他们都很尊重。

李泌的聪明之处在于，他看到肃宗日益亲近小人，自己正处在政治斗争的漩涡中心。虽然与皇帝关系很好，但张良娣的枕头风厉害，李辅国又是服侍皇上的人，他们二人经常在皇上身边，自己怎么能斗得过他们。

李泌是有远见的，他的策略是斗不过则躲，只要太子即位，他就会重返政治舞台；如果太子保不住，他在朝廷内又有什么用呢？因此李泌及早抽身局外，走为上策。

图书在版编目（CIP）数据

三十六计 / 金敬梅主编．-- 北京：世界图书出版公司，2016.5（2021.4 重印）
 ISBN 978-7-5192-0894-3

Ⅰ．①三… Ⅱ．①中… Ⅲ．①兵法—中国—古代—青少年读物 Ⅳ．① E892.2

中国版本图书馆 CIP 数据核字 (2016) 第 049001 号

书　　　名	三十六计
（汉语拼音）	SANSHILIUJI
编　　　者	金敬梅
总　策　划	吴　迪
责 任 编 辑	刘　煜
装 帧 设 计	刘　陶
出 版 发 行	世界图书出版公司长春有限公司
地　　　址	吉林省长春市春城大街789号
邮　　　编	130062
电　　　话	0431-86805551（发行）　0431-86805562（编辑）
网　　　址	http://www.wpcdb.com.cn
邮　　　箱	DBSJ@163.com
经　　　销	各地新华书店
印　　　刷	唐山富达印务有限公司
开　　　本	720 mm × 1000 mm　1/16
印　　　张	24
字　　　数	400 千字
印　　　数	1—5 000
版　　　次	2019 年 6 月第 1 版　2021 年 4 月第 3 次印刷
国 际 书 号	ISBN 978-7-5192-0894-3
定　　　价	48.00 元

版权所有　翻印必究
（如有印装错误，请与出版社联系）